세계사를 뒤흔든
전쟁의
재발견

세계사를 뒤흔든
전쟁의 재발견

김도균 지음

추수밭

지은이 김도균

1968년 서울에서 나고 자랐으며, 대학에서는 철학을 공부했다. 1995년부터 독립 프로덕션에서 다큐멘터리 PD로 일하며 〈프랑스 외인부대의 한국인들〉 〈림팩 2000, 환태평양 해군 훈련 현장을 가다〉 〈UN 서부 사하라 정전 감시단〉 등 군사 다큐멘터리를 연출했다. 2003년 인터넷신문 오마이뉴스에 입사, 영상팀을 거쳐 현재는 사회부 기자로 국방부를 출입하고 있다. 포털사이트 네이버 카페 '밀리터리, 군사 무기' '20세기 전장의 군가들'의 회원으로 활동 중이며, 2006년 5월부터 오마이뉴스 블로그에 '곰PD의 전쟁 이야기'를 연재하고 있다. 유럽 근대 전쟁사에 관심이 많다. blog.ohmynews.com/gompd

세계사를 뒤흔든
전쟁의 재발견

1판 1쇄 발행 2009년 5월 8일
1판 2쇄 발행 2010년 3월 5일

지은이 김도균
펴낸이 고영수
펴낸곳 추수밭
등록   제406-2006-00061호(2005.11.11)
주소   135-816 서울시 강남구 논현동 63번지
          413-756 경기도 파주시 교하읍 문발리 파주출판도시 518-6번지
          청림아트스페이스
전화   02)546-4341
팩스   02)546-8053

www.chungrim.com
cr2@chungrim.com

ⓒ 김도균 2009

ISBN 978-89-92355-43-8 03900

가격은 뒤표지에 있습니다.
잘못된 책은 바꿔드립니다.

10584571
내 아버지의 군번이다.
이 책을 아버지께 바친다.

아버지, 당신께서 살아오신 평생이 전쟁터였습니다.

● 들어가는 글

　세상에 전쟁 이야기만큼 흥미진진하고 재미있는 이야기가 있을까. 인간의 희로애락이 이토록 극명하게 드러나는 현장이 또 어디 있을까. 전쟁은 내면에 숨어 있던 폭력성과 적나라한 욕망들이 표출되는 인간 본성의 실험장이며, 상대방을 굴복시키고 생존하려는 인간 의지의 대결장이다. 역사상 얼마나 많은 제국과 왕국, 공화국이 전쟁을 통해 명멸했으며, 또 얼마나 많은 사람들의 삶이 전쟁터에서 스러졌을까. 전쟁사는 승리든 패배든 결국 그 시대를 살아간 사람들의 이야기다. 그래서 전쟁사가 재미있다. 전쟁사는 한니발과 나폴레옹, 광개토대왕과 이순신 제독 같은 전쟁 영웅들만의 이야기가 아니다. 오히려 전쟁은 그것을 통해 이름 없이 스러져간 무수한 '장삼이사'들이 미래 세대에게 남긴 유산 같은 것이다.

　전쟁은 우리가 상상하는 것 이상으로 많은 변화를 후대에 남겼다. 단언컨대 정치·경제·사회·문화 전 분야를 통틀어 지나간 전쟁의 영향을 받지 않은 분야는 없다. 순대가 몽골 군대의 전투 식량에서 비롯된 음식이라는 사실, 1kg도 안 되는 금속 등자(鐙子, stirrups)가 인류사의 큰 물줄기를 바꾸는 데 지대한 영향을 미쳤다는 사실 등은 인류가 이뤄낸 문명이 긍정적이든 부정적이든 피비린내 나는 전장과 관련 있음을 증명한다.

 이 책은 전쟁을 구성하는 요소라 할 수 있는 군대, 무기, 전투, 군가의 재발견을 통해 '전쟁 일상'이 세계사의 큰 흐름에 어떤 영향을 주었는지 살폈다. 특히 우리가 익히 아는 거시적인 역사에서 벗어나 당대를 산, 당대 전쟁의 이면에서 전쟁과 씨줄 날줄로 엮인 평범한 사람들의 에피소드를 들려줌으로써 전쟁이 멀리 있는 것이 아니라 우리 일상의 한 부분임을 보여주려 했다. 가능하면 상식처럼 잘 알려진 사실에 숨어 있는 뒷이야기를 발굴하려고 노력했다.

 선생사를 읽을수록 전쟁이 얼마나 비참하고 무익한 일인지 자각한다. 세계 어느 곳보다 잠재적인 전쟁 가능성을 안고 있는 한반도에 사는 우리에게 전쟁은 역설적으로 조부모나 부모 세대의 이야기일 뿐이다. 하지만 전쟁은 싫든 좋든 인류의 역사와 숙명적으로 연결된 것이 잔인한 현실이다. "당신은 전쟁에 관심이 없어도, 전쟁은 당신에게 관심이 있다"는 레온 트로츠키의 말이 아니라도 인류사 전체를 놓고 보면 전쟁을 겪은 사람들이 그렇지 않은 사람들보다 훨씬 많다. 그러고 보면 한국전쟁 이후 태어난 나 같은 사람은 평화의 시대를 사는 행운아다. 하지만 지금 이 시간에도 지구촌 어디선가 전쟁이 벌어지고, 피 흘리며 죽어가는 사람들이 있다. 이 글을 쓰는 순간에도 북한의 장거리 로켓 발사 여파로 우리 사회가 떠들썩하다. 한반도를 둘러싼 강대국의 틈바구니에서 국가의 자주권을 지키며 미래 세대에 생존의 터전을 물려줘야 하는 우리에게 전쟁을 이해하는 것은 그것을 반면교사로 삼아 공존과 평화를 이어가기 위한 방법이 될 수 있다.

지난 4년 동안 블로그에 전쟁과 군대에 관련된 글들을 올리며 수많은 독자를 만나 즐거웠다. 그분들은 내 글에 상당한 영향을 주었고, 내가 잘못 아는 부분을 지적해주었다. 이 글을 쓰면서 '곰PD의 전쟁이야기'를 방문해주고, 조언과 충고를 아끼지 않은 많은 분들께 감사드린다. 특히 멀리 미국에서 각별한 관심을 보여주신 '콜로라도'님, 항상 부족한 글에 생각할 거리를 던져주신 '흠흠..'님과 '나그네'님, '지나가던이'님, '붉은군대'님, '서민사랑'님, '녹두'님 그리고 오마이블로그 운영자 박종근 님과 월간 〈플래툰〉의 아저씨 장익준 님께 특별한 감사를 드린다. 또 개인적인 관심사를 전문 영역으로 삼을 수 있도록 배려해주신 오마이뉴스 김병기 본부장과 김태경 부장, 세심하게 자료를 챙겨준 편집부의 조명신 · 최유진 기자께도 감사드린다. 늘 곁에서 든든하게 지켜주는 아내 김혜옥과 부모님, 아우들에게도 고개 숙여 감사드린다.

2009년 4월

김도균

● 차례

들어가는 글 006

| 1장 | 세계사를 뒤흔든 천재적 조직술
_ 군대의 재발견 015

전장에서 꽃피운 사랑 —고대 그리스의 동성애 군대, '신성대' 017
수천 년 이어온 베트남 저항 정신의 상징 —고대 베트남의 여전사, 쯩 자매 025
오스만튀르크의 전성기를 구가한 '병정개미' —술탄의 친위대 예니체리 032
죽음도 두려워하지 않은 자유를 향한 열망 —미국 최초의 흑인 부대, 54연대 038
독일군의 밤잠을 설치게 한 '밤의 마녀들' —소련 여성 폭격기 연대 044
붉은 꼬리의 검은 조종사들 —아주 특별한 흑인 비행 대대, 터스키기 비행대 051
소련의 보이지 않는 사단 —히틀러도 감쪽같이 속은 소련군의 동원 제도 059
일본의 피를 이어받아 미군을 위해 싸우다 —일본계 2세로 편성된 미군의 442연대 066
죽음으로도 씻을 수 없는 죄? —소련의 죄수 부대, 형벌 대대 074
동에 번쩍, 서에 번쩍…… 귀신도 울고 가다 —미국의 땅굴전 특수 부대, '터널 래츠' 081
전사는 죽어서도 전사다 —전사자의 여로 089
힘들고 지친 병사들의 로망, 편업걸 —전장의 엔터테인먼트 099

| 2장 | 인류의 문명을 비약시킨 천재적 기술
_무기의 재발견 107

세계 대변혁을 일으킨 작은 금속 조각 —중세 봉건시대를 연 등자 109

스멀스멀 피어오른 노란 안개의 정체 —영혼 없는 한 과학자의 비극과 독가스 114

대량살상을 부른 속도에 대한 열정 —보병을 참호 속으로 밀어 넣은 기관총 121

독일군의 오금을 저리게 한 철갑 괴물 —지상전의 왕자, 전차의 탄생 126

'크기'가 승패를 가른다 —대함거포주의의 산물, 드레드노트 132

소리 없이 다가와 죽음의 그림자를 드리우다 —해전의 필살 병기, 어뢰 139

전쟁을 가장 비인도적으로 만든 주인공 —숨은 살인자, 지뢰 144

무인 폭격기, 미사일의 공포 —나치 독일의 보복 병기, V-1과 V-2 151

빗나간 열정이 만든 인류 최대 재앙 —현대판 '다모클레스의 칼', 원자폭탄 161

군견 칩스가 훈장을 빼앗긴 사연 —주인을 사랑한 군견의 죄 168

금강산도 식후경? —사기와 직결된 전투 식량의 역사 172

전장에서는 죽음에도 순서가 있다 —야전 의료 시스템의 역사 182

'뽕' 맞은 전사들 —전쟁의 우울한 이면, 약물 188

| 3장 | 극한의 상황에서 꽃피운 천재적 리더십
_ **전투의 재발견** 197

한니발, 세계 최강 로마군을 전멸시키다 —포위 섬멸전의 교과서, 칸나에전투 199
포위한 군대가 포위당하다 —카이사르의 알레시아 공방전 204
'신의 도리깨', 유럽을 내리치다 —유럽인의 황색 공포, 레그니차전투 212
십자가와 코란, 역사적인 첫 대결을 펼치다 —레판토 해전 219
영국군 역사상 가장 졸렬한 전쟁 —무능하기 그지없는 지휘관과 발라클라바전투 227
아메리카 원주민 최후의 저항 —완벽한 승리와 치졸한 복수, 리틀빅혼전투 234
역사상 가장 값비싼 따귀 한 대 —일파만파의 교훈, 타넨베르크전투 241
외로운 섬을 지켜낸 영국인 '최고의 시간' —'나치 팽창'의 마지막 방어선, 영국전투 249
전투에서 지고 전쟁에서 승리하다 —명절의 허를 찌른 베트남전 구정 공세 257

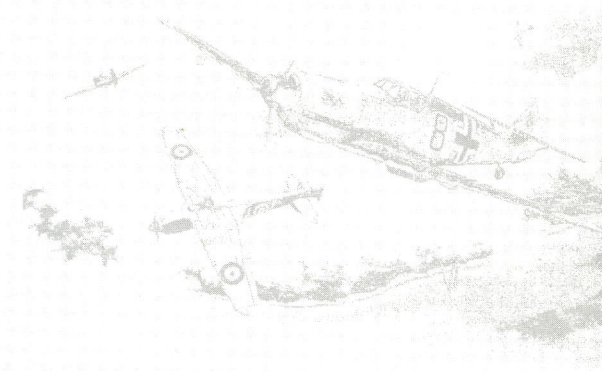

| 4장 | 인간을 극한으로 몰고 간 천재적 심리술
_군가의 재발견 265

켈트인의 아련한 독립의 꿈 —〈스코틀랜드 더 브레이브〉 267
레드 코트, 줄루 전사들의 창을 꺾다 —〈할렉의 사나이들〉 275
세계에서 가장 살벌한 국가 —〈라 마르세예즈〉 284
한 급진주의자의 죽음이 부른 거대한 전쟁 —〈존 브라운의 시신〉 292
파리를 핏빛으로 물들인 코뮌의 슬픈 봄 —〈체리가 익을 무렵〉 300
피어보지도 못한 칠레 민중의 혁명가요 —〈벤세레모스〉 309
영광과 피투성이는 한 끗 차이 —〈라이저 위에 피〉 318
그림자 전사들의 연가 —〈발라드 오브 그린베레〉 327

부록 | 세계를 뒤흔든 전쟁사 연표 336
부록 | 세계사를 꿰뚫는 전쟁 영웅 어록 343

참고 문헌 349

| 1장 |

세계사를 뒤흔든 천재적 조직술
_군대의 재발견

전장에서 꽃피운 사랑
— 고대 그리스의 동성애 군대, '신성대'

게이폭탄

. 패러디 노벨상이라고도 불리는 이그노벨상(Ig Nobel Prize)은 '흉내 낼 수 없고, 흉내 내서도 안 되는' 기발한 연구나 발명에 주는 상이다. 2007년 이그노벨상 수상자 가운데는 동성 간에 극단적 연애 감정을 유발해 적의 전투 의지를 꺾는 일명 '게이폭탄(Gay Bomb)'을 연구한 미 공군 라이트연구소가 포함되어 세간의 주목을 받았다.

게이폭탄이란 아프로디시악(aprodisiac)이라는 최음제를 넣은 일종의 화학무기로, 이 폭탄을 투하하면 적군 사이에 극도의 동성애 감정을 불러일으켜서 군율을 문란하게 하고 사기를 떨어뜨려 적진을 와해시킬 수 있다는 것이다. 미국 내 동성애 인권 단체는 이 연구에 강력히 항의했다고 한다. 동성애자는 전쟁 와중에도 전투는 뒷전이고 다른 남자나 유혹하는 존재라고 여기는 미국 정부의 편견을 드러냈다는 주장이다. 그런데 인류 역사를 살펴보면 이 신종 폭탄이 별 효력을 발휘하지 못했을 것 같은 일이 기록되었다.

고대 그리스의 동성애

고대 그리스에서 남성 간의 동성애는 별로 허물이 되지 않았다. 오히려 아주 자연스럽고, 때로는 권장되기까지 했다. 특히 어린 소년이 성인 남성의 성적 욕구를 만족시키는 행위는 지혜와 덕을 가르치는 교육에 수반된 것으로, 대단히 고귀하게 여겨졌다. 이 시기에 쓰인 그리스 문학 작품에는 '젊은이는 나이 든 사람을 존경의 대상으로 삼으며, 나이 든 사람은 젊은 전사처럼 육체적 균형이 잡힌 젊은이들에게 감복했다'는 이야기가 자주 나온다. 플라톤의 다음 이야기를 들어보면 한층 더 실감할 수 있을 것이다.

> 여자와 동침하면 육신을 낳지만, 남자와 동침하면 마음의 생명을 낳는다.

이처럼 그리스 사회에서 남성은 숭배의 대상인 데 반해 여성의 지위는 보잘것없어서, 극단적으로 말하면 아이를 생산하고 양육하는 도구에 불과했다.

고대 그리스의 자유민 남성들에게 생활의 중심은 가족이 아니라 국가사회다. 그들은 정치에 관여하거나 병사로서 국방에 종사했고, 생산 활동은 노예들이 담당했다. 스파르타는 시민 남성이 상업이나 농업에 종사하는 것을 아예 법으로 금하고, 군사 기술만 익힐 것을 강요했을 정도다.

일곱 살이 된 고대 그리스의 소년들은 어머니의 품을 떠나 일상을 대부분 병영이나 팔레스트라(Palestra : 소년들이 다양한 스포츠를 통해 신체를 단련하게 하던 고대 그리스의 교육기관)에서 보냈다. 그러다 보니 그들이 접촉할 수 있는 사람은 거의 모두 남성이었다. 군대에서도 백전노장인 선임병과 젊지만 실전 경험이 없는 후임병의 관계는 동성애의 다른 표현인 이른바 '그리스식 우정'으로 맺어지기 일쑤였다.

세계 최초 동성애 부대 창설

고대 그리스의 군대는 밀집 보병 대형으로 전투를 수행했다. 따라서 오와 열을 유지하면서 이동하고 공격하는 데 고도의 훈련이 필요했다. 그리스 도시국가 사이에 벌어지는 전투는 기본적으로 밀집 보병들이 평지에서 부딪쳐 싸우는 형태다. 대열을 이룬 앞뒤 병사들의 오와 열은 전술적으로 밀접하게 상호 의존적이기 때문에, 이것이 무너지면 곧 전열이 흐트러지고 패배로 이어지기 십상이다. 그러다 보니 밀집 대형은 병사들의 굳은 신뢰가 생명이다. 한 사람만 대열에서 이탈해도 대열에 있는 전우가 모두 위험에 빠지기 때문이다. 그리스의 시인들은 전쟁터의 윤리에 대해 다음과 같이 노래했다.

자기 자리를 지킬 것, 죽을 때까지 싸울 것, 방패를 집어 던지고 도망치는 것처럼 비겁한 행동은 없다.

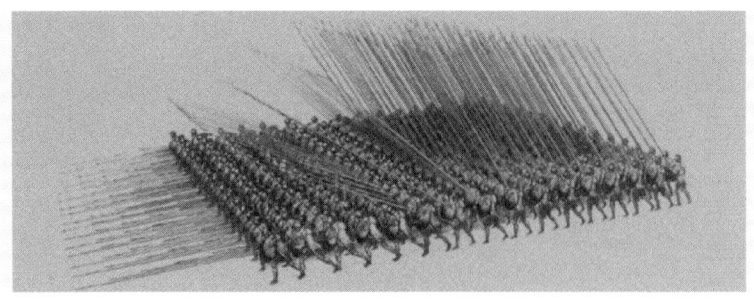

마케도니아군의 방진. 고대 그리스 시대의 전투는 밀집한 보병들이 단단한 대열을 이룬 방진 간의 전투다. 방진은 피리나 북소리에 맞춰 일사불란하게 적을 향해 전진하기 때문에 옆 전우와 긴밀한 호흡이 전투의 승패에 커다란 영향을 미쳤다.

그리스 보병의 밀집 대형은 단순히 전술적 의미만 있는 게 아니다. 그것은 곧 그들의 생활양식을 반영하는 것으로, 자신의 남성다움과 도덕성을 평가받는 장이기도 했다.

플라톤은 《향연》에서 다소 도발적인 주장을 한다.

> 연인으로 구성된 국가나 군대를 만들 수 있다면 그보다 좋은 방법은 없다. 모든 병사가 연인과 함께 싸운다면 아무리 적은 세력이라도 세계를 정복할 수 있을 것이다.

여기에서 말하는 '연인'이란 남성과 남성의 관계임은 두말할 나위도 없다. 이처럼 동성애가 보편적인 삶의 태도로 인정되던 고대 그리스 사회에 실제 남성 연인들로 구성된 군대가 존재했으니, 그리스 중부 도시국가 테베(Thebae)의 신성대(神聖隊, Hieros Lochos, Sacred Band)다.

테베의 장수 고르기다스(Gorgidas)는 부족과 가족 중심으로 편성된 그리스 군대가 전쟁터에서 종종 무너지는 것을 보고 '사랑의 힘으로

고대 그리스 사회에서 동성애는 전혀 문제 될 것이 없는 자연스러운 행위로, 사제도 에라스테스(Erastes : 사랑하는 사람)과 에로메노스(Eromenos : 사랑받는 사람)의 관계로 여겨졌다.

움직이는 군대를 편성하면 좋겠다'는 발상을 했다. 사랑하는 사람 앞에서는 비겁한 모습을 보이지 않으려 하고, 자신의 가장 고결한 모습을 보여주고 싶어하는 것이 사람의 심리 아닌가. 연인이 위험에 빠지면 목숨 걸고 구하려는 것 또한 사랑의 힘이다.

이렇게 편성된 신성대는 연인 150쌍으로 구성됐고, 테베 군대의 돌격대 역할을 수행했다. 당시 교사와 학생은 에라스테스와 에로메노스의 관계인데, 테베에서는 소년이 자라서 입대할 나이가 되면 에라스테스가 갑옷과 투구, 무기 일체를 선물하는 일이 일반적이었다. 또 신성대는 출전에 앞서 신전에서 에로스 신에게 제사를 지냈다.

전장에서 꽃핀 사랑의 힘

과연 사랑의 힘은 위대했다. 병사들은 사랑하는 사람에게 비겁한 모습을 보이지 않으려고 전장에서 혼신의 힘을 다해 싸웠다.

당시 그리스는 펠로폰네소스전쟁(Peloponnesos War)으로 아테네가 몰락하고 스파르타가 패권을 쥐면서 스파르타의 횡포를 참다못한 도시국가들의 반감이 높아졌다. 결국 테베가 스파르타에 반기를 들었다. 기원전 371년, 테베군과 스파르타군이 레욱트라에서 맞붙었다.

스파르타의 왕 클레옴브로토스는 기병 1000명과 중장 보병 1만 명으로 에피논다스가 이끄는 테베군을 공격했다. 이에 맞선 테베군은 신성대를 주축으로 한 좌익을 극단적으로 강화해 스파르타군의 우익을 쳐부순 다음, 나머지 스파르타군을 공격하여 승리를 거뒀다. 클레옴브로토스는 이때 전사했고, 이후 30여 년은 테베 신성대의 전성시

대였다.

기원전 338년 여름, 신흥 강국 마케도니아와 테베-아테네 동맹군이 그리스의 패권을 놓고 카이로네이아전투(Battle of Chaeroneia)를 벌인다.

보병 3만 명과 기병 2000명으로 구성된 마케도니아군의 우익은 필리포스 2세가 직접 맡았고, 좌익은 알렉산더 왕자(훗날 알렉산더대왕)가 지휘했다. 마케도니아군을 상대할 테베-아테네 동맹군은 3만 5000명 정도였다. 군사는 테베-아테네 동맹군이 마케도니아군보다 많았지만, 전투력은 마케도니아군이 앞섰다. 무엇보다 동맹군에겐 기병이 거의 없었다. 동맹군의 좌익은 아테네군이, 우익은 테베군이 담당했는데, 신성대는 가장 우측을 맡았다.

밀고 당기는 접전 끝에 필리포스 2세가 거짓으로 퇴각하자, 아테네군이 이를 추적하면서 테베군과 균열이 발생했다. 이 틈을 노려 알렉산더가 이끄는 마케도니아 기병대가 동맹군의 전열을 끊었다. 퇴각하는 척하며 아테네군을 유인하던 마케도니아군의 우익도 방향을 180° 바꿔 아테네군을 공격하기 시작했다. 혼란에 빠지기는 테베군도 마찬가지다. 특히 신성대는 마케도니아 기병의 집중 공격을 받았다. 기세가 오른 마케도니아군의 파상공격에 아테네군은 패주하고, 테베군은 전장에 고립되어 하나 둘 쓰러져갔다. 이 전투에서 끝까지 싸운 신성대는 300명 중 254명이 전사했다. 《플루타크 영웅전》은 신성대의 최후를 다음과 같이 기록했다.

전투가 끝난 직후, 시체를 확인하던 필리포스는 마케도니아 병사들의 긴 창에 대항하다 장렬히 전사한 그들의 주검 앞에 발걸음을 멈췄다. 그는 그 부대가 연인들로 구성된 부대라는 말을 듣고 눈물을 흘리며 말했다.

아테네에서 북서쪽으로 95km 떨어진 카이로네이아는 그리스를 남북으로 연결하는 교통의 요충지다. 이러한 지리적 여건 때문에 기원전 338년, 마케도니아와 테베-아테네 동맹군의 전투가 이곳에서 벌어졌다. 당시의 전투를 기념하는 사자 상.

"그들이 부끄럽게 여겨야 할 일을 했다고 생각하는 자들은 필경 비참한 죽음을 맞이할 것이다."

하긴 필리포스 2세의 아들 알렉산더대왕도 어릴 적 동성 친구 헤파에스티온을 열렬히 사랑했고, 페르시아 원정 당시 얻은 시동 바고아스를 죽을 때까지 곁에 두었다는 기록이 전해지는 것을 보면 동성애가 군기를 문란하게 하고 사기를 떨어뜨릴 수 있다는 미군의 연구 결과는 또 다른 편견이 아닌가 생각한다.

 수천 년 이어온
베트남 저항 정신의 상징
— 고대 베트남의 여전사, 쯩 자매

한 많은 베트남의 역사

베트남의 역사는 여러모로 우리나라의 역사와 많이 닮았다. 지정학적인 위치 때문에 끊임없이 외침을 받아온 것도 그렇고, 수천 년 동안 이어진 이민족의 침략에 끈질기게 저항하면서 독립을 지켜온 굳센 의지와 자유를 향한 열망도 그렇다.

베트남 민족의 저항 정신은 기원전, 중국이라는 거대한 국가를 상대로 민족의 자주와 독립을 위해 분연히 일어선 영웅 쯩 자매의 시대까지 거슬러 올라간다.

베트남이 한나라에 점령당한 것은 기원전 111년의 일이다. 한나라는 그 후 100여 년 동안 간접 통치 방식으로 베트남을 지배했는데, 기원후에는 직접 통치 방식으로 변환했다. 한족은 복장부터 예식에 이르기까지 주민의 풍습을 강제로 바꾸려 했을 뿐만 아니라, 가혹한 세금을 부과하고 건강한 젊은이들을 노예로 끌고 가기도 했다.

압제가 계속될수록 베트남 민중의 가슴속에는 독립에 대한 열망이 타올랐다. 당시 하노이 서북쪽의 작은 마을 메린의 락장(酪將 : 酪 은 고대 베트남의 계급 사회를 뜻함)에게는 쯩짝(徵側, Trung Trac)과 쯩니(徵貳, Trung Nhi)라는 총명한 자매가 있었다. 고대 베트남은 한나라에 비해 여성의 권리가 보장되었고, 사회 진출도 활발하여 여성 판관(判官)이나 군인을 보는 일도 드물지 않았다. 한나라에 대항하여 싸워야 할 때가 다가온다는 것을 예감한 쯩 자매의 어머니 역시 두 딸에게 무예와 전술을 가르쳤다.

한나라 대군을 물리친 여전사

언니 쯩짝은 열아홉 살이 되었을 때 이웃 마을 추지 엔의 락장 티삿(Thi Sach)과 혼인했다. 티삿 또한 의협심이 강하고 독립에 대한 열망에 불타는 청년 지도자다.

그때 베트남의 동찌우와 깨사이 등지에서 한나라의 폭정에 항거하는 민중 봉기가 일어났고, 티삿도 뜻을 같이하는 동지들을 모아 은밀하게 반란을 준비하고 있었다. 하지만 베트남 민중 봉기가 번질 것을 우려한 한나라 태수 소정(蘇定)은 군대를 파견해 티삿을 살해하고 쯩짝을 겁탈했다. 살해된 티삿의 목은 본보기로 성문 밖에 걸렸다(그날이 마침 쯩짝과 티삿이 혼례를 올리는 날이었다는 설도 있다).

연인을 잃은데다 원수에게 치욕적인 일까지 당한 쯩짝은 자신의 불

베트남 민중을 이끌고 한나라의 압제에 맞서 싸운 쯩 자매의 조각상. 이 앞에서는 지금도 자매의 공적을 기리기 위해 화려한 전통 의상을 입은 선남선녀들이 춤을 추며 예식을 거행한다.

행이 개인적인 것이 아니라 베트남 민중 전체의 운명과 같은 것이라는 사실을 자각했다. 쯩니도 언니의 고통을 통해 베트남의 비참한 현실을 깨닫고 한족에 대항하여 싸울 것을 결심한다.

결연한 의지의 표시로 상복을 입는 것도 거부한 쯩짝과 쯩니 자매는 사람들 앞에 서서 압제자를 몰아내자고 역설했다. 하지만 베트남 사람들은 막강한 한나라 군대의 위협 앞에 행동하기를 주저했다. 이에 쯩 자매는 숲속으로 걸어 들어가 화살로 호랑이를 사냥해서는 그 가죽을 벗겨 전투 명령서를 작성했다. 쯩 자매의 강인함과 의지에 감동한 베트남 민중은 그들의 지휘 아래 점령군을 몰아낼 준비를 하기 시작했다.

서기 40년, 드디어 베트남 민중이 한나라 군대에 맞서 봉기했다. 무기도 전술도 한나라군에 뒤떨어졌지만, 베트남군은 폭압과 착취에서 벗어나겠다는 결연한 의지 하나로 맞서 싸웠다. 쯩짝은 뛰어난 전략가고, 쯩니는 타고난 전사다.

'하늘이시여, 저희를 굽어 살피소서.' 쯩 자매는 나란히 코끼리 등에 올라타고 전투를 진두지휘했다. 자원자 8만 명으로 구성된 베트남군을 지휘하는 것은 여장군 36명이었다. 베트남 군대는 섬세하고 따뜻한 여장군들의 지휘로 일사불란하게 움직였다. 각 지역에서 산발적으로 저항하던 소규모 봉기군도 쯩 자매 부대로 속속 모여들었다. 이 중에는 아뚜에서 봉기한 여성 궁수 부대 50명도 있었다. 백발백중을 자랑하는 궁수들 앞에 한나라 군대는 쩔쩔맸다.

연전연승한 쯩 자매는 코끼리 등에 올라타고 마침내 루이러우로 입성, 베트남이 한나라의 압제에서 벗어났음을 선포했다. 역사가들은 당시의 상황을 다음과 같이 기록한다.

쫑 자매가 부르짖자 인근 65개 성(城)이 일제히 호응했다.

　베트남 북부에서 한나라 본토인 광동 성 남부까지 세력을 확장한 쫑짝은 메린에 도읍을 정하고, 국호를 찌에우로 공포한 뒤 왕위에 올랐다. 자매는 가장 먼저 2년 동안 면세 조치를 취했다. 한나라의 폭정과 가혹한 수탈에 시달리던 베트남 민중의 절대적인 지지를 얻은 쫑 자매는 베트남 고유의 관혼상제와 풍습, 복장 등을 부활시켰다.
　하지만 베트남의 자유와 독립은 오래가지 못했다. 쫑짝이 왕위에 오르고 3년이 지난 서기 43년, 한나라 광무제의 명을 받은 마빙 장군이 대규모 토벌군을 이끌고 베트남을 침략했다. 베트남은 토벌군 3만 명을 상대로 여장군 레쩡의 반격을 비롯해 영웅적인 항전을 벌였지만, 한나라는 베트남이 상대하기에 너무 큰 나라였다. 물자도 부족하고 훈련도 제대로 받지 않은 병사들을 데리고 한나라의 정예 군대를

베트남 설화에 따르면 쫑 자매는 코끼리 등에 올라타고 전투를 지휘했다고 한다. 아시아와 아프리카에 서식하는 코끼리는 고대부터 전투에 동원되었다.

이기는 것은 거의 불가능했다.

쯩 자매는 꼬로아에서 필사적으로 항전했지만 중과부적이었다. 오늘날의 하노이 근처에서 벌어진 쯩 자매 최후의 전투에서 한나라의 포로가 된 베트남 병사 수천 명은 참수되었다. 끝까지 죽을힘을 다해 싸운 쯩 자매는 포로가 되는 대신 강물에 뛰어들어 스스로 목숨을 끊었다. 베트남 민중 설화에는 이들 자매가 구름 속으로 사라졌다고 전해진다.

베트남 민중의 자존심

쯩 자매의 3년 천하는 막을 내리고, 베트남은 이후 900여 년 동안 중국의 간섭 아래 있다가 972년에야 독립의 꿈을 이뤘다. 하지만 쯩 자매의 항쟁은 베트남이 중국의 지배에 처음으로 대규모 조직적인 저항을 한 운동이라는 점에서 역사적인 의미가 있다. 또 '차라리 죽을지언정 노예로 살지 않겠다'는 쯩 자매의 기백은 베트남 근·현대사에서 제국주의 프랑스와 미국의 침략에 맞서 끈질긴 투쟁을 이어온 원동력이 되었다.

베트남은 음력 2월 6일을 '쯩 자매의 날'로 정해 그들의 용기를 찬양하고 있다. 베트남의 수도 하노이에는 하이바(자매) 탑이 세워졌고, 호치민 시에는 하이바 쯩(쯩 자매) 거리가 있다.

> 남자 영웅은 모두 머리를 조아리며 복종했지만, 자매는 당당히 서서 나라의 원수를 갚았네.

베트남전쟁 중 격추된 미군 헬리콥터 조종사가 민족해방전선 여성 게릴라 대원에게 연행되고 있다. 프랑스에 대한 독립전쟁, 이후 미국과 벌인 전쟁에서 수많은 베트남 여성들이 후방 지원뿐 아니라 직접 무기를 들고 전투를 벌였다.

15세기 베트남의 한 시인이 지은 시구처럼, 쯩 자매의 삶과 죽음은 외세에 맞서 굴복하지 않은 베트남 민중의 자존심을 상징한다.

오스만튀르크의 전성기를 구가한 '병정개미'
— 술탄의 친위대 예니체리

신식 군대

14세기 오스만튀르크의 기틀을 마련한 무라드 1세(Murad I)는 유능한 전투 지휘관이기도 했다. 튀르크어로 '새로운 군대, 신식 군대(신군)'를 뜻하는 예니체리(Yeniçeri) 군단도 그의 치세 중에 창설되었다.

사실 정복 활동으로 건설된 오스만튀르크는 군인과 민간인을 구분하는 것이 무의미했다. 국가의 통치자 술탄은 황제이자 군 최고 사령관이었고, 행정기관의 장 역시 군 장교들이었다. 그런 의미에서 원래 유목민이던 튀르크인이 당시 유럽 국가에서는 천시받던 보병에게 눈길을 돌린 것은 주목할 만하다.

당대 최정예 보병 부대로 평가받는 예니체리의 충원 방식은 아주 독특했다. 전쟁 포로로 잡힌 소년들과 오스만튀르크가 지배하던 발칸 반도 여러 나라들의 기독교 가정에서 사내아이들을 잡아다가 튀르크인 가정에서 양육하여 이슬람교로 개종시킨 뒤 병사로 키운 것이다. 징병제에 가까운 형태지만, 까놓고 말하면 납치나 다름없었다. 부모와 생이별한 소년들은 혹독하게 신체를 단련하고, 무기 사용법을 익히고, 이슬람 수도 단체에서 엄격한 정신교육을 받은 뒤 술탄의 근위대로 출발한 예니체리에 들어갈 수 있었다. 그들은 다른 정부 부서에 소속되지 않고 술탄의 경호원 역할을 하면서 수도의 치안을 유지하는 임무도 맡았다.

예니체리 대원들에게는 엄격한 규율과 높은 도덕률이 부과되었을 뿐만 아니라, 초기 200년 동안은 결혼이 허락되지 않았다. 심지어 자유인의 상징인 수염도 기를 수 없고, 제대도 마음대로 할 수 없어서 이들이 예니체리에서 벗어나는 방법은 싸움터에서 전사하거나 부상으로 불구가 되는 길뿐이었다.

병정개미

부대원의 평균수명이 서른 살에 불과할 정도로 험난한 전쟁터에 투입되던 예니체리에서 운 좋은 사람 몇몇이 나이 들어 기력이 쇠해지면 부대에서 벗어날 수 있었고, 그들에게는 대단한 명예와 안락한 노후를 즐기기에 충분한 연금이 지급되었다. 하지만 그 수는 결코 많지 않았다. 평생 이슬람 전사로 전쟁터를 떠돌아야 했던 이들의 운명은 어쩌면 '병정개미'와 같은 것이었다. 기록에 따르면 활과 반월도로 무장한 예니체리는 전투에서 미친 듯이 싸웠으며, 겁먹고 도망가는 전

복합궁과 반월도로 무장한 튀르크 기병. 유목민이던 오스만튀르크는 기병 위주의 군대를 보유했지만, 14세기 말 무라드 1세가 보병 부대 예니체리를 창설한다.

우를 가차 없이 베어 죽일 정도로 무자비했다고 한다.

천년제국 비잔틴의 성모에게 헌납된 도시 콘스탄티노플을 공격할 때 선봉에 선 것도 예니체리다. 비록 제국의 힘은 약해졌지만, 비잔틴 제국의 수도 콘스탄티노플은 폭 20m가 넘는 해자와 높이 14m에 이르는 3중 성벽, 100개가 넘는 망루를 갖춰서 전에도 여러 차례 이슬람 세력의 공격을 물리쳤다. 하지만 1453년 4월, 메메드 2세가 이끄는 '떠오르는 술탄의 나라' 오스만튀르크군의 공격은 달랐다. 오스만튀르크군은 끌고 이동하는 데만 소 100마리와 병력 450명이 필요한 포를 갖췄고, 무엇보다 잘 훈련되어 '기병대도 두려워하지 않는' 예니체리 1만 명을 동원했기 때문이다. 튀르크군 20만 명 가운데 예니체리는 소수지만, 이들은 노련한 궁수와 미늘창병, 머스킷으로 무장한 총병으로 전투의 선봉에 섰다.

쇠락한 비잔틴제국이지만 생존을 위한 저항은 거셌다. 성벽 위에서는 끓는 기름이 퍼부어지고 돌이 우박처럼 쏟아져, 예니체리의 사상자도 늘어만 갔다. 그러나 콘스탄티노플의 저항은 오래가지 못했다. 며칠간 포위 공격을 가까스로 막아내던 콘스탄티노플의 운명을 결정지은 것은 성벽 끝에 있던 작은 문이다. 수백 년 전 비상 통로로 사용되던 이 문을 발견한 예니체리가 성 안으로 밀려들자 비잔틴군은 크게 동요한다.

공격의 선봉에 섰던 예니체리도 적잖은 피해를 당했지만, 비잔틴제국의 정예 바랴크 근위대를 압도하기 시작했다. 노르만인 가운데 가장 호전적이라고 소문난 바랴크 근위대 역시 훌륭한 군인이지만, 현대적 병기로 무장한데다 훈련도 잘 된 예니체리를 막아낼 도리가 없었다. 바랴크 근위대 수천 명이 전멸했고, 비잔틴제국의 바실레우스(황제) 콘스탄티누스 12세도 목숨을 잃었다. 5월 29일, 마침내 천년제국 비잔틴의 수도 콘스탄티노플은 오스만튀르크의 수중에 떨어졌다. 이후 오스만튀르크가 전성기를 구가하던 수백 년 동안 유럽의 기독교 국가들에게 예니체리는 공포의 대명사였다.

예니체리의 명성이 절정에 달한 16세기, 그 수는 1만 5000명에 이르렀다. 예니체리의 편제는 몽골군과 유사해 10명, 100명, 1000명 단위 부대를 유지했다. 병사 100명을 지휘하는 지휘관을 볼룩스 바시스, 1000명을 지휘하는 지휘관을 세샤야, 예니체리 전체의 사령관을 아가(agha)라고 불렀는데, 이들 지휘관의 권한과 권위는 강력했다.

예니체리는 뷔르크(흰색 머리 보호대)를 썼으며, 머리카락은 정수리의 한 움큼만 빼고 박박 밀었다. 그 이유는 전쟁터에서 패배하여 포로가 되었을 때 적이 그 머리카락을 잡고 목을 베기 쉽게 하기 위해서다.

토사구팽

전쟁을 위해 양육되고 훈련된 예니체리도 시간이 지나면서 부패한다. 이들은 이스탄불과 아드리아노플(Adrianople : 에디르네의 옛 이름), 살로니카(Salonika : 테살로니키의 옛 이름)를 비롯해 제국의 곳곳에서 육상과 바다를 오가며 교역하는 물품을 닥치는 대로 약탈했으며, 새로 즉위하는 술탄이 그들의 약탈 행위를 묵인하고 선물을 보내지 않으면 충성을 맹세하는 일도 없었다.

권력 집단으로 변질된 예니체리는 무력을 이용해 자신들의 이익을 보호했다. 호사스러운 삶을 유지하기 위해 불법적인 방법으로 재산을 축적했고, 다양한 이권에 개입했을 뿐만 아니라, 17세기에 들어서면서는 수많은 반란을 일으켰다. 술탄의 신변을 보호하기 위해 만든 부

1800년대 오스만튀르크의 일부던 보스니아-헤르체고비나에서 촬영된 예니체리 부대.

예니체리 복장으로 행진하는 터키군 군악대. 터키에서는 오늘날에도 중요한 국가 의식이나 행사가 있을 때 전통적인 예니체리 복장을 한 군악대와 의장대가 동원된다.

대가 거꾸로 술탄의 안전을 위협하는 존재가 된 것이다.

예니체리는 1826년 마흐무드 2세가 해체한다. 이때 '공인된 도적 떼'와 마찬가지인 예니체리는 무려 13만 5000명에 이르렀는데, 마흐무드 2세에게 이들은 개혁의 가장 큰 걸림돌이었다. 유럽식 새로운 군대를 준비하던 마흐무드 2세가 예니체리 부대도 유럽식 군대에 편입시키는 법안을 발표하자, 예니체리는 1826년 5월 반란을 일으켰다. 그러나 몇 년에 걸쳐 주도면밀하게 준비해온 마흐무드 2세는 포병을 동원하여 예니체리의 병영에 포탄을 퍼붓고, 진압을 명령한다. 이 포격으로 수백 명이 숨졌으며, 사로잡힌 병사는 대부분 처형되었다. 예니체리 부대는 결국 450년 만에 해체되고 말았다.

죽음도 두려워하지 않은 자유를 향한 열망
― 미국 최초의 흑인 부대, 54연대

흑인이 제대로 싸울 수 있겠어?

지난 세기까지만 해도 흑인은 태생적으로 열등한 종족이라는 편견이 '우생학'이라는 사이비 과학의 탈을 쓰고 꽤 설득력 있게 받아들여지던 미국이다 보니, 미국 정부는 흑인에게 총을 쥐여주는 것을 달가워하지 않았다.

남북전쟁이 한창이던 1831년 1월, 링컨 대통령이 노예해방령을 선언한 것을 계기로 노예제 종식이 전쟁의 목적으로 부상하자 흑인 사이에서 자유를 위한 대의에 동참할 수 있게 해달라는 청원 운동이 전개되었다. 그 결과 1863년 매사추세츠 보병 54연대가 미국 최초의 완편(完全編成:완전한 장비와 인원을 갖춤) 흑인 부대로 창설되었다. 이 부대의 장교와 대다수 부사관은 여전히 백인으로 구성되었지만, 윌리엄

H. 카니 상사처럼 흑인 부사관도 일부 있었다.

54연대는 북군에 속했지만, 백인이 이들을 곱게 본 것은 아니다. 급료는 물론 보급품을 제때 지급하지 않아 많은 병사들이 군복과 군화도 제대로 받지 못했을 정도다. 더구나 초대 연대장 로버트 굴드 쇼 대령은 훌륭한 군인이지만, 54연대를 맡기 전에는 대위 계급장을 달고 있었다. 최초의 흑인 부대를 지휘할 백인 장교가 없다 보니 별안간 27세에 불과한 그를 대령으로 진급시켜 54연대를 떠맡긴 것이다.

흑인이 제대로 싸울 수 있겠냐는 편견은 부대 창설 이후에도 가시지 않아, 애초 이들에게 맡겨진 임무는 노예 시절 수없이 반복한 노역이었다. 북부 백인의 눈에 이들은 '군복 입은 검둥이'일 뿐이었다.

'해방을 위해 스스로 싸우는 흑인들.' 매사추세츠 54연대는 북부 출신의 자유민 흑인들과 남부의 탈출 노예들로 구성된 미국 최초의 흑인 부대다.

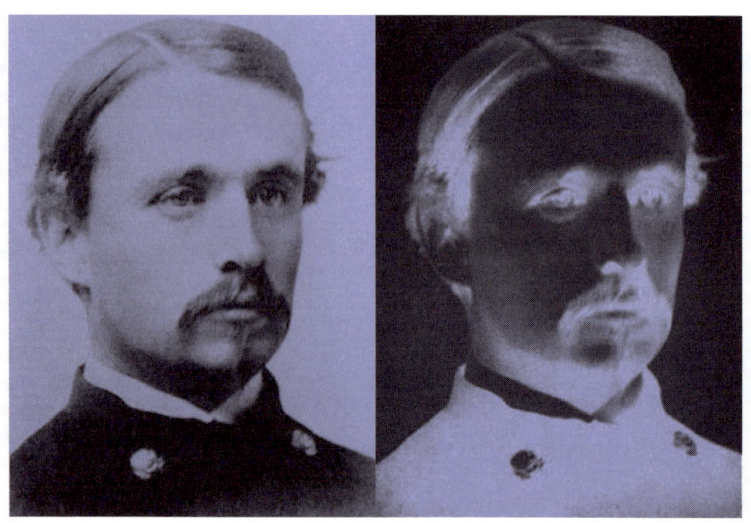

1863년 젊은 나이로 초대 54연대장에 취임한 로버트 굴드 쇼 대령. 그는 보스턴 출신의 노예해방론자다.

남북전쟁 당시 가장 치열한 전투의 선봉에 서다

54연대 병사들은 분노했다. 이 전쟁은 '군복 입은 흑인 포로는 재판 없이 사형에 처한다'는 남부 연맹군의 포고령이 있을 정도로 흑인에게 위험한 전쟁이었다. 그런데도 흑인들이 목숨을 걸고 참전한 이유는 노예해방이라는 대의 때문이다. 그들은 해방과 자유를 위해 싸웠다. 전투에 대한 기대와 자신감으로 가득 찬 54연대 병사들에게 지휘부의 이러한 처사는 또 다른 절망이었다.

보스턴의 노예해방론자 쇼 대령이 부하들의 이러한 열망을 담아 사령관과 담판을 벌인 끝에 54연대는 전투에 투입되었다.

1863년 7월 10일, 북부 연방군은 사우스캐롤라이나 주 찰스턴을 공격한다. 1861년 4월, 남부 연맹군이 찰스턴 항의 연방군 기지 섬터 요새(Fort Sumter)에 포격을 가함으로써 남북전쟁이 시작한 것만 보더라도 대서양 연안의 찰스턴 시는 북군이 전쟁에서 승리하기 위해 꼭 필요한 전략적 요충지다. 그런데 찰스턴의 와그너 요새(Fort Wagner)를 공격하기 위해서는 좁은 모래 언덕을 통과하는 수밖에 없었기에 북군은 남군의 포화에 그대로 노출되어야 했고, 당연히 상당한 손실을 각오해야 했다. 그러다 보니 북부 연방군 중에서 와그너 요새 공격에 선뜻 나서는 부대가 없었다. 7월 18일, 마침내 54연대가 와그너 요새 공격의 선봉에 선다. 전날 밤 54연대 병사들은 모닥불 앞에 삼삼오오 모여 기도를 드렸다.

"하나님, 당신의 은총과 축복에 감사합니다. 오늘밤 당신의 축복이 필요합니다. 내일이 저희에게 심판의 날이 될 것이기 때문입니다. 내일 저희가 심판 받는다면 적과 맞서다 죽은 걸 가족들이 알게 해주십시오. 모든 압제와 싸우다 죽은 걸 말입니다. 자유를 위해 싸웠다고 말해주십시오."

다음날 54연대는 남부 연맹군의 격렬한 포격을 받으면서도 와그너 요새를 향해 전진했다. 한 발 한 발 내디딜 때마다 병사들이 몇 명씩 목숨을 잃었다. 기수가 쓰러지면 다른 병사가 깃발을 이어받아 연대는 마침내 요새 앞 모래 언덕까지 도달했다. 이때 선봉에 선 연대장 쇼 대령이 남군의 사격에 전사했는데, 그가 마지막으로 외친 말은 "Onward, fifty-fourth(54연대, 앞으로)!"다.

54연대의 과감한 공격에도 와그너 요새 공격은 실패로 돌아갔다. 연대원의 40%가 이 전투에서 죽거나 부상당했다. 54연대뿐 아니라 그 뒤를 이어 와그너 요새를 공격한 백인 부대들도 실패했고, 결국

1963년 7월 18일, 54연대는 난공불락이라고 일컬어지던 와그너 요새 공격에 나섰다. 이날 전투에 참가한 병사 600명 가운데 281명이 전사하거나 부상당하고, 행방불명이 되었다. 연대장 로버트 굴드 쇼 대령도 이 전투에서 전사했다.

54연대의 윌리엄 H. 카니 상사. 버지니아 주에서 노예로 태어난 그는 북부로 탈출해서 54연대에 입대했고, 와그너 요새 공격 당시 4번이나 부상을 당하면서도 끝까지 군기를 지켰다. 이 공로로 1900년 미국 의회는 그에게 최고 무공훈장인 의회명예훈장을 수여했다.

2년이 지나서야 이 요새가 북군에 수중에 넘어왔다.

 전투는 실패로 끝났지만, 54연대원이 보여준 희생과 분투는 흑인 병사의 전투력에 대한 편견을 씻어버리기에 충분했다. 이후 미 의회의 인가를 받은 흑인 연대들이 속속 결성되어 남북전쟁 기간 중 18만 5000명이 북부 연방군의 군복을 입었고, 그 가운데 4만여 명이 전사했다. 링컨 대통령은 훗날 흑인 병사들이 전세를 바꿔놓았다고 평가했다. 특히 와그너 요새 공격 당시 연대의 공격을 이끌었고, 4번이나 부상을 당하면서도 끝까지 군기를 놓치지 않은 카니 상사는 흑인 최초로 의회명예훈장(Medal of Honor) 수훈자가 되었다.

 오늘날에도 미국 사회에서 흑인이 백인과 동등한 권리를 누린다고 보기는 힘들지만, 이만한 권리를 누린 배경에는 그들이 흘린 피와 땀의 대가가 있었다. 말 그대로 '자유는 공짜가 아니다'.

독일군의 밤잠을 설치게 한 '밤의 마녀들'
― 소련 여성 폭격기 연대

여성도 비켜 갈 수 없는 전쟁의 불바람

2차 세계대전의 불바람이 여성이라고 해서 비켜 가지는 않았다. 당시 참전한 나라들은 저마다 여군을 편제해서 여성을 전쟁에 동원했는데, 이들은 직접적인 전투보다는 주로 의무, 행정, 통신, 보급 등 후방 업무에 종사했다.

하지만 나치 독일에 의해 패망 일보 직전에 처한 소련은 여성 전투 부대를 편성, 치열한 전투 현장에 투입했다. 소련은 전쟁 기간 동안 1000만 명이 넘는 병사를 동원했는데, 그 가운데 80만 명 정도가 여성이었다. 공군에도 여군 수천 명이 배치되어 나치 공군에 맞서 조국을 위해 싸웠다. 1938년, 소련 최초로 여성 조종사 마리나 라스코바가 6000km에 달하는 러시아 횡단 비행에 성공한 이래 수천 명이 각지의

소련 여성 조종사들의 망중한. 2차 세계대전 당시 80만 명이 넘는 소련 여성들이 군복을 입고 참전했다. 이들은 독일군뿐만 아니라 남성 동료들의 편견과도 싸워야 했다.

비행 클럽에서 조종 훈련을 받았다.

전쟁이 발발하자 많은 여성이 전투 조종사로서 전선에 나가기를 희망했지만 소련군 당국은 망설였다. 숙련된 조종사가 필요했지만 여성이 그 자리를 대신할 수 있으리라고는 믿지 못했기 때문이다. 남성 조종사들은 뿌리 깊은 편견 탓에 여성 동료와 비행하기를 꺼렸고, 심지어 여성 정비사가 손본 항공기에도 타려고 하지 않았다.

하지만 찬밥 더운밥 가리기에는 소련의 상황이 위급했다. 결국 여성 조종사들은 나치의 독수리들에게서 조국을 방어하기 위해 하늘로 박차고 날아올랐다. 이들은 각종 전투기와 폭격기의 조종사로, IL-2

슈토르모빅 같은 지상 공격기의 후방 기총 사수로 남성 못지않게 임무를 훌륭히 수행했다.

세 계 최 초 여 성 폭 격 기 연 대

1942년, 드디어 여성만으로 구성된 비행 연대 3개가 조직된다. 야크 전투기를 주력 기종으로 하는 586여성전투비행연대, Pe-2 폭격기로 구성된 587여성폭격기연대, 복엽기인 폴리카르포프(Po-2) 폭격기가 주력인 588여성야간폭격기연대가 그것이다. 특히 588여성야간폭격기연대는 성능이 떨어지는 구식 복엽 폭격기를 사용했는데도 독일 공군에게 '밤의 마녀들(Nachthexen, Night Witches)'이라 불리며 악명을 떨쳤다.

밤의 마녀들이 보유한 Po-2 폭격기는 당시 기준으로도 낙후되어 전쟁 전에 훈련용 연습기로 쓰였다. 목제 골조에 캔버스를 둘러 동체

행진하는 '밤의 마녀들'. 소련이 전쟁에서 승리한 밑바탕에는 여성 조종사들의 희생과 헌신이 있었다.

지도를 보는 여성 조종사들의 뒤로 폴리카르포프(Po-2) 폭격기가 보인다. 1차 세계대전 당시 몇몇 복엽기보다도 속도가 느린 이 구식 복엽기의 무장은 후방 기관총 하나뿐이었지만, 588여성야간폭격기연대는 주로 야간을 틈타 독일군에게 폭격을 가해 성과를 올렸다.

와 날개를 만든 이 구식 복엽기는 폭탄 2기를 실을 수 있고, 적기에서 자신을 방어할 수단은 후방에 있는 7.62mm 기총 1자루가 전부다.

더구나 소련은 극심한 군수품 부족에 시달렸기 때문에 때때로 이 느려터진(최고 시속 150km) 폭격기에 타는 조종사와 기총 사수에게 낙하산마저 지급할 수 없었다. 이런 상태에서 독일 전투기에 피격된 Po-2 폭격기의 여승무원은 2가지 선택밖에 할 수 없었다. 기를 쓰고 아군 지역으로 날아와 동체 착륙이라도 시도하거나, 불붙은 기체 밖으로 몸을 던져 스스로 목숨을 끊는 방법. 나치 독일군이 소련군 포로를 어떻게 다루는지는 악명이 자자했고, 상대가 여군이라면 이들이 당해야 할 치욕과 고통도 미루어 짐작할 수 있었으니까.

야간 폭격이라는 방법을 택한 것도 낮에는 독일 공군의 요격과 지상 포화를 이겨낼 수 없다고 판단한 고육지책이다.

소리 없이 날아와 폭탄을 배달하다

588여성야간폭격기연대의 주된 목표는 독일군의 후방 기지나 창고였는데, 힘든 전투를 마치고 곤한 잠에 빠져들 무렵 머리 위로 날아와 폭탄을 떨어뜨리는 이들은 독일군 병사들을 심리적인 공황 상태로 몰아넣기에 충분했다. 독일 공군 JG-52 전투기대 지휘관 요하네스 슈타인호프(Johannes Steinhoff) 대위는 다음과 같이 회고한다.

우리를 그렇게 괴롭히던 소련 조종사들이 여자란 사실을 우리는 믿을 수가 없었다. 그들은 아무것도 두려워하지 않는 것 같았다. 그들은 밤이 되면 저속 복엽기를 타고 날아왔다. 우리는 한동안 그들 때문에 밤잠을 잘 수가 없었다.

밤의 마녀들은 목표물을 발견하면 소리를 내지 않기 위해 엔진을 끄고 글라이더처럼 미끄러져서 100m 이하의 저공으로 날아와 일시에 폭탄을 떨어뜨리고 엔진을 다시 켠 다음 기지로 돌아가곤 했다. 임무가 위험한 만큼 피해 또한 막심했다. 특히 독일 공군이 배치한 야간 전투기 Bf-110에 많은 소련 조종사들이 목숨을 잃었다.

588여성야간폭격기연대의 여성 조종사들. 왼쪽부터 일리나 세브로바 중위(1008), 나탈리아 메크린 대위(980), 예브게니야 지구렌코 대위(968), 마리아 스미르노바 대위(950). 괄호 안은 출격 횟수.

갑자기 서치라이트가 우리를 쫓았고, 곧 지상에서 대공포가 우리를 향해 날아왔다. 얼마 후 대공포가 잠잠해지는가 싶더니 독일 전투기가 나타났고, 우리 편대의 폭격기 4대가 하나씩 화염에 휩싸였다. 그 모습은 마치 타오르는 양초 같았고, 그날 밤 우리는 임무를 수행할 수 없었다. 기지로 돌아왔을 때 막사에 펴지지 않은 야전침대 8개가 덩그러니 남아 있는 것을 보았다. 그것은 불과 몇 시간 전 화염 속에 죽어간 친구들의 잠자리였다.

588여성야간폭격기연대 세라피마 아모소바(Serafima Amosova)가 회고한 내용이다. 소련 최초의 여성 조종사 마리나 라스코바도 1943년, 눈보라 속에서 방향을 잃고 볼가 강둑에 충돌하여 목숨을 잃었다.

2차 세계대전이 끝날 때까지 588여성야간폭격기연대는 2만 4000회 출격해서 폭탄 2만 3000t을 독일군에게 배달(?)했다. 나치 독일과 벌인 마지막 전투(베를린 공방전)에도 참가한 비행 연대 생존자들의 평균 출격 기록은 개인당 1000회에 달했다. 그리고 소련 정부는 여성 조종사들이 전장에서 보여준 용기와 헌신에 대한 보상으로 모두 29명에게 소련연방 영웅 칭호를 선사했는데, 그 가운데 23명이 밤의 마녀들이었다. 미국에서 여성 조종사가 전투기의 조종간을 잡은 것은 밤의 마녀들이 활약한 때부터 50년이나 지난 1993년이다.

붉은 꼬리의 검은 조종사들
— 아주 특별한 흑인 비행 대대, 터스키기 비행대

잔인한 흑인 매독 실험

　미국 남부 앨라배마 주의 터스키기(Tuskeegee)는 흑인들에게 아주 특별한 의미가 있는 도시다. 지난 세기 인구 1만 명 남짓한 이 도시에서는 백인들의 인종적 편견에서 비롯된 2가지 사건이 일어났다. 하나는 〈X파일〉에나 나올 법한 '터스키기 매독 실험'이라는 희대의 인체 실험이고, 다른 하나는 '터스키기 에어맨'이라 불리던 흑인 조종사들에 대한 처우다.
　먼저 터스키기 매독 실험은 그 자체로 경악을 금치 못할 사건이다. 페니실린이 발명되기 전에 매독은 치료 방법이 거의 없는 무서운 질병이었다. 1932년, 미국 공중보건국 산하 질병예방센터(CDC)는 터스키기에서 매독 환자에 대한 실험을 시작했다. 실험 대상으로 뽑힌 매

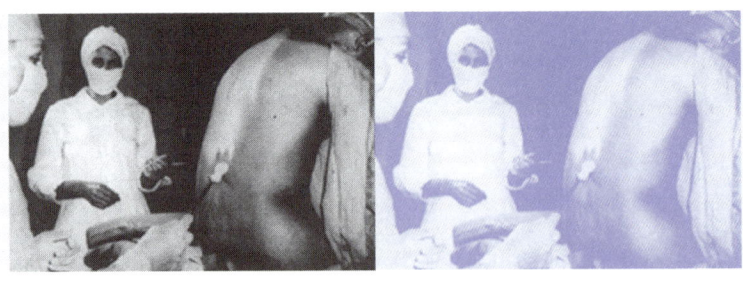
터스키기 매독 연구는 의학이라는 미명 아래 행해진 인종 범죄 중 하나로, 1932년부터 무려 40년 동안이나 진행된 것으로 밝혀졌다.

독 환자 400명은 대부분 힘없고 가난한 흑인 소작농이었다.

흑인 매독 환자들은 의사들이 정기적으로 찾아와 검진하는 모습을 보고 자신들이 치료받는 것으로 생각했다. 하지만 의사들은 아무런 치료도 하지 않고 매독 환자들의 상태를 관찰하기만 했다. 흑인 환자들은 인체에서 매독이 어떻게 진행되는지 장기적으로 연구하기 위한 모르모트에 불과했던 것이다. 더 가증스러운 것은 그들이 인간 모르모트를 치료한 적도 있는데, 그 치료는 매독이 아니라 다른 질환에 대한 것이라는 점이다. 환자가 다른 병으로 죽으면 매독 연구를 계속할 수 없기 때문이다.

충격적인 사실은 페니실린이 발명된 뒤에도 이들 흑인 매독 환자에게는 처방되지 않았다는 점이다. 페니실린이 발명되어 매독을 완전히 치료할 수 있는데도 실험은 40년 동안이나 계속되었고, 흑인 환자들은 하나 둘 죽어가야 했다. 이 끔찍한 실험이 중단된 것은 1972년, 실험에 참가한 공무원이 양심선언을 하고 나서다.

'훈련'이 아닌 '실험'

반인류적인 매독 실험을 가능하게 했던 인종적 편견은 미국 군대에도 만연했다. 당시 군대에서 흑인의 지위는 열악하기 그지없었다. 2차 세계대전 직전에도 미 육군 항공대의 조종사는 백인만 될 수 있었다. 지독한 인종적 편견에 사로잡힌 미군 수뇌부는 흑인이 열등한 존재라 여겼고, 전투기와 같이 복잡한 현대식 병기를 흑인이 다루는 것은 불가능하다고 생각했다. 전쟁에 참가한 흑인 병사들은 대부분 수송과 취사, 경비, 노역 같은 비전투 임무에 배치되었다. 하지만 몇몇 흑인이 전투기 조종사라는 금단의 영역에 도전했으니, '터스키기

앨라배마 주 터스키기 모턴필드에 설치된 훈련장에서 비행 훈련을 받는 흑인 조종사들. 이들은 금단의 영역에 도전한 선구자들이다.

비행대'라고 불리는 332비행전대의 흑인 파일럿들이다.

1939년, 미 육군은 루스벨트 대통령의 명령에 따라 흑인 조종사를 양성하기 위해 터스키기에 훈련 기지를 설치하고 비행 훈련을 실시했다. 전미흑인지위협회, 흑인 언론, 퍼스트레이디 앨리노어 루스벨트 여사 등의 압력에서 비롯된 것이다. 하지만 미군은 이 시도가 결국 실패하리라고 굳게 믿었다. '흑인은 제대로 된 전투기 조종사가 될 수 없다'는 편견이 지배적이어서 미군 당국은 이 훈련 과정을 '실험'이라고 불렀다.

'99추적비행대(99th Pursuit Squadron)'로 명명된 이 비행대에서 흑인 조종 훈련생들은 노골적인 편견과 군대에 만연한 인종 차별과 싸워야 했다. 당시 터스키기 기지에서 훈련받은 찰스 맥기 대령은 다음과 같이 말했다.

"군은 우리 흑인들의 능력을 믿지 않았지만 훈련 기준을 바꾸지도 않았다. 그것이 우리에게 도움이 되었다. 우리는 훈련 기준을 성공적으로 이수했다."

'붉은 꼬리의 천사들'의 활약

1941년 봄, 기초 훈련을 통과한 전투기 조종사 후보생 13명이 본격적인 전투 비행 훈련에 들어간 것을 시작으로 흑인 전투기 조종사들이 배출되었다. 그리고 일본이 진주만을 기습함에 따라 미국이 2차 세계대전에 참전한 후 터스키기의 99추적비행대는 북아프리카의 튀니지로 이동했다.

혹독한 훈련을 마치고 실전에서 자신의 존재 가치를 증명할 기회를 노리던 흑인 조종사들에게는 주로 지상군의 작전을 지원하는 임무가 주어졌을 뿐, 본격적인 공중전 임무는 맡기지 않았다. 그들은 전공을 세울 기회에서 배제된 것이다. 백인 우월주의자들은 흑인 조종사들이 성과를 올릴 기회도 주지 않고 이들을 비난했다. 1943년 9월에는 〈타임〉지가 흑인 조종사들을 비하하는 기사를 싣기도 했다.

흑인 비행대의 해체를 주장하는 백인 지휘부에 맞서 싸운 인물이 대대장 벤저민 O. 데이비스 2세 중령이다. 20세기 들어 흑인 최초로 미 육군사관학교를 졸업한 그는 조종사가 되는 것이 꿈이었지만, 완고한 지휘부의 반대로 보병대에 배치되었다. 몇 년을 보병 장교로 복무한 뒤 99추적비행대에 지원한 데이비스 중령은 최초의 흑인 전투기 조종사 후보생 13명 가운데 1명이 되었다. 그는 미 의회에서 '백인과 동등하게 싸울 수 있도록 해달라'고 간청했으며, 결국 99추적비행대는 최전방인 유럽 전선에 투입되었다.

1944년 6월, 유럽에 배치된 99추적비행대는 일단 해체된 후 역시 흑인 조종사들로 창설된 101, 301, 302전투비행대대와 통합되어 332비행전대로 재탄생한다. 흑인 조종사들이 훈련받은 지명을 따서 '터스키기 비행대'라고 불린 이 부대가 보유한 P-51 머스탱 전투기는 꼬리날개가 빨갛게 칠해졌다. 이들은 주로 B-17 폭격기를 호위하는 임무를 맡아 독일 공군과 치열한 전투를 벌였으며, 흑인 조종사들은 임무를 하나씩 수행할 때마다 편협한 군 수뇌부에게 자신들의 가치를 증명해 보였다.

같은 해 10월 12일, 헝가리 서부의 벌러톤 호수 위에서 벌어진 공중

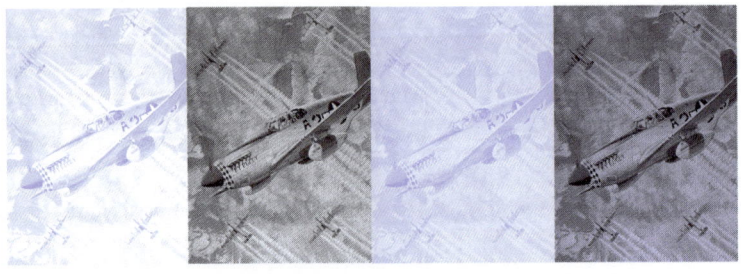

B-17 폭격기를 호위하는 터스키기 비행대의 머스탱 전투기. 비행대 소속 전투기의 꼬리날개를 붉은색으로 칠해 이 흑인 조종사들은 '붉은 꼬리의 천사들'이라 불렸다.

전에서 터스키기 비행대의 리 아처 중위는 독일군 Me-109 전투기 3대를 격추해 부대 최초의 에이스가 되었으며, 이듬해 3월까지 비행대는 적기 72기를 격추하는 전과를 올렸다. 백인 폭격기 조종사들은 꼬리날개가 붉은색으로 칠해진 P-51 머스탱 전투기의 활약상을 여러 번 목격하면서 이들을 '붉은 꼬리의 천사들(Red Tail Angels)'이라고 불렀다.

실력으로 허문 편견의 벽

한편 전쟁이 막바지에 이를수록 나치 공군의 저항도 극에 달했다. 특히 제트 전투기로는 처음 실전에 배치된 독일의 Me-262는 연합군 조종사들에게 악몽과도 같았다. 쌍발 제트엔진을 단 Me-262의 최고 속도는 터스키기 비행대의 머스탱보다 160km나 빨랐다.

1945년 3월 24일, 베를린 폭격 호위 임무를 수행하던 터스키기 비행대의 조종사들 앞에 Me-262가 나타났다. 빠른 속도로 다가오는 Me-262를 터스키기 비행대의 머스탱이 막아서면서 한바탕 공중전이 벌어졌다.

이날의 지열한 공중전에서 터스키기 비행대는 기종의 열세를 극복하고 Me-262 3기(비공식으로는 5기)를 격추했다. 그것도 아군기를 잃지 않고 이룬 성과다. 흑인 조종사들은 인종적으로 열등해서 현대식 병기를 다룰 능력이 없다는 편견 속에 최첨단 제트 전투기를 격추함으로써 자신들의 가치를 증명해 보인 것이다.

332비행전대는 전쟁이 끝날 때까지 독일 전투기 108기를 격추하는

'우리를 날 수 있게 해주시오.' 2차 세계대전 중 미국 정부가 발행한 전시 공채 광고에 등장한 흑인 조종사. '터스키기 에어맨'이라고 불린 흑인 조종사는 전쟁 당시 모두 994명이 배출되었다.

전과를 올렸다. 그 공을 인정받아 터스키기 비행대 조종사들은 대통령 부대 표창을 비롯해 항공훈장 744개, 공군무공훈장 150개, 청동성장 14개, 은성무공훈장 1개의 주인공이 되었다.

유럽의 하늘에서 332비행전대가 보여준 활약은 인종 차별의 근간을 흔들었다. 작지만 결연한 흑인 비행대는 자신들에게 주어진 어려운 시험을 통해 편견의 벽을 부수고, 정말 중요한 것은 피부색과 아무 상관이 없다는 사실을 미국 사회에 보여준 것이다.

 # 소련의 보이지 않는 사단
― 히틀러도 감쪽같이 속은 소련군의 동원 제도

히틀러, 뒤통수를 맞다

2차 세계대전 초기, 연전연승하던 독일은 폴란드와 프랑스를 굴복시키고 서유럽을 대부분 차지했다. 도버 해협을 방패 삼아 외로운 항전을 계속하던 영국을 제외하면 유럽에서 독일군을 막아낼 나라는 없는 듯했다.

이때 히틀러는 동쪽으로 눈을 돌린다. '유대인만큼이나 열등한 슬라브인이 사는 나라, 인간 이하의 슬라브족을 몰아내고 광대한 소련의 영토를 차지한다면…….' 더구나 소련은 평소 히틀러가 혐오하는 '빨갱이'의 나라다. 히틀러는 '동시에 두 방면의 적을 상대로 싸우는 것은 미친 짓'이라는 휘하 장교들의 반발을 무시하고, 소련을 침공하기 위한 준비를 해나갔다.

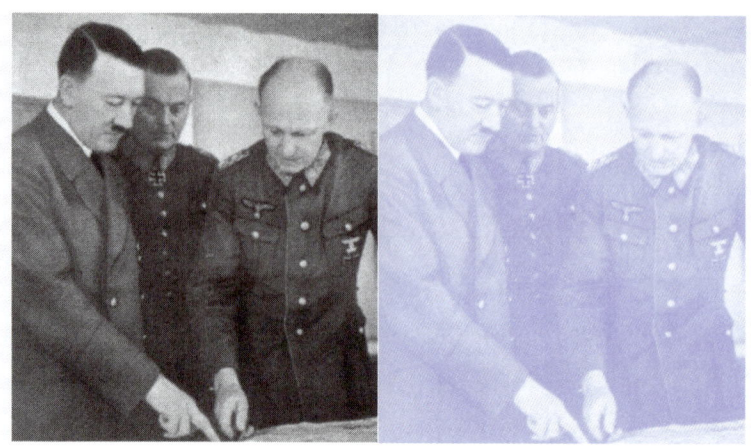

소련 침공을 논의하는 히틀러와 독일군 참모본부 장군들. 히틀러는 소련을 얕잡아보고 단기간에 소련군을 무릎 꿇릴 수 있으리란 낙관적 예측을 했다.

    1941년 6월 22일, 기어이 소련 침공을 위한 바르바로사 작전(FALL Barbarossa)이 발동되었다. 전쟁의 양상은 독일군에게 더할 나위 없이 유리하게 진행되었다. 기습을 받은 소련군은 무력하기만 했고, 독일군이 폴란드와 프랑스에서 보여준 '전격전'의 신화가 재현되는 듯했다. 히틀러 못지않은 독재자 스탈린이 몇 년 전 대숙청을 단행함으로써 유능한 지휘관이 대거 제거된 탓에 소련군은 힘도 쓰지 못하고 쫓기기만 했다. 모스크바와 스탈린그라드(볼고그라드의 옛 이름)가 함락되는 건 시간문제인 듯 보였다.

    하지만 소련을 침공한 독일군 지휘부는 소련 적군(赤軍, Red Army)의 전력을 오판했다. 애초 독일군은 소련 육군이 182개 사단 가운데 141개 사단만 이 전투에 동원할 것이라고 판단했다. 나머지는 제국주의 일본이 호시탐탐 노리는 극동 지역을 방어해야 하기 때문에 움직일 수 없으리라고 생각한 것이다.

진군하는 독일군 대열 옆으로 소련군 포로들이 걸어가고 있다. 소련군은 정보 판단 실수로 기습을 당한데다 스탈린의 대숙청 여파로 전투력이 저하된 상태였지만, 시간이 지날수록 소련군의 동원 제도가 위력을 발휘하기 시작했다.

그런데 이상한 일이 벌어졌다. 가는 곳마다 보이는 족족 소련군을 섬멸했지만, 아무리 죽여도 자고 일어나면 새로운 소련군 부대가 나타나는 게 아닌가. 독일 육군 총참모부장 할더 장군은 독소전쟁이 시작된 직후 일기에 '우리는 소련군을 과소평가했다. 현재 발견해서 확인한 소련군 사단만 해도 360개 사단이다'라고 적었다. 일선 부대만 그 정도니, 후방에 있는 소련군이 얼마나 될지 아무도 알 수 없었다.

신출귀몰한 소련군의 비밀

독일군은 소련의 '보이지 않는 사단(The Invisible Division)'에 대해 전혀 몰랐던 것이다. 보이지 않는 사단이라니. 소련군은 '투명 망토'나

'도깨비 감투'라도 쓰고 있단 말인가. 비밀은 소련군 특유의 전시 동원 제도인 '2편성 제도(Second Formation System)'에 있었다. 1930년대 적군이 고안한 이 제도는 소련군 사단을 하룻밤 사이에 2배로 만드는 비결이다. 아주 단순하고 신뢰할 수 있으면서도 물적 자원을 추가로 투입할 필요가 거의 없는 이 제도의 비밀은 다음과 같다.

평상시 소련군의 모든 사단장은 부사단장 2명을 거느린다. 1명은 통상적인 임무를 수행하며, 다른 1명은 비밀 보직인 '2편성 사단장'을 맡는다. 마찬가지로 대령 계급인 사단 참모장은 휘하에 중령 계급인 부참모장 2명을 두며, 그중 1명은 비밀 보직인 '2편성 참모장'을 수행한다. 이 제도는 하부로 내려가도 동일하게 적용되어 연대장은 부연대장 2명, 대대장은 부대대장 2명을 거느리는 식이다.

이제 전쟁이 발발한 상황을 가정해보자. 한 사단이 이동 명령을 받으면 사단장은 완전한 장비와 인원을 갖추고 전선으로 출동하면서 부사단장 2명 가운데 평소 통상적인 부사단장 임무를 수행하던 1명만 데리고 떠난다. 참모장과 휘하 부대의 지휘관 역시 부참모장, 부연대장, 부대대장을 1명씩 데리고 간다. 그럼 위에서 이야기한 '2편성' 부사단장, 부참모장, 부연대장, 부대대장은 주둔지에 남아서 뭘 하느냐. 그들의 임무는 텅 빈 병영을 지키는 것이 아니라, 동원 명령을 받고 입소하는 예비군으로 새로운 사단을 편성하는 것이다.

예비군으로 편성한 사단의 전투력은 전선으로 이동한 사단에 비해 떨어진다. 먹고사느라 바빠 현역 복무 시절 훈련받은 기억도 가물가물할 것이기 때문이다. 하지만 이들도 엄연한 전투 사단이다. 새로운 사단의 사단장은 여러 해 동안 현역 사단장 밑에서 경험을 쌓고, 때에 따라 사단장 임무를 대행하기도 한 '2편성 부사단장'이다. 그 밑의 지

2차 세계대전(소련 측 표현으로는 대조국전쟁) 승전 기념 퍼레이드를 하는 소련군.

휘관과 참모 역시 2편성 보직을 맡은 현역 장교로, 오랜 기간 함께 근무해 서로 잘 알 뿐만 아니라 호흡도 잘 맞았다. 이들이 '부'자를 떼고 새롭게 편성되는 사단의 지휘관 직을 수행하는 것이다.

이쯤 되면 궁금증이 하나 생길 법하다. 2편성 제도라는 게 예비군을 소집해서 부대를 하나 새롭게 만드는 거라면, 이들은 무엇을 들고 싸우나. 사단의 전투 장비는 원래 있던 현역병들이 전선으로 가져가지 않았는가.

여기에 보이지 않는 사단의 비밀이 또 하나 숨어 있다. 새롭게 편성된 사단의 예비군에게 지급되는 무기는 그동안 창고에 잘 보관해둔 구식 장비다. 각 사단은 현역에게 신형 소총과 장비를 지급하면서 교체한 구식 소총과 장비를 2편성 부대를 위해 사단 창고에 저장해둔 것이다. 원래 소련이 '질은 좀 떨어져도 압도적인 물량으로 적을 물리치는' 나라다 보니, 아무리 구식 무기라도 절대 그냥 버리는 법이 없다. 이 방식은 보병 병기뿐 아니라 전차(戰車, chariot), 포병, 통신 장비 모두 동일하게 적용된다.

최소 비용 최대 효과의 법칙

제대한 지 몇 년 되어 군복도 잘 안 맞는데다 구식 무기로 무장한 뚱뚱하고 게으른 '예비군 아저씨'들로 부대를 만들긴 했는데, 과연 이들이 제 역할을 할 수 있을까? 하지만 소련군 지휘부의 판단은 달랐다. '예비군에게 최신 장비의 사용법을 가르치는 것보다 그들에게 익숙한 구식 장비를 지급하는 것이 훨씬 효율적'이라고 생각한 것이다.

무기라는 것이 사용하는 병사의 손에 익숙지 않으면 제 성능을 발휘할 수 없다는 점을 감안하면 나쁜 판단은 아닌 셈이다.

2편성 사단의 가장 큰 장점은 평소 유지비가 거의 들지 않는다는 것이다. 구형 전차 1대를 보관하는 데 드는 비용은 신형 전차 1대를 새로 만들 때 드는 비용보다 1000배는 저렴하다. 이렇게 따지면 신형 전차 10대를 생산하기보다는 구형 전차 1만 대를 비축하는 것이 훨씬 낫다는 결론이 나온다.

비록 전투력이 떨어지는 예비군과 구식 장비로 무장되었다 해도 결정적인 순간에 현역 사단 수만큼 증원되는 보이지 않는 사단은 적이 미리 세워놓은 모든 작전 계획을 물거품으로 만들고, 적을 궁지에 몰아넣을 위력이 있는 셈이다. 러시아군에 오늘날까지 적용되는 이 방식은 소련을 2차 세계대전의 패배에서 구해낸 결정적인 요인의 하나로 평가받는다.

1945년 4월 30일 오후, 소련군 병사가 베를린 상공에 붉은 깃발을 걸기 위해 독일제국 의회 의사당 꼭대기에 오르고 있다.

일본의 피를 이어받아 미군을 위해 싸우다

— 일본계 2세로 편성된 미군의 442연대

일본계 미국인으로 산다는 것

1941년 12월, 일본이 진주만을 기습한 직후 미국 사회는 엄청난 충격에 빠졌다. 일본과 전쟁을 치를 것이라고는 어느 정도 예상했지만, 이처럼 갑작스럽게 시작되리라곤 미처 생각지 못했기 때문이다. 일본군의 폭격으로 불타오르는 하와이와 가라앉은 전함 사진은 미국인을 분노케 했고, 그 분노는 곧 미국 내 일본계 주민에게 향했다. 일본계 주민들이 곳곳에서 폭행당했으며, 그들의 상점은 불매 운동으로 골치를 앓았다.

1868년 일본인 이민자가 처음 하와이에 정착한 이래 일본계 주민이 점차 늘어나, 2차 세계대전이 발발했을 때는 미국 전역에 12만 7000명에 달했다. 그들 가운데 3분의 2는 미국에서 태어났고 자신을 미국인이라고 생각했지만, 이들을 바라보는 미국 정부의 시선은 싸늘했다. 그들은 모멸과 증오의 따가운 시선을 받았고, 편견과 차별의 대상이 되었다. 이런 점은 미국인이 일본과 같은 추축국이던 독일과 이탈리아계 주민을 대하는 시선과 확실히 달랐다.

1942년 2월 19일, 루스벨트는 대통령 명령 9066호에 서명했는데, 이 명령은 미국 서부 해안 지역에 설정된 군사 지역에서 적성국 주민을 추방하는 것이 골자였다. 그 결과 캘리포니아, 워싱턴, 오리건 주 등 서부 지역에 살던 일본계 미국인은 대부분 여러 해 동안 고생해서 일군 재산을 헐값에 처분하고 정든 삶의 터전을 떠나야 했다.

일본계 미국인은 와이오밍, 아칸소 주 등 황량한 벌판에 설치된 수용소에 강제 소개(疏開)되었다. 급조된 목제 건물에 가족마다 단칸방 하나가 배정되었고, 가족과 가족을 구분하는 것은 철사에 걸어놓은 담요가 전부였다. 그들은 모래 바람이 부는 오지에서 억류 생활을 했다. 더 나아가 미국 정부는 시민권이 있는 일본계 청년을 징집하기 시작했다. 이들이 군대에 꼭 필요했다기보다는 언제 적으로 돌변할지 모르는 적성국 청년을 자유롭게 두기 찜찜했기 때문이다. 미국 정부가 일본계 청년들을 인질로 삼은 것이나 마찬가지다.

일본인으로 편성된 미군 부대

미군은 징집된 일본계 청년들만으로 구성된 부대를 따로 편성했는데, 그 모체는 하와이에서 창설된 100대대다(미군은 한국전쟁 때까지 인종별로 부대를 편성하는 전통을 유지했다). 하와이 원주민 영어(Pidgin English)로

'니세이(2세) 부대'라고 불린 442연대는 일본계 미국인들이 강제수용 된 수용소에서 징집된 일본계 청년 8000명을 기반으로 창설되었다.

'원 푸카 푸카(100)' 대대로 불린 이 부대는 일본군이 진주만을 기습 공격한 직후 일본계 주민의 충성심을 의심한 미군 지휘부가 하와이 방위군에 있던 일본계 미국인 1400여 명을 전부 골라 만들었다. 100대대는 통상적인 미군 편성 방식과 달리 소속 연대도 사단도 없는 독립 대대로, 흔히 '고아 부대'라고 불렸다. 일부 일본계 장교와 부사관도 있었지만(한국계 전쟁 영웅 김영옥 대령도 100대대에서 소대장과 작전장교로 활약했다), 중대장 이상 주요 지휘관은 거의 하와이 방위군에서 차출된 백인이었다.

100대대는 미국 본토 미시시피 주의 캠프 셸비로 이동해 실전에서는 별 소용도 없는 기본 교육만 반복하며 시간을 보냈다. 미군 지휘부에게 이들을 어떻게 전투에 투입할지 구체적인 계획 따위는 없었다. 그러다가 1943년 8월, 100대대에 북아프리카의 오란(Oran)으로 이동하라는 명령이 떨어졌다. 전쟁이 장기화되고 전선이 확대되면서 병력

위 442연대 기수단. **아래** 훈련을 받던 미시시피 주의 캠프 셸비에서 사열대를 통과하는 100대대 장병들.

1장 | 세계사를 뒤흔든 천재적 조직술_ 군대의 재발견

부족 문제가 심각해졌기 때문이다. 당시 북아프리카 전선은 연합군과 나치 독일의 명장이자 '사막의 여우'로 불린 롬멜이 이끄는 아프리카 군단의 치열한 전투가 끝난 직후다.

그런데 막상 이곳에 도착한 뒤에도 소속 연대나 사단이 없는 100대대에게는 임무가 배정되지 않았다. 미군 지휘부는 이들에게 철도 경비나 열차 호송 같은 비전투 임무를 맡기려고 했는데, 그것은 다분히 인종 차별적인 시각 때문이다. 2차 세계대전 당시만 해도 미군 내 흑인 병사들은 주로 노역이나 경비, 수송 같은 비전투 임무에 동원되었고, 흑인들에 비해 수적으로 얼마 되지 않는 아시아계 병사들의 처지 또한 마찬가지였다.

100대대 장병들은 군 당국의 처사에 분노했다. 부모 형제가 수용소에 갇혔는데 피 흘려 충성심을 입증하라고 강요받는 상황에 벌어진 이 같은 처사는 그들에게 싸울 기회조차 박탈하는 것이었다. 100대대 장병들은 국가가 자신들에게 보이는 의심과 편견을 상대로 또 다른 전쟁을 한 셈이다.

피로 증명한 "우린 미국인이다"

100대대 대대장 터너 중령은 일선에서 싸우고 싶다는 장병들의 강한 의지를 군 당국에 전달했고, 100대대는 우여곡절 끝에 보병 34사단 133연대에 배속되었다. 당시 연합군은 이탈리아의 시칠리아 섬을 장악하고 이탈리아 본토 공격을 목전에 둔 참이었다. 상륙 예정지는 나폴리 남쪽의 살레르노였다.

1943년 9월 19일, 살레르노에 상륙한 100대대는 로마를 향해 북상하기 시작했다. 그리고 2차 세계대전 당시 격전 가운데 하나로 꼽힌 몬테카시노전투를 앞두고 있었다. 카시노는 로마 남동쪽 150km 지점에 있는 소도시고, 몬테카시노는 이 도시 뒤에 있는 거대한 산이다. 이 산이 격전장이 된 것은 로마로 통하는 도로가 바로 옆을 지나, 이곳을 점령하지 않고는 로마로 들어갈 수 없기 때문이다.

이탈리아에 상륙하고 4개월 동안 전체 병력의 60%를 잃은 100대대는 약 650명을 몬테카시노전투에 투입했고, 이곳에서 2주 동안 남은 병력의 90%를 잃었다. 전사자와 부상자를 제외하면 100대대 병력은 60여 명밖에 남지 않았다. 몬테카시노전투를 치른 100대대에 '퍼플하트(Purple Heart : 전사하거나 전투 중 부상을 당한 장병에게 수여하는 훈장) 대대'라는 별명이 붙었을 정도다.

극심한 인명 손실을 입은 100대대는 불가피하게 재편성했는데, 역시 일본계 2세들로 구성된 442연대에 흡수되었다. 442연대는 100대대가 북아프리카로 이동하던 무렵 새롭게 편성된 부대로, 100대대가 이탈리아 전선에서 용감히 싸워 충성심을 입증하자 유럽 전선으로 보내진 것이다.

100대대는 442연대의 1대대가 되었다. 이에 따라 부대 명칭도 442연대 1대대로 바뀌어야 했지만, 그동안 쌓은 공적과 희생을 감안해 100대대라는 고유 명칭을 그대로 사용할 수 있었다.

442연대 부대원들은 '끝장을 보자(Go for Broke)'는 연대 구호처럼 목숨을 아끼지 않고 분투했다. 1944년 4월 20일, 토리노를 향해 전진하던 442연대 2대대 E중대 3소대의 일화는 일본인 2세 부대의 감투 정신을 보여주는 이야기로 두고두고 회자된다.

하와이 출신의 대니얼 K. 이노우에(Daniel K. Inouye) 소위가 이끄는 소대는 독일군의 방어진지에 설치된 기관총 3정을 제압하라는 명령을 받았다. 이노우에 소위는 부하들을 이끌고 수류탄과 기관단총으로 기관총좌 2개를 잠재웠지만, 마지막 기관총 진지를 향해 수류탄을 던지려는 순간 독일군이 던진 수류탄에 오른팔이 중상을 입어 덜렁거리는 상황이 되었다. 피투성이가 된 이노우에 소위는 오른손에 있던 수류탄을 왼손으로 빼내 독일군 토치카 속으로 던졌다.

"수류탄을 던지고 비틀거리며 왼손으로 기관단총을 쏘았는데, 고깃덩이가 된 오른팔 부위는 그 반동으로 내 옆구리를 찰싹찰싹 치고 있었다."

이노우에 소위는 마지막 기관총 진지를 파괴한 직후에도 왼발에 적군의 총탄이 명중해 다시 부상을 당했지만, 후송을 거부하고 끝까지 소대를 지휘했다. 그는 이 전투에서 보여준 공로로 미군 최고 무공훈

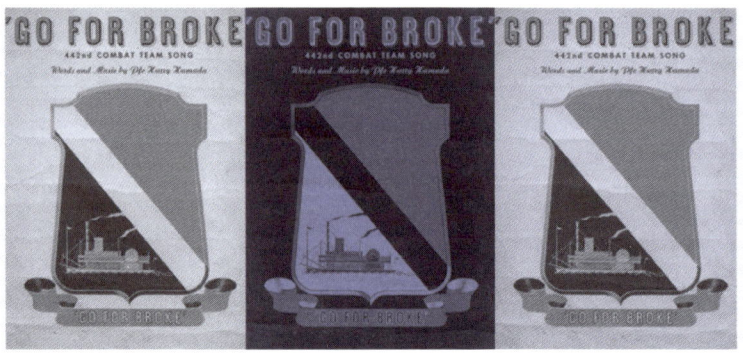

442연대의 구호는 '끝장을 보자'다. 442연대는 의회명예훈장 21개, 은성훈장 554개, 동성훈장 4000개 수훈자를 배출해 미 육군 역사상 최고 수훈 부대로 손꼽힌다.

장인 의회명예훈장을 받았다(이노우에 소위는 1958년 하와이 주 하원의원에 당선되었고, 현재까지 8선의 연방 상원의원으로 활동하고 있다).

전쟁이 끝난 후 트루먼 대통령은 "그들은 적에게 승리했을 뿐만 아니라 부당한 편견도 이겨냈다"며 일본계 병사들의 용기를 찬양했다. 하지만 그 대가는 '적성국민'의 오명을 씻으려고 독일군의 기관총 앞에 아낌없이 몸을 던진 병사들의 피였다.

2차 세계대전 동안 442연대의 평균 사상률은 314%에 이르렀다. 이 기록적인 수치는 미군 전투부대의 평균을 3배나 상회하는 것으로, 병사 한 사람이 3번 이상 부상을 입거나 전사했음을 의미한다. 실제로 3000명 남짓한 442연대 장병들에게 수여된 '퍼플하트' 기장은 모두 9486개에 달했다. 수많은 일본계 청년들이 자신의 목숨으로 값비싼 대가를 치른 피의 역사다.

죽음으로도 씻을 수 없는 죄?
— **소련의 죄수 부대, 형벌 대대**

할리우드 영화 〈더티 더즌(The Dirty Dozen)〉을 보면 군 형무소에서 사형수들을 모아 특수 부대를 만드는 장면이 나온다. 임무를 완수하면 사면한다는 조건으로 이 특수 부대원을 거의 성공이 불가능한 임무에 투입한다는 줄거리다. 우리 영화 〈실미도〉와 스토리 구조가 비슷해서 그리 새롭지는 않다. 그러나 2차 세계대전 중에 '죄수 부대'가 실재했다면 믿을 수 있겠는가.

모스크바를 향한 독일군의 파죽지세

1941년 6월 22일 새벽, 독일군이 소련의 국경을 넘어 전면적인 침공을 개시했다. 무방비 상태에서 기습을 당한 소련군은 절망적인 항

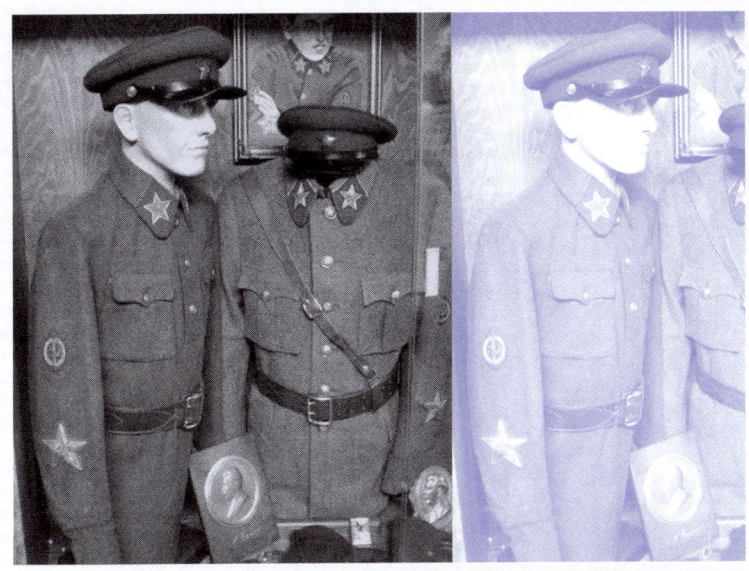

악명 높은 NKVD(KGB의 전신인 내무인민위원회) 장교의 복장. 이들은 보안, 방첩 등 정치경찰 임무 외에 독전대 역할도 수행했다.

'한 발자국도 물러서지 마라! 상관의 명령 없이 퇴각하는 자들은 모두 조국의 반역자로 간주할 것이고, 그에 맞는 대접을 받을 것이다.' 스탈린은 1942년 7월 28일, 전군에 국방인민위원 명령 227호를 하달한다.

전을 계속하지만 속수무책이었다. 6월 29일에는 민스크(Minsk)가 함락되었고, 7월 16일에는 스몰렌스크(Smolensk)를 내주면서 75만 명이 포로로 잡혔다. 독일군은 전쟁이 시작된 지 4주 만에 650km를 진격했고, 12월에는 모스크바 외곽 20km 지점까지 도달했다.

전쟁 초기, 소련군이 패배한 가장 큰 원인은 소련군 내부에 있었다. 1930년대 중반 스탈린이 대숙청을 감행함으로써 소령급 이상 장교 3분의 2가 처형되거나 감옥에 갇혔고, 그나마 살아남은 장교들은 전투 경험이 일천할 뿐만 아니라 전의도 바닥에 떨어진 상태였다. 보유한 전차나 항공기는 수만 많지 태반이 낡아 빠진 구식인데다, 통신 장비도 열악하기 그지없어 실전에서는 무용지물이나 마찬가지였다. 게다가 소대까지 배치된 정치 장교의 입김으로 군은 정치에 종속된 무기력한 조직으로 전락했다. 결국 드넓은 소련의 땅과 하늘은 독일군 전차 행렬이 질주하며 일으키는 먼지와 전투기의 폭음으로 가득 찼다.

1942년 7월 28일, 벼랑 끝으로 내몰린 스탈린은 전군에 '한 발자국도 물러나지 말라'는 국방인민위원 명령 227호를 하달했다. 이 명령의 골자는 허가 없이 후퇴하는 사람은 지위 고하를 막론하고 즉결 처분하라는 것이었다.

 각 야서군에 잘 무징된 독전대 3~5개를 편성하고, 이들을 불안정한 사단의 후방에 배치하여 이 사단의 일부가 공황 속에 무질서한 퇴각을 벌일 경우에는 공황에 빠진 이들과 겁쟁이들을 즉결 처분함으로써 충성스러운 병사들에게 조국을 위해 그들의 의무를 다할 수 있는 기회를 줘라.

죽기 위해 존재하는 부대

한 가지 주목할 점은 명령 227호에는 독전대와 더불어 형벌 부대, 즉 형벌 대대(Penal Battalions)와 형벌 중대(Penal Companies) 창설을 지시하는 내용이 포함되었다는 사실이다. 형벌 부대란 말 그대로 과오를 저지른 병사들을 모아 편성한 부대다. 그들은 자신의 죗값을 피로 갚으라는 명령을 받은 것이다.

형벌 부대에 소속된 이들의 죄명도 가지각색이다. 적에게 포로로 잡혔다가 탈출한 병사도 조국을 배반했다는 이유로 형벌 부대에 배치되었고, 심지어 직장에 지각했다고 '인민의 적' '반혁명 분자'로 규정되어 감옥에 갇혔다가 끌려온 민간인도 있었다. 악명 높은 소련 형법 58조는 수많은 정치범을 양산했고, 이들은 전시에 총살형을 면제받는 대신 죽음이 뻔히 보이는 가장 어려운 임무에 투입되었다.

'죽기 위해' 존재하는 것이나 마찬가지인 형벌 대대는 대대 본부와 형벌 중대 3개, 경비 중대 1개로 구성되었는데, 이 경비 중대가 독전

독일군을 향해 돌격하라는 명령을 받은 형벌 부대원의 뒤에는 언제나 독전대의 기관총이 도사리고 있었다.

대의 역할을 했다. 돌격 명령에 조금이라도 주저하거나 도망치는 형벌 부대원에게는 독전대의 기관총이 가차 없이 불을 뿜은 것이다.

형벌 부대는 평상시 후방에서 독전대의 삼엄한 감시 아래 있다가, 막대한 병력 손실이 예상되는 곳으로 배치되어 전투에 투입된 뒤에야 무기를 지급받았다. 아무런 무기도 없이 전장으로 내몰리는 일도 심심찮게 있었는데, 이 경우 그들은 죽은 동료의 무기를 사용하라는 명령을 받았다.

형벌 부대원이 이 끔찍한 상황을 벗어나는 길은 죽거나 몸을 움직일 수 없을 정도로 심한 부상을 당하는 방법밖에 없었다. 도망친다는 것은 곧 죽음을 의미하는 상황에서 형벌 대대의 공격은 필사적이었다. 이들은 공격할 때마다 선두에 서야 했고, 후속 부대가 적의 공격으로 손해 볼 것을 미연에 방지하는 역할을 해야 했다. 심지어 독일군의 방어 능력을 시험하기 위해 무모하게 내몰리는 소모품으로 취급되기도 했고, 아군의 전진을 위해 맨몸으로 지뢰밭을 개척하는 임무를 맡기도 했다.

형벌 부대원들이 불을 뿜는 독일군의 기관총 앞으로 무모하게 돌격하여 전선을 돌파하고 나면, 이들은 곧 후방으로 물러나고 소련군 정예 부대 충격군(Shock Army)이나 친위군(Guards Army), 저격 사단 등이 전과를 확대했다. 전쟁터에서 죄수들이 전공을 세우는 일이 벌어져선 안 되기 때문이다. 간신히 살아남은 형벌 부대원들은 재편성되어 다른 임무에 투입되고 또다시 무모하게 돌격하고…… 이런 과정을 몇 번 거치다 보면 형벌 부대의 죄수들은 자신의 운명을 깨달았다.

소련 공군도 1942년 5월부터 형벌 중대를 편성했다. 간단한 기관총 조작법만 배운 죄수들은 IL-2 슈토르모빅 같은 지상 공격기의 후방 사수석에 낙하산도 없이 앉아야 했다. 지상 공격이라는 임무의 특성상 워낙 손실률이 높은 기체인데다, 조종사야 비상시에 낙하산으로 탈출이라도 할 수 있지만 공군 형벌 부대 병사들은 꼼짝없이 추락하는 비행기와 운명을 같이하기 일쑤였다.

형벌 부대의 존재는 전쟁이 끝난 뒤에도 소련 당국에 의해 철저하게 비밀에 부쳐졌으나, 1980년대 후반부터 불기 시작한 페레스트로이카 바람을 타고 그 존재가 공식적으로 알려지기 시작했다. 1988년 소련 〈군사사저널(Военно-исторический журнал)〉에 '명령 227호' 전문이 공개된 것이다. 이후 독전대로 활동한 퇴역 장교의 기고가 실리는 등 수십 년 동안 베일에 싸였던 소련 형벌 부대의 이야기들이 발굴되었다.

그렇다면 형벌 부대에는 얼마나 많은 군인이 복무했을까? 러시아의 군사 역사학자 드미트리 볼코고노프가 정부 문서 저장고에서 발견한 기밀문서에 따르면, 약 6만 명이 독전대에 의해 사형을 선고받았고, 또 다른 60만 명이 형벌 부대에 복무토록 명령받았다고 한다.

동에 번쩍, 서에 번쩍⋯⋯ 귀신도 울고 가다
— 미국의 땅굴전 특수 부대, '터널 래츠'

게릴라들의 최후의 무기 '땅굴'

베트남은 수세기 동안 중국의 지배를 받았다. 근대에 와서도 중국이 물러간 자리를 프랑스가 차지하고 있을 뿐, 상황은 크게 달라지지 않았다. 베트남인은 프랑스에서 독립하기 위해 끊임없이 투쟁했으며, 20세기 들어 그 수위가 절정에 달했다. 베트남은 끈질기게 투쟁한 결과, 1954년 디엔비엔푸에서 프랑스군을 격파하고 독립을 쟁취하는 듯했다. 하지만 이번에는 프랑스 대신 베트남에 개입한 미국이 베트남 민중에게 새로운 시련을 안겼다.

베트남인은 새로운 침략자와 싸우기 위해 다시 정글로 들어갔다. 미 공군의 B-52 폭격기는 출격할 때마다 수십 t에 이르는 폭탄을 쏟아부었고, 베트남 민족해방전선 게릴라가 숨어 있는 정글을 아예 제거하기 위해 엄청난 고엽제를 살포했다.

　이와 대조적으로 미군의 대규모 물량 공세에 맞서야 했던 베트남인에겐 현대식 무기도, 변변한 군사 시설도 없었다. 다만 강철 같은 의지와 개미 같은 부지런함 그리고 인내심이 있을 뿐이었다. 또 하나 자산이 있다면 그들이 수천 년간 뿌리내리고 살아오면서 자연스럽게 터득한 국토에 대한 지식이다.

　게릴라들은 미군에 저항할 근거지를 마련하기 위해 밀림 속에 땅굴을 팠다. 굴착기 같은 기계는커녕 호미와 소쿠리가 그들이 가진 전부였다. 다행스럽게도 정글 지역의 땅 표면은 점성이 강한 흙이라 비교적 파내기 쉬웠고, 깊이 내려갈수록 만나는 단단한 흙은 공기와 접촉하면 더욱 굳어지는 특성이 있었다.

　게릴라들은 베트남 각지에 터널을 파고 싸웠지만, 그 가운데 가장

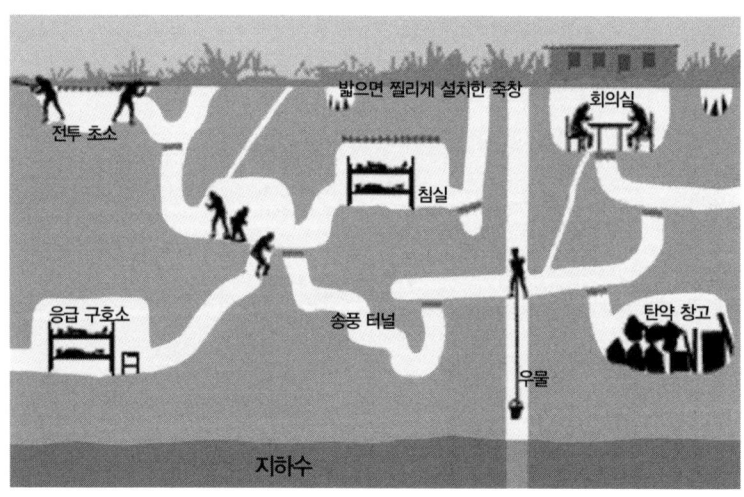

구치 터널 내부 구조도.

대표적인 터널은 사이공 시 외곽 구치(Cu Chi)에 있었다. 순전히 사람의 힘으로 만든 이 터널은 연장 320km에 달했다. 병원, 식당, 병기 수리 공장 등이 갖춰진 이 터널은 게릴라를 1만 7000명까지 수용할 수 있었다. 1개 보병 사단 병력을 훨씬 넘는 인원이 미군의 화력이 미치지 않는 곳에 감쪽같이 숨어 지낸 것이다.

귀신이 곡할 노릇

'전선 없는 전쟁'이라는 말이 상징하듯 베트남전에서는 적과 아군이 대치하는 전선이 명확하지 않았다. 전쟁 당시 구치 지역에 주둔하던 미 육군 병력은 1보병사단과 25보병사단이다. 미군은 게릴라들에 비해 압도적인 화력과 장비를 갖췄지만 사상자는 늘어만 갔고, 게릴라들은 그림자조차 찾기 어려웠다.

1966년 1월, 1보병사단은 대규모 병력을 동원해 게릴라 근거지 색출에 나섰다. 게릴라들의 근거지가 있을 것으로 예상되는 지역을 포위한 다음 보병 부대가 좌우로 길게 늘어서 풀숲 하나하나 헤치며 전진했지만, 그들은 아무것도 발견하지 못했다. 오히려 총알은 그들이 지나온 뒤쪽에서 날아오는 것이 아닌가. 총알이 날아온 방향이 미군이 방금 수색을 마친 곳이니 귀신이 곡할 노릇이었다. 비밀은 터널에 있었다. 게릴라들은 미군이 수색을 펼칠 때면 땅굴 속으로 들어가 숨었다가 미군의 배후를 기습한 것이다.

미군은 여러 차례 시행착오 끝에 우연히 게릴라들의 은거지인 터널을 발견했다. 하지만 이 골칫거리를 제거할 방법이 없었다. 그도 그럴 것이 교묘히 위장된 터널 입구는 가로 30cm, 세로 45cm에 불과해 덩치가 큰 미군은 들어갈 수조차 없었고, 미로처럼 구불구불해서 총을 쏘거나 수류탄을 터뜨려도 별 효과를 보지 못했다. 간신히 기어 들어가도 죽창이나 부비트랩이 설치된 함정에 빠져 부상을 당하기 일쑤였다.

땅굴은 그야말로 난공불락이었다. 폭격기에서 떨어뜨리는 폭탄도 지하 10m에 걸쳐 3층으로 구축된 터널 구조 때문에 무용지물이고, 게릴라들을 익사시키려고 급수차를 동원하여 터널 입구에 엄청난 양의 물을 부어보기도 했지만 물은 그대로 땅굴 바닥에 스며들고 말았다. 미군은 너구리 굴에 연기를 피우듯 땅굴 속으로 최루가스를 집어넣기도 했는데, 이마저도 터널 곳곳에 마치 세면대 아래의 배수구처

발본색원. 베트남 민족해방전선 게릴라들의 땅굴을 발견한 미군이 폭약을 설치하고 있다. 문제는 이 땅굴을 발견하는 것이 그리 녹록치 않았다는 데 있다.

럼 U자 형태로 항상 물이 고이도록 설치한 수밀봉 때문에 게릴라들에게 닿기도 전에 막히고 말았다.

진퇴양난에 빠진 '땅굴 쥐'들

땅굴에 숨은 게릴라와 싸울 수 있는 방법은 단 하나, 누군가 그 어두컴컴하고 위험한 땅굴 속으로 기어 들어가는 것밖에 없었다.

미군 당국은 고심 끝에 체구가 작은 병사를 모아 '땅굴 수색대'를 만든다. 하지만 보통은 이 왜소한 병사들을 터널 래츠(Tunnel Rats, 땅굴 쥐)라고 불렀다. 땅굴 쥐가 되기 위한 필수 조건은 신장 170cm 이하의 작은 체구와 밀실공포증을 떨쳐버릴 만큼 두둑한 배짱, 강철 같은 신경이다.

미 육군 1사단과 25사단, 일부 오스트레일리아군에 편성된 땅굴 쥐들은 전쟁 전 기간을 통틀어 중대 규모를 넘지 않았고, 이 부대를 거쳐 간 병사들도 300~400명에 불과했다. 그나마 100명 정도는 땅굴 속에서 살아 나오지 못했고, 거의 모든 부대원이 복무 기간 중 1~2번은 부상을 당하게 마련이어서 퍼플하트를 받은 횟수는 부대원 숫자의 100%가 넘었다.

아무리 땅굴 수색 전문 부대라 해도 게릴라들의 땅굴은 만만한 상대가 아니었다. 땅굴 속에서 소총은 거추장스럽고, 비좁은 공간에서 수류탄은 던진 병사까지 위태롭게 만든다. 따라서 이들은 어둠을 비추는 랜턴과 45구경 권총, 대검 정도만 들고 지옥의 아가리 같은 땅굴 속으로 기어 들어갔다. 땅굴 쥐들은 이른바 '버디 시스템'이라고 부르

터널 래츠는 거추장스런 장비 대신 랜턴과 권총만 가지고 어두운 땅굴 속을 수색했다.

는 2인 1조로 활동했는데, 전술적인 목적보다는 앞서 가던 병사가 사망하거나 부상을 당했을 때 뒤의 동료가 땅굴 밖으로 끌어내기 위해서였다.

어렵게 찾아낸 땅굴의 입구는 대부분 수직인데, 무방비 상태로 발 먼저 디디면 기다리던 게릴라가 사타구니나 아랫배를 죽창으로 찌르고 달아나기 일쑤였다. 치명상을 당한 병사를 땅굴 밖으로 끌어 올리는 과정에서 죽창의 손잡이 부분이 땅굴 벽을 긁고, 독이 묻은 죽창의 끝 부분은 창자를 찢어 밖으로 끌어냈다고 해서 살아날 가망은 거의 없었다. 그렇다고 머리부터 들이밀자니 게릴라의 총탄과 대검에 목을 고스란히 맡기는 셈이었다.

땅굴에 무사히 첫발을 들여놓았다 해도 나뭇가지나 잎으로 가려놓은 죽창 구덩이가 곳곳에 도사리고 있었다. 부비트랩 외에도 땅굴 벽을 새까맣게 덮은 불개미와 박쥐, 치명적인 독사들이 침입자를 괴롭혔다. 또 땅굴 곳곳에 설치된 수밀봉을 통과할 때는 뒤로 드러누운 채 물속으로 들어가 숨이 차기 전에 반대쪽 수면으로 나가야 했는데, 방향을 잃고 시간을 지체하다간 썩은 물속에서 거꾸로 선 채 익사할 수밖에 없었다.

미군을 무색하게 한 '섬멸전'

1966년 9월 14일, 미군은 게릴라들의 근거지를 색출하여 파괴하기 위해서 대대적인 작전에 돌입한다. 보병 2개 사단, 병력 2만 2000명을 동원한 '애틀버러 작전(Operation Attleboro)'은 사이공 서북쪽에서 캄보디아 국경에 이르는 밀림 지대에서 벌어졌다. 이 작전의 선두에 땅굴 쥐들이 섰음은 물론이다.

그러나 결과는 보잘것없었다. 미군은 72일 동안 게릴라 1106명을 사살했는데, 이는 투입된 병력의 규모와 물량을 감안하면 아주 초라한 성적이었다. 무엇보다 미군은 사방으로 뻗은 땅굴의 극히 일부만 수색할 수 있었을 뿐, "한쪽이 문제가 되면 다른 통로를 이용해 밖으

터널 래츠의 패치. 이 부대는 베트남 민족해방전선 게릴라들의 땅굴 작전에 대응하기 위한 미군의 고육지책 중 하나다.

로 나간 다음, 또 다른 땅굴로 들어가면 되기 때문에 아무런 걱정이 없었다"고 한 게릴라의 말처럼 베트남 민족해방전선의 전투력에 큰 타격을 입히지 못했다. 무엇보다 모래에 부은 물이 곧 스며들어 없어지는 것처럼 미군이 장악하고 통치권을 행사할 수 있는 지역은 좀처럼 늘어나지 않았다. 그리고 게릴라의 땅굴에 대항하기 위해 고육지책으로 만든 땅굴 수색대 터널 래츠는 1971년 4월 7일, 공식적으로 해체되었다.

전사는 죽어서도 전사다
— **전사자의 여로**

고대 전사자의 영광

동서고금을 막론하고 전쟁에는 수많은 전사자가 발생하게 마련이고, 시신 처리는 교전 당사자의 중요한 문제 가운데 하나다.

기원전 10세기경 그리스인은 전사자의 시신을 모아 싸움터에서 화장한 다음, 그 재를 가족에게 보내 장례를 치르게 했다. 호메로스가 지은 대서사시 《일리아드》에 등장하는 영웅 아킬레우스는 친구 파트로클로스를 위해 사방 30m에 장작더미를 쌓은 뒤 화장했다. 아킬레우스 역시 17일 동안 애도 기간을 거쳐 화장되었으며, 포도주로 불을 끄고 추려낸 유골은 기름과 포도주에 씻은 뒤 황금 단지에 안치했다.

고대 그리스에서는 위대한 인물일수록 불길이 더 크게 일어나도록 장작을 높이 쌓았다고 한다. 화장이 용기와 남성적인 미덕, 군인으로서 영광을 잘 보여주는 장례 방식으로 이해된 것이다. 이 풍습은 로마 제국에도 계승되었다. 로마인은 전사자의 시신을 수습하여 장작더미에 올리고 불을 붙인 다음, 그 주위를 병사들이 함성을 지르며 빙빙 돌았다고 한다. 타오르는 불길 속으로 적에게 빼앗은 전리품을 던졌고, 육신이 타고 나면 짐승의 피를 부어 불을 끄고 유골을 추려 가족에게 보냈다.

중세 스칸디나비아 반도에 살던 바이킹 전사들은 나무배에서 전사자의 시신을 화장하거나, 시신을 태운 배에 불을 붙여 먼 바다로 떠나보내는 전통 장례 방식을 따랐다. 그들은 명예롭게 죽은 전사의 영혼은 싸움의 처녀 발키리의 인도를 받아 오딘이 지배하는 발할라(Valhalla :

왼쪽 전사의 시신을 태운 배에 불을 붙여 떠나보내는 것이 바이킹의 전통 장례 방식이다. **오른쪽** 싸움의 처녀 발키리. 고대 바이킹 전사들은 용감한 전사자의 영혼이 발키리의 인도를 받아 오딘이 다스리는 이상향 발할라로 들어간다고 믿었다.

전사자의 큰 집 혹은 기쁨의 집)에 들어갈 수 있다고 믿었다. 발할라에는 병이 들거나 늙어서 죽은 사람은 결코 들어갈 수 없었다. 이곳에 들어간 용감한 전사는 낮에는 세계 종말에 대비해 전쟁 연습을 하고, 밤에는 모두 되살아나 산해진미에 둘러싸여 아름다운 미녀들과 즐겁게 지낸다고 믿었다. 이를테면 발할라는 스칸디나비아 사람들이 생각하는 이상향인 셈이다.

중세, 시신을 삶다

서양 세계에 기독교가 전파된 뒤에는 화장이 엄격히 금지되었는데, 사람의 육신이 한번 파괴되면 부활할 수 없다고 믿었기 때문이다. 그런데 화장을 금지한 기독교인들이 큰 곤욕을 치른 전쟁이 있으니, 바로 십자군전쟁이다.

이슬람 세계와 유럽 기독교 국가들이 200여 년 동안 벌인 십자군전쟁에서 기독교 국가들의 전사자는 32만 명이 넘었다. 이름 없는 병사들은 보통 전사한 곳에 아무렇게나 매장되었지만, 문제는 지체 높은 군주와 기사들이 전사한 경우다.

중동 지방의 찌는 듯한 기후는 시신을 빨리 부패하게 만들었고, 냉동 기술이 전무한 당시로선 전사자의 시신을 가족이 기다리는 고국으로 운반하는 것이 거의 불가능했다. 그렇다고 이교도가 득실대는 원정지에 고귀한 신분의 시신을 매장하기도 찜찜했을 것이다. 그래서 생각해낸 방법이 전사자의 시신을 '삶는' 것이었다. 대표적인 인물이 3차 십자군 원정 당시 10만 대군을 이끌고 참전한 독일 국왕 프리드리히 1세다.

  소아시아 세우레키아 지방에서 개울에 빠져 죽은 프리드리히 1세의 시신은 가마솥에 푹 삶아 뼈와 살을 분리한 다음, 살과 내장은 현지에 묻고 뼈는 잘 씻어 독일로 보냈다. 당시 십자군은 전사자의 시신을 삶아 뼈를 추려내기 위한 용도로 부대마다 대형 가마솥을 갖추고, 프리드리히 1세뿐만 아니라 꽤 많은 군주와 기사의 시신을 푹 삶았으니 십자군 전사자들에겐 죽음이 끝이 아니었나 보다.

넬슨 제독의 피

  해전에서는 전사자를 수장하는 방법이 보편적이었다. 수장 역시 기원은 고대 그리스 시대까지 거슬러 올라간다. 당시 선원들은 전사자의 입 속에 동전 한 닢을 물려 바다에 던졌는데, 이 동전은 망자가 이승과 저승을 가르는 강을 건널 때 뱃사공에게 지불할 뱃삯이다. 2차 세계대전 당시까지도 시신을 보관할 냉동 시설이 없는 군함에서 전사자를 수장했음을 알 수 있는 기록이 꽤 많이 남아 있다.

  해전에서 목숨을 잃은 전사자 가운데 가장 특별한 대우를 받은 인물은 아마도 영국의 국가적 영웅 넬슨 제독이 아닐까 싶다. 해수를 증류하여 청수(淸水)를 만드는 조수기가 발명되기 전에 해상의 배들은 항해 중 쓸 물을 커다란 나무통에 담아 보관할 수밖에 없었다. 그런데 출항하고 며칠만 지나면 물에는 여러 가지 미생물이 번식하여 그대로 마시기 힘든 상태가 되기 십상이었다. 서양의 해군에서 수병들에게 럼 같은 독주를 매일 일정량 배급한 것도 썩은 냄새가 진동하는 물에

2차 세계대전 당시 미 해군의 함상 장례식. 당시까지만 해도 시신을 보관할 냉동 시설이 없는 군함에서는 전사자를 수장하는 방식이 많이 행해졌다.

타서 마시기 위해서다.

1805년 프랑스 해군을 트라팔가르에서 격파하고 전사한 넬슨 제독의 시신은 부패를 막기 위해 럼주가 가득 든 술통에 담겨 영국까지 이송되었는데, 영국인은 지금까지도 다크럼(Dark rum)을 넬슨 제독의 피(Nelson's blood)라고 부른다.

미국의 라이언 일병 구하기

전시에는 전사자가 발생할 수밖에 없고, 참전 군인이라면 누구나 전쟁터에서 목숨을 잃을 수 있다. 그렇기 때문에 군대는 전장에서 전사자를 처리하는 방식이 병사들의 심리에 강한 영향을 주고, 군대 전체의 사기를 좌우할 수 있는 중요한 문제라고 인식하고 있다. 대표적인 군대가 바로 미군이다.

미군은 전사자 처리를 전문으로 하는 주특기가 부여되어 있다. 남북전쟁 당시까지만 해도 전체 전사자의 42%가 끝내 신원이 밝혀지지 않았지만, 2차 세계대전을 거쳐 한국전쟁 직전에 이르러 이 비율은 3%까지 감소했고, 오늘날은 DNA 감식 등 법의학적 검사로 100%에 가까운 신원 확인 능력을 자랑한다. 또 한국전쟁 이후에는 어떤 전쟁에서 사망한 미군 전사자의 유해라도 본국으로 송환한다는 원칙을 고수하고 있는데, 미군에서는 유해 송환 절차를 '영광의 작전(Operation Glory)'이라고 부른다.

전사자의 유해를 발굴하고 신원을 확인하기 위한 미군의 전문 기관으로는 하와이에 있는 JPAC(Joint POW/MIA Accounting Command, 합동 전쟁 포로/실종자 발굴 사령부)가 대표적이다. 이 기관의 임무는 과거 미국이 참전한 전쟁에서 실종된 전사자를 찾아내는 것이며, 혹시라도 생존한 전쟁 포로가 있다면 본국으로 송환하는 일 또한 최우선 임무로 규정되어 있다.

　JPAC의 전문 인력은 450여 명, 연간 예산은 600억 원에 이르며, '조국은 당신을 잊지 않는다(You Are Not Forgotten)'는 구호는 이 기관의 성격을 명확히 드러낸다. 현재 JPAC는 2차 세계대전 중에 실종된 7만 8000명을 비롯해 한국전쟁 8100명, 베트남전 1800명, 각종 분쟁 지역 120명, 걸프전 1명 등 전쟁 포로와 실종자를 찾고 있다.

　전사자와 실종자를 찾는 데 심혈을 기울이는 만큼 미군의 장례식은 엄숙하게 진행된다. 미군의 장례식에서는 마차를 이용해 전사자의 관을 운구한다. 이는 전장에서 대포를 끌던 말과 마차를 사용해 전사자를 신속하게 후송하던 관습에서 비롯된 것이다. 이때 운구차 앞을 행

'조국은 당신을 잊지 않는다.' 하와이에 있는 미군 JPAC 신원감식연구소.

국기로 전사자의 관을 덮는 행위는 병사를 전쟁에 나가게 한 국가가 마지막까지 그 죽음에 도덕적 책임을 진다는 것을 의미한다.

진하는 말에는 검은 천을 두르고, 죽은 사람의 장화 뒤꿈치를 앞으로 향하게 하여 안장에 거꾸로 매다는데, 장화의 주인이 이 세상에서 고된 행군을 끝내고 저 세상으로 떠났음을 의미한다.

성조기로 관을 덮는 관습도 전장에서 검은색 관포를 구할 수 없을 때 국기를 대신 덮어 매장한 데서 유래했다. 이 관습은 오늘날 더욱 상징적으로 발전하여, 나라를 위해 목숨을 바친 장병의 죽음을 나라가 책임지고 장례를 지낸다는 의미가 되었다. 즉 전사자의 죽음 앞에 국가가 마지막으로 할 수 있는 엄숙한 의무를 실천하는 의미로 받아

2007년 6월 5일, 경기도 포천의 한국전쟁 전사자 유해 발굴 현장을 방문한 노무현 전 대통령.

들여지는 것이다.

성부, 성자, 성령 삼위일체의 뜻을 담아 조총을 일제히 3회 발사하는 모습도 볼 수 있는데, 이 의식은 직접적으로는 중세 독일 용병단의 의례에서 유래한 것이지만 그 기원은 로마 시대까지 거슬러 올라간다. 로마 시대에는 하관할 때 관 위에 흙을 3번 뿌리고 죽은 사람의 이름을 3번 부른 다음 참석자들이 자리를 떠났다고 한다. 이 의식을 좀더 실용적인 기원으로 설명하는 전문가도 있는데, 의술이 발달하지 않은 시대에는 전사자의 죽음을 완전히 확인할 길이 없었기 때문에 총을 3번 쏘아 죽은 자를(죽은 것처럼 보이는 사람을) 놀라게 함으로써 다시 정신을 차리게 하려는 의도에서 비롯되었다는 것이다.

우리나라도 지난 2000년, 한국전쟁 50주년 기념 사업으로 전사자

유해 발굴 사업을 시작한 이래 국방부 유해발굴단이 지금까지 전국에서 시신 1000여 구를 발굴했으며, 그 가운데 50여 구의 신원을 확인했다. 2008년부터는 주요 전투 지역별로 책임 사단을 지정해 집중 발굴하는 방식도 병행하고 있다. 하지만 한국전쟁에서 미처 수습하지 못한 한국군 전사자의 시신은 무려 10만 3000여 구에 이른다. 아마도 그 몇 배나 되는 유족이 전사나 실종 통지서를 받고 돌아오지 않는 자식과 남편을 수십 년간 애타게 기다리다 눈을 감았을 것이다.

군사력이란 단순히 병력과 첨단 무기 체계만으로 결정되는 것이 아니다. 병사 개개인이 국가가 자신을 귀하게 여기고 끝까지 돌봐줄 것이라는 믿음이 없다면 이는 사기와 직결되는 중요한 문제다. 그것은 국가의 부름을 받고 전쟁터에 나선 개인에 대한 국가의 도리기 때문이다.

힘들고 지친 병사들의 로망, 핀업걸

— 전장의 엔터테인먼트

핀업걸, 전장의 애간장을 녹이다

2차 세계대전 당시, 전쟁에 동원된 미군들은 막사 벽에 성적 환상을 자극하는 여성들의 사진이나 그림을 붙여놓았다. 이 사진에 등장하는 여성 모델들은 흔히 사진을 핀으로 벽에 고정했다 해서 '핀업걸(Pinup-girl)'이라 불렸다.

물론 이전에도 야한 그림이나 사진이 없었던 것은 아니다. 19세기 말 유럽에서는 빅토리아 식 도덕주의가 종말을 고하고 있었고, 젊은 여성들의 이미지가 달력이나 엽서, 광고에 도입되기 시작했다. 1930년대 초 미국에서도 하류층 노동자를 주 독자층으로 한 싸구려 잡지에 젊은 여성들의 삽화가 실리곤 했다. 매력적인 여성이 등장하는 치정극이나 범죄 소설이 주류를 이루던 싸구려 잡지의 한 귀퉁이에는

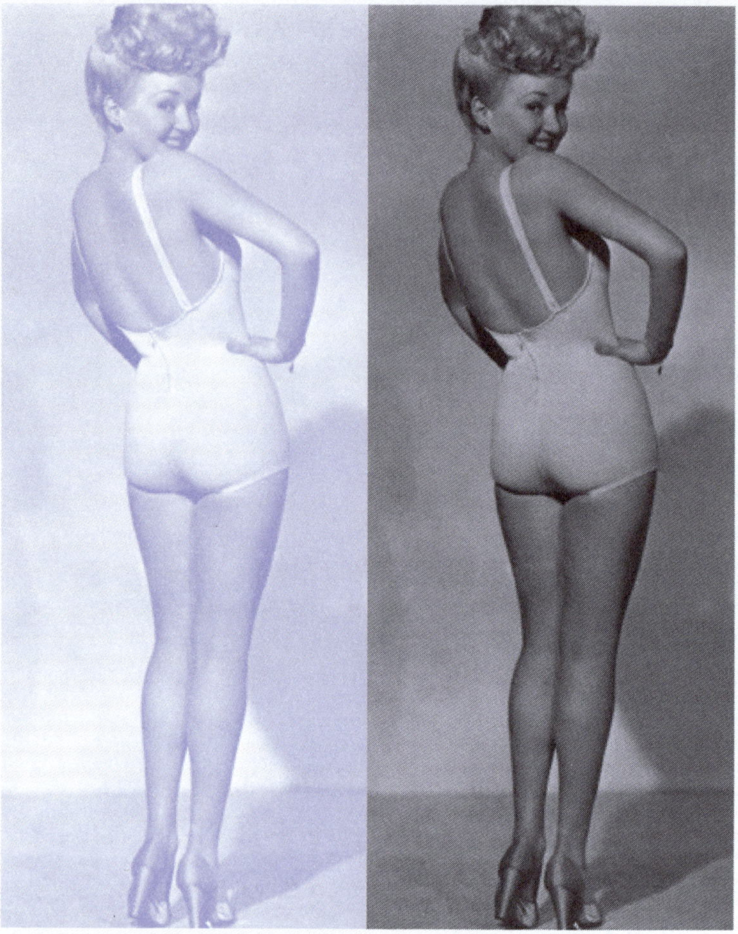

2차 세계대전 당시 유명한 핀업걸 가운데 하나인 베티 그레이블(Betty Grable)과 그녀가 그려진 폭격기의 기수.

미군 폭격기에 그려진 이 여성처럼 핀업걸들의 이미지가 '노스 아트(Nose Art)'라 불리며 수많은 항공기를 장식했다. 미군 당국은 너무 노골적인 그림은 제재하겠다는 방침을 밝히기도 했다.

짧은 스커트나 야한 속옷을 입은 여성들이 그려져 있어 묘한 상상력을 자극했다.

하지만 핀업걸들이 봇물 터지듯 군인 문화의 한 부분으로 자리 잡은 계기는 2차 세계대전이다. 미국 젊은이 최대 1500만 명이 해외로 파병되었으며, 이들의 발이 닿은 곳도 유럽과 북아프리카, 오스트레일리아, 남태평양의 작은 섬 등 다양했다. 자유분방하게 살던 젊은이들에게 규율이 엄격한 '군대'라는 환경도 익숙지 않은데, 산 설고 물선 '천리타향'은 더욱 가혹했으리라. 이들에겐 자신들과 고향을 연결해줄 뭔가가 필요했고, 그 가운데 하나가 사회에서 익히 보던 '핀업걸'이다.

대량생산 된 핀업걸은 정숙한 포즈보다는 육체적 매력을 강조하는 도발적인 포즈를 취하기 일쑤였다. 엉덩이를 비스듬히 돌리고 가슴은 카메라를 향해 한껏 내민 채 촉촉한 입술로 미소 짓는 사진 속 미녀는 군인들의 마음을 사로잡기에 충분했다. 방송 매체가 발달하지 않은 당시에는 사진의 영향력이 지금의 인터넷이나 TV만큼 강력했다.

군인들의 인기를 한 몸에 받은 핀업걸 모델로는 주로 할리우드 연기자들이 대거 등장했는데, 베티 그레이블, 리타 헤이워스(Rita Hayworth), 제인 러셀(Jane Russell) 등이 대표적이다.

코미디와 뮤지컬에서 활약하던 베티 그레이블은 순진하고 귀여운 외모에 흐르는 섹시함으로 군인들의 사랑을 듬뿍 받았으며, 네글리제를 입고 침대에 무릎을 꿇은 리타 헤이워스와 가슴이 훤히 들여다보이는 블라우스를 입고 건초더미에 누운 제인 러셀은 군인들의 애간장을 녹였다. 터질 듯 풍만하고 육감적인 몸매와 백치미가 흐르는 요염한 포즈는 성에 굶주린 젊은 군인들의 향수를 달래주었다. 생사가 한 순간에 결정되는 전쟁터에서 요염한 포즈를 한 여성들의 사진은 잠시나마 현실의 고통에서 벗어나게 해주는 청량제 같은 것이었다.

핀업걸들은 막사나 사물함의 벽면에 만족하지 않고 연합군 항공기나 탱크를 장식하는 데도 진출했다. 미군 조종사들은 전투기나 폭격기에 자신만의 개성을 나타내고 행운을 비는 갖가지 그림을 그렸는데, 이른바 '노스 아트'라 불리는 이 그림들 가운데는 여성 모델의 사진이 상당수 사용되었다. 군인들은 섹시한 여성들의 자태를 보며 긴장을 풀었고, 안전한 귀향을 다짐한 것이다. 한 참전 군인의 회상을 들어보자.

> 금발 미녀들은 군인들에게 자신이 왜 전장에 있어야 하는지 상기시키고, 힘을 주며, 어려운 상황을 견디게 하는 존재였다.

1943년 5월, 유럽 전선에 배치된 미 8공군(당시에는 미 육군 항공대)에서 최초로 폭격 임무 25회를 수행하는 데 성공한 B-17F 폭격기 '멤피스벨'의 기수에도 뒤로 돌아앉은 요염한 아가씨 모습이 그려져 있었다. 남성 잡지 〈에스콰이어〉에 '페티 걸스(Petty Girls)'라는 핀업 일러스트레이션을 그려 유명해진 조지 페티의 솜씨다. 어느 부대에나 그림 솜씨 좋은 군인이 1~2명은 있었기에 항공기 승무원들은 저마다 마음에 둔 핀업걸을 그려 넣고 무사히 집으로 돌아갈 수 있기를 바랐다. 어쩌면 몇백 년 전 대항해 시대에 미지의 바다로 떠나며 무사 항해를 기원하는 의미로 뱃머리에 조각하던 '선수상(船首像)'의 역할을 항공기에 그려진 핀업걸이 대신했는지도 모르겠다.

그런데 군 당국은 때때로 심하게 노출한 '노스 아트'에 대해 규제를 하기도 했다. '늘씬한 미녀를 그리는 것까진 봐주겠지만, 그녀들이 벗은 모습은 안 된다'는 방침이 있었다고. 이 때문에 헐벗은 상태로 그려진 미녀들에게 하룻밤 사이에 부랴부랴 옷을 입히기도 했다.

메릴린 먼로의 화려한 외출

2차 세계대전이 막바지로 치닫던 1945년, 비행기 공장의 여공으로 일하던 노마 진(Norma Jeane Mortenson)은 홍보용 사진을 찍기 위해 공장을 방문한 육군 사진사 데이비드 코노버(David Conover)의 눈에 띄어 핀업 사진을 찍었다. 금발에 백치미가 흐르는 그녀의 사진은 곧 전선의 군인들에게 선풍적인 인기를 끄는데, 핀업 사진을 계기로 스크린까지 진출한 그녀는 메릴린 먼로(Marilyn Monroe)로 이름을 바꾸고 본격적으로 활동하기 시작했다.

먼로는 한국전쟁에 파병된 미군들의 연인이 되었으며, 그녀의 사진이 그들의 사물함 벽마다 붙었다. 혈기왕성한 전선의 군인에게 그녀는 갈망의 대상이었으며, 마침 재혼한 남편 조 디마지오와 일본에 신혼여행을 와 있던 먼로는 한국을 방문해서 위문 공연을 해달라는 요청을 도저히 거절할 수 없었다. 그것이 그녀의 존재 이유였기 때문이다. 먼로는 한국 방문 나흘 동안 캠프 10곳에서 위문 공연을 했고, 야외 가설극장에는 수천 명이 모였다. 먼로는 그때 상황에 대해 일본에 남아 있던 조 디마지오에게 말했다.

"그 환호가 얼마나 엄청났는지 당신은 모를 거예요."

'병사들의 영원한 연인' 메릴린 먼로가 1954년 2월 한국을 방문하여 위문 공연을 하고 있다.

한 시대를 풍미한 핀업 사진은 1960년대에 들어서면서 할리우드의 스튜디오 제작 체계가 붕괴하고 여권 운동이 힘을 얻으면서 시들해졌다. 한국의 병사들도 애인의 사진이나 대중 스타의 브로마이드를 사물함이나 철모 속에 넣어두고 시간 날 때마다 보는 일이 많은데, 병사들의 개성만큼이나 다양한 사진들이 붙어 있게 마련이다. 개인적 경험에 따르면, 그중 압권은 텔레토비 사진이었다.

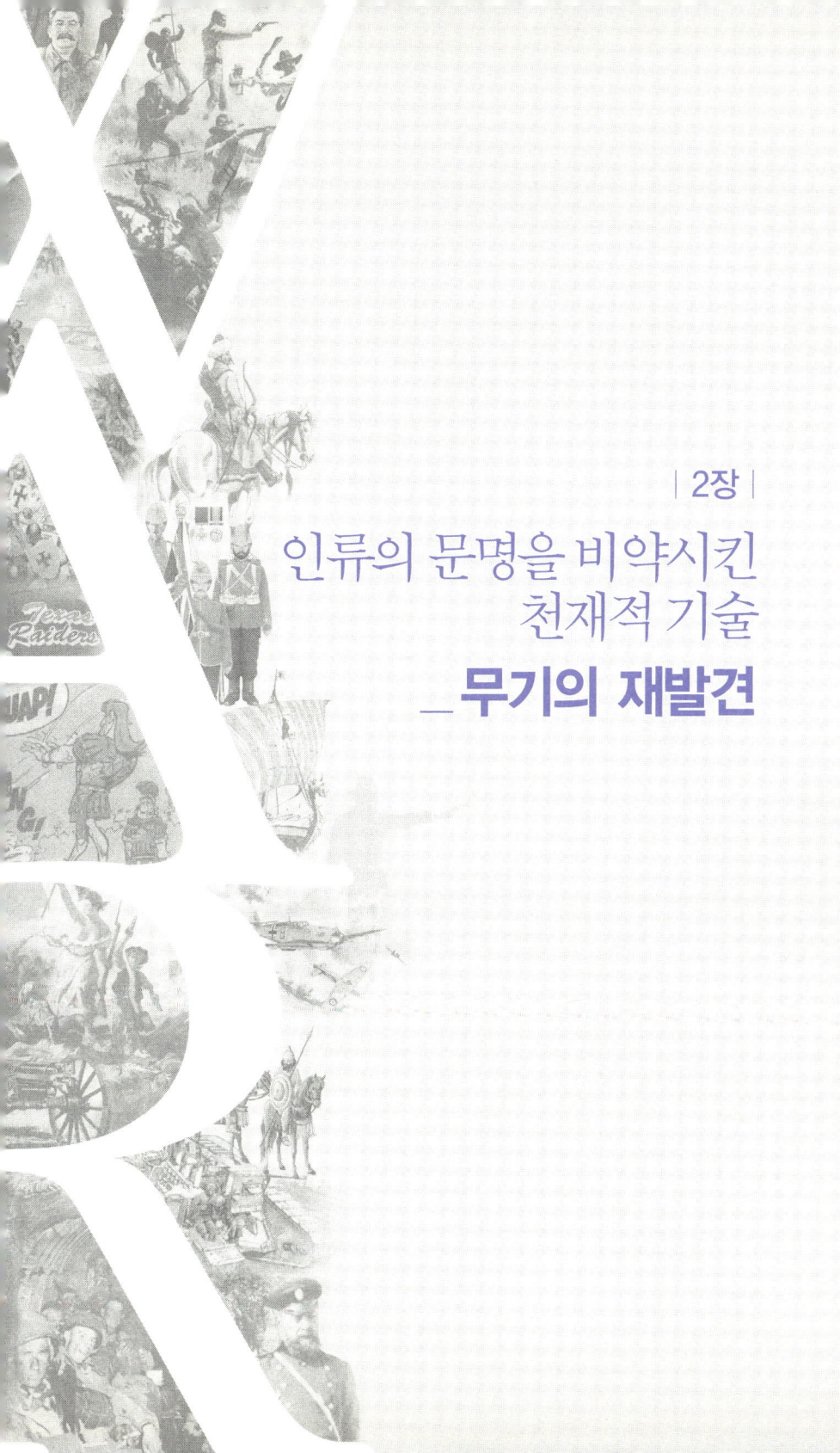

| 2장 |

인류의 문명을 비약시킨 천재적 기술
_무기의 재발견

# 세계 대변혁을 일으킨
작은 금속 조각

― 중세 봉건시대를 연 등자

기병 약사

말의 큰 덩치는 사람에게 위압감을 주고, 빠른 기동력을 이용한 기병의 존재는 적을 충격에 빠뜨리기 충분하다. 이처럼 인간이 말을 전쟁에 이용하기 시작한 것은 아주 오래됐다. 기원전 13세기경 아시리아(Assyria)인은 임무에 따라 세분화된 기병대를 편성하여 철기시대의 서막을 화려하게 장식하며 역사의 전면에 등장했다. 그 이전에만 해도 말은 체구가 작고 지구력이 떨어져 전쟁에 쓰기 부적당하고, 기수가 말에 안정된 자세로 앉을 수 있는 안장도 없었기 때문에 말은 전차를 끄는 데 동원되었을 뿐이다.

전쟁에 일가견이 있던 아시리아인은 교배를 통해 강력한 군마를 만들어냈을 뿐만 아니라, 안장을 발명하여 말 위에서 전투하기 시작했

위 고대 이집트 고분 벽화에 그려진 전차. **아래** 아시리아제국의 창기병.

다. 그들은 기병대를 창을 주로 쓰는 창기병(槍騎兵)과 활을 쏘는 궁기병(弓騎兵)으로 이원화했다. 궁기병은 두 사람이 말 한 마리를 같이 타서 한 사람은 말고삐를 잡고, 다른 한 사람이 활로 적을 공격했다. 이런 아시리아의 기병대를 당해낼 세력이 없었기에 로마제국이 등장하기까지 아시리아가 지중해 동쪽 연안 지역을 통합하는 제국을 건설할 수 있었던 것이다.

기병 전술은 이후 1000년 이상 별 진전이 없었다. 우선 말을 자유자재로 탈 수 있을 만큼 숙련된 기병을 양성하는 일이 쉽지 않았고, 기병대를 유지하기 위해 적지 않은 자원을 투입해야 했기 때문이다.

무적의 로마 군단, 등자에 전멸하다

서기 378년 8월, 오늘날의 터키 북서쪽 아드리아노플에서 인류의 전쟁사에 한 획을 긋는 전투가 벌어진다. 동로마제국 발렌스(Valens) 황제가 지휘하는 7개 군단 4만 명과 훈족의 압박을 받아 서쪽으로 밀려난 고트족(Goths) 5만 명이 소아시아와 발칸 반도의 요충지인 이곳에서 격돌한 것이다. 사실 수적으로는 열세지만 로마 정예 군단을 거느린 발렌스 황제에게 고트족은 야만인으로 보였을 것이다. 승리를 확신한 황제는 지원 병력이 올 때까지 기다리자는 휘하 장군들의 조언을 무시하고 공격 명령을 내렸다.

하지만 전공을 독차지하려던 발렌스 황제는 혹독한 대가를 치렀다. 중무장한 고트족 기병대가 좌우의 로마군 경기병을 빠르게 섬멸하면서 치고 들어와 로마 군단 전체를 올가미에 가둔 것이다. 로마군은 일방적인 전투 끝에 전멸하다시피 했고, 황제도 목숨을 잃었다. 로마군으로서는 600년 전 카르타고의 한니발 장군에게 참패한 이래 가장 쓰라린 패배다.

고트족이 무적을 자랑하던 로마군을 상대로 승리한 비결은 등자와 중무장한 기병에 있다. 로마군도 기병대가 있었지만 이들은 중무장한 고트족 기병의 상대가 되지 못했다.

등자는 기수가 말에 올라타거나 말을 타고 다닐 때 안정된 자세를 유지하기 위한 장치다. 안장 양쪽 옆구리에 늘어뜨려 발을 걸칠 수 있게 만든 이 장치는 모양만큼 원리도 간단하지만, 단순한 도구 이상의 의미가 있다. 기병이 등자를 사용하면 말 탈 때 양 발을 디뎌 안정된 자세로 활을 쏘고, 칼이나 창을 휘두를 수 있다. 또 같은 조건이라면 더 무거운 갑옷을 입고 더 무거운 무기를 휘두를 수 있다. 등자는 특별한 기술과 남다른 감각이 필요한 승마를 보다 쉽고 대중적으로 바꿔놓았다. 등자가 없던 로마군 기병은 말에서 떨어지지 않으려고 한

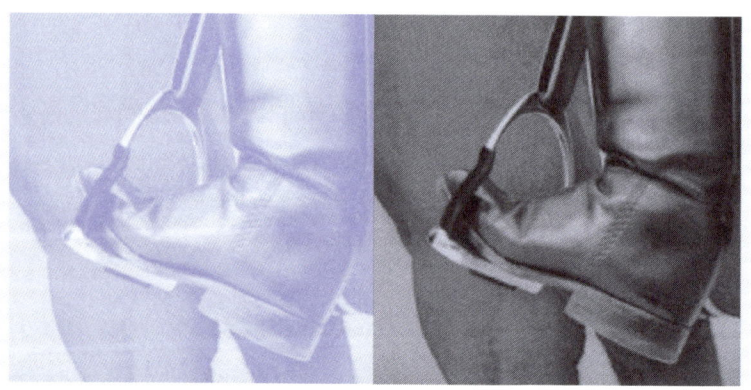

등자. 이 작은 쇠붙이가 전쟁의 판도를 바꿔놓았다. 기병은 등자를 이용해 균형을 잡을 수 있고, 말 위에서 무기를 사용하는 것도 보다 쉬워졌다.

손으로 고삐를 단단히 쥐어야 했지만, 고트족 기병은 등자만으로 몸을 고정하고 양손을 자유롭게 사용할 수 있었다.

현재까지 고고학적 연구 결과 세계 최초의 금속제 등자는 기원후 4~5세기 중국에서 출현한 것으로 추정된다. 물론 등자의 원형은 그 훨씬 이전 시대에 스키타이(Scythai)가 러시아 남부 초원 지대에서 사용한 삼각형 가죽 끈이었을 것이고, 일부 학자는 기원전에 서아시아나 인도 등에 등자가 존재했다고 주장하기도 한다. 하지만 이 지역에서 등자가 발굴된 사례가 없기 때문에 여전히 가설 수준을 벗어나지 못하고 있다. 유럽에서는 7~8세기에야 금속제 등자를 사용한 기록이 보이고, 발굴된 유물은 10세기 이후의 것으로 확인된다.

1kg 금속 조각의 혁명

아드리아노플전투는 고트족이 자치권을 쟁취하는 데 그치지 않고 게르만족의 대이동을 불러왔다. 이빨 빠진 호랑이 신세가 된 로마군은 훈족의 압박을 피해 로마 영내로 밀려오는 게르만족을 통제할 수 없었고, 결국 게르만족이 득실거리는 서로마제국은 멸망하고 말았다. 또 고대 그리스 이래 무적이라고 여겨지던 중장갑 밀집 보병대를 무너뜨린 중기병이 전쟁의 주역으로 떠올랐다. 보병대의 주축이던 자영농과 시민계급은 군인으로서 용도가 없어지자 급속히 농노로 전락했다. 그리고 유지비가 많이 드는 중기병은 소수의 엘리트 기사 계급으로 대치되어 유럽은 중세 봉건시대로 진입한다. 1kg도 안 되는 금속 조각이 가져온 세계사의 대변혁이다.

# 스멀스멀 피어오른
노란 안개의 정체
― 영혼 없는 한 과학자의 비극과 독가스

잔혹한 무기의 등장

1915년 4월 22일, 독일군이 대치하던 프랑스군에 역사상 처음으로 독가스를 살포했다. 이날 오후 5시 벨기에 이프르 전선에서 하루 종일 계속된 독일군의 포화가 잠시 멈춘 사이, 프랑스 군인들은 독일군 진영 쪽에서 피어오른 노란 안개가 자신들 쪽으로 접근하는 것을 목격했다. 프랑스군은 독일군이 보병 돌격에 앞서 터뜨린 연막탄이라 생각하고 참호의 사격 위치에 자리를 잡았다.

노란 안개가 프랑스군 진지에 도달한 순간 끔찍한 일이 벌어졌다. 파인애플과 후추를 섞은 것 같은 냄새를 맡은 프랑스 군인들은 곧 폐가 타 들어가는 듯한 고통으로 몸부림쳤다. 공포를 이기지 못한 병사들은 비명을 지르며 참호 밖으로 뛰어나와 무작정 후방으로 달리기 시작했다. 노란 안개는 연막탄이 아니라 염소였다.

 이날 최소한 프랑스 병사 5000명이 이 가스에 중독되어 질식사했다. 참호 밖으로 달아나던 많은 병사들도 운이 없기는 마찬가지다. 염소를 마시면 질식되어 서서히 죽어가는데, 어떤 경우는 죽음에 이르기까지 며칠이 걸리기도 했다. 더욱 끔찍한 것은 숨이 끊어지기 몇 분 전에도 의식이 또렷해서 한 걸음씩 다가오는 죽음의 그림자를 볼 수 있다는 점이다.

천재 과학자 프리츠 하버의 빗나간 애국심

 염소의 위력은 그것을 사용한 독일군도 깜짝 놀랐을 정도로 엄청났다. 당시 화학 공장의 생산 공정에서 대규모로 발생하던 산업폐기물 염소를 무기로 쓰려는 발상은 독일의 유대계 화학자 프리츠 하버(Fritz Haber)에서 비롯되었다. 유대인이지만 철저한 독일 민족주의자며 주

1918년 노벨 화학상 수상자 프리츠 하버(1868~1934).

전론자인 그는 전쟁이 터지자 자발적으로 독일 국방부에 협조 의사를 밝혔다.

하버는 암모니아 합성을 통해 세계적인 화학자로 명성을 날렸으며, 자신의 이름을 딴 하버연구소에서 전쟁용 독가스 개발을 주도했다. 그는 염소를 액체 형태로 압력 용기에 담아 전선으로 보냈다. 압력 용기 6000여 개가 참호 안에 배치되었고, 가스 용기에 연결한 송풍기를 통해 퍼져 나온 염소는 바람을 타고 날아가 프랑스군의 진지를 유린했다. '하버 식 취주법'이라고 불린 이 가스 살포에서 잔인한 가스전의 역사가 시작된 것이다.

염소 공격이 성공을 거두자 하버는 독일에서 영웅 대접을 받았고, 빌헬름 황제는 그를 장교로 임명했다. 하버는 더욱 효과적인 독가스를 개발하는 데 박차를 가했다. 그는 자신이 개발한 독가스가 얼마나 위험하고 반인륜적인 무기인지 잘 알았지만, 그것을 사용하는 방법을 결정하는 것은 자신이 신뢰하고 충성하는 독일 정부 지도자의 몫이라고 선언했다.

한편 역시 유능한 화학자인 부인 클라라 하버(Clara Haber)에게 독가스를 만드는 남편의 행동은 견디기 힘든 고통이었다. 그녀는 남편에게 독가스 개발에서 손 뗄 것을 여러 차례 간곡히 부탁했지만, 독일제국의 영광을 위해 자신의 모든 재능을 바치기로 결심한 하버에겐 그 말이 귀에 들어오지 않았다.

1915년 5월 2일, 남편의 마음을 돌려놓지 못할 거라고 판단한 클라라는 권총 자살로 생을 마감했다. 그러나 하버의 마음은 돌아서지 않았다. 그는 아내가 죽은 직후 러시아 전선으로 떠났고, 러시아 병사 6000명이 염소로 목숨을 잃었다.

유대인이지만 철저한 독일 민족주의자인 프리츠 하버는 자신이 개발한 독가스가 전쟁 기술 역사의 새 장을 열었다고 주장했다. 왼쪽에서 두 번째가 프리츠 하버.

가스 무기의 진화

하버가 염소 이후 세상에 내놓은 독가스는 포스겐과 겨자 가스다. 포스겐은 처음에는 눈과 기관지에 가벼운 자극만 주지만, 시간이 지나면서 호흡기 조직의 수분과 결합하여 염산으로 변환되어 폐 조직을 녹이고 결국 죽음에 이르게 하는 무서운 가스다.

겨자 가스도 노출된 직후에는 분명한 증상이 나타나지 않지만, 중독된 지 12시간이 지나면 살이 썩어 들어가기 시작한다. 피부에 물집이 잡히고 눈에는 엄청난 통증이 온다. 기관지에 침투한 독가스는 점막을 벗겨내, 군의관들은 고통에 몸부림치는 환자들을 침대에 묶어놓아야 했다. 이렇게 죽음을 맞기까지는 보통 4~5주가 걸린다. 다음은 겨자 가스에 노출된 환자의 상태를 관찰한 간호사의 기록이다.

그 가엾은 병사들은 온몸에 화상을 입었고, 겨자 색깔로 곪아 터진 물집 투성이였다. 눈은 멀었고, 진물로 범벅이 되어 보는 것만으로도 끔찍했다.

가스 공격으로 실명한 영국군 병사들이 응급 구호소 앞에 줄 서 있다.

그들은 숨을 쉬기 위해 안간힘을 써야 했다. 목소리는 기어 들어가고, 말을 하면 목구멍이 막혀서 질식하리라는 것을 알았다.

독일군이 최초로 살포한 독가스는 곧 양측이 모두 사용했고, 1차 세계대전 기간 동안 독일은 6만 8000t, 프랑스는 3만 6000t, 영국은 2만 5000t에 이르는 독가스를 살포했다. 독가스로 목숨을 잃은 병사는 10만 명에 달했으며, 그 10배가 넘는 병사들이 전쟁이 끝난 후에도 끔찍한 고통 속에 살았다.

동족을 죽음으로 내몬 최후의 역작

전쟁이 연합국의 승리로 끝난 후, 독일 독가스 개발 프로그램의 총책임자 프리츠 하버는 전범으로 지목되었다. 그런데 스웨덴 노벨위원회는 처벌을 피하기 위해 중립국 스위스로 피신한 하버에게 1918년 노벨 화학상을 수여했다. 원소를 이용한 암모니아 합성에 성공했다는 것이다.

수많은 젊은이들을 끔찍한 고통과 함께 죽음에 이르게 한 프리츠 하버는 자신의 행위에 양심의 가책을 느끼지 않았다. 오히려 그는 "전쟁 기술의 역사는 1915년 4월 22일을 기억할 것이다. 이날은 처음으로 가스 무기를 사용하여 확실한 군사적 승리를 거둔 날이다"라고 자랑스럽게 말했다.

1919년 독일로 돌아온 하버는 바닷물에서 금을 채취하는 기술을 연구하기 시작했다. 엄청난 전쟁 배상금을 물어야 할 조국 독일에 도움이 되고 싶어서다. 하지만 6년에 걸친 이 연구는 우여곡절 끝에 실패로 돌아갔고, 그는 다시 독가스 연구에 매달렸다.

하버는 유대인이지만 자신을 자랑스러운 독일인으로 여겼고, 기독교로 개종하면서까지 독일제국에 충성을 다했다. 그러나 히틀러의 집권은 그에게 몰락을 의미했다.

히틀러가 집권한 1933년, 하버는 카이저빌헬름연구소 소장에서 물러나 런던으로 갔다. 그러나 과거의 경력 때문에 냉대 받은 그는 영국에 정착하지 못하고 다시 스위스로 갔으며, 1934년 1월 29일 바젤의 한 호텔에서 심장마비로 쓰러져 쓸쓸히 눈을 감았다.

하버가 죽은 날은 공교롭게도 히틀러가 수상에 취임한 지 꼭 1년째

되는 날이다. 그리고 영원한 독일인이고자 했던 유대인 프리츠 하버가 마지막으로 발명한 독가스 사이클론 B는 2차 세계대전 내내 나치의 강제수용소에서 그의 동족을 죽이는 데 사용되었다. 그나마 자신의 마지막 연구 성과가 얼마나 끔찍한 결과를 만들어냈는지 보지 못하고 죽은 것이 다행이라면 다행일까.

대량 살상을 부른 속도에 대한 열정
― 보병을 참호 속으로 밀어 넣은 기관총

총의 발사 속도를 높여라

미국의 발명가 하이럼 맥심(Hiram Maxim)은 소년 시절부터 사냥을 즐겨 사격에도 소질이 있었다. 10대 때부터 기계 제작에 재능을 발휘한 그가 자동 기관총에 관심을 보인 것은 당연했다. 총은 총탄을 발사하면서 그 반작용으로 약간씩 뒤로 밀리는데, 모든 운동 작용에는 그것과 크기는 같지만 방향은 반대로 작용하는 힘이 생긴다는 뉴턴의 세 번째 운동법칙 때문이다. 맥심은 총을 쏠 때 뒤로 밀리는 힘을 이용해서 총을 작동시키면 어떨까 궁리한다.

총의 발사 속도를 높이는 것은 총기 개발자들의 오랜 꿈이었다. 탄환을 총구에 넣고 화약을 약실에 채운 다음 발사하는 종래의 전장식 소총을 대신하여, 니콜라우스 폰 드라이제가 만든 후장식 소총이 개

개틀링 식 수동 기관총. 미국 남북전쟁 당시인 1862년 리처드 J. 개틀링이 발명한 이 기관총은 총신 여러 개를 묶어놓은 것으로, 발사 속도는 비교적 빠르지만 사수의 힘으로 크랭크축을 돌려야 했다.

발된 것은 1828년의 일이다. '드라이제 니들건'이라고 불린 이 소총은 총신 후미의 약실에 탄자(彈子)와 장약, 뇌관을 기름종이로 싸서 일체화한 탄약을 넣어 사용했으며, 그 결과 전장식 소총에 비해 총탄을 5배나 빠르게 발사할 수 있었다. 곧이어 금속제 탄피를 사용한 총탄이 만들어지면서 소총의 평균 발사 속도는 분당 10발 정도로 크게 향상되었다.

하지만 개발자들은 이 정도에서 만족할 수 없었다. 총의 발사 속도를 높이려는 노력은 계속되었다. 가장 대표적인 것이 사수가 크랭크축을 돌리면 총신 10개 정도가 회전하면서 총탄이 장전, 발사되는 개틀링 식 수동 기관총이다. 이 기관총의 발사 속도는 소총과 비교도 안 될 만큼 빠르지만, 기본적으로 손잡이를 돌리는 사수의 힘에 의존하는 단점이 있었다. 그래서 총의 반동을 사격 과정 전체에 걸쳐서 총을 작동하는 힘으로 이용하려는 맥심의 발상은 당대의 상식을 뛰어넘는 것이었다.

전장의 베스트셀러 기관총

맥심은 탄환이 발사될 때 발생하는 반동을 스프링과 지렛대를 움직이는 에너지로 사용하여 다음 탄이 장전되게 하는 자동 사격 방식을 고안했다. 또 총탄을 나란히 연결한 탄띠로 약실에 탄을 공급하는 방식을 이용해 종전 수동식 기관총의 송탄 불능 현상을 크게 줄였으며, 빠른 발사 속도로 가열되기 쉬운 총신을 식히기 위해 물로 채운 덮개를 총신에 붙이는 수랭식 냉각법을 사용했다.

1885년 첫선을 보인 맥심의 기관총은 총탄을 분당 650발 쏟아냈다. 이는 개틀링 식 기관총의 최대 발사 속도인 분당 1200발에는 미치지 못하지만, 40kg에 이르는 그것에 비해 가벼운데다(27kg) 분해가 쉬워 야전에서 총기를 손질하거나 잔 고장을 고치기도 유리했다.

맥심은 자신이 개발한 신무기를 들고 유럽을 순회하면서 시범을 보였고, 그 결과는 대성공이었다. 유럽의 군 지휘관들은 맥심 기관총이 만들어내는 소나기 같은 탄막에 경악했다. 어느 사학자의 말대로 그의 무기는 "다른 총과는 비교할 수 없이 말끔하게 세상을 청소해버린" 것이다.

당시 유럽의 열강은 식민지를 확보하기 위해 아시아와 아프리카에서 치열한 경쟁을 벌였고, 그럴수록 맥심의 기관총은 엄청난 인기를

하이럼 맥심과 그의 기관총. 1898년 수단에서는 500명 남짓한 영국군이 이 기관총을 사용해 원주민 무장 세력 1만 4000명과 맞서서 불과 40분 만에 1만 1000명을 죽이거나 부상당하게 했다.

끝었다. 1890년 맥심은 자동 기관총을 독일, 영국, 오스트리아, 러시아, 스위스에 납품했다. 하지만 모든 나라가 맥심의 기관총을 환영한 것은 아니다. 덴마크 국왕은 "이 기관총을 쏘기 시작하면 총알을 낭비해서 10분 만에 나라가 파산하고 말 것"이라며 도입을 거부했다.

지루한 참호전의 시대를 열다

실전에서 사용된 맥심의 기관총은 무시무시한 성능을 과시했다. 1904년 러일전쟁 당시 뤼순 공방전에서 일본군 보병 대대는 러시아군이 배치한 맥심 기관총 2정 앞에 맥없이 무너졌다. 뤼순 공방전에서 일본군 사상자는 5만 8000명이나 되었는데, 이들은 대부분 기관총에 희생되었다.

1차 세계대전에서도 맥심 기관총의 대량 살상이 이어졌다. 1916년 7월 1일 1차 솜(Somme) 전투에서 영국군은 하루 만에 무려 5만 7470명을 잃었고, 그중 90%가 독일군 맥심 기관총에 희생되었다.

맥심 기관총이 출현함에 따라 보병 전술에도 일대 변화의 바람이 불었다. 대열을 갖춰 정면 돌격하던 방식은 이제 완벽한 자살 행위가 되었다. 이후 보병들은 살기 위해서 두더지처럼 땅을 파야 했다. 전쟁은 지루한 참호전과 무의미한 돌격이 반복되는 양상으로 변했다. 기관총이 버티는 방어선을 돌파하는 데는 엄청난 희생이 필요했고, 이런 상황은 새로운 병기가 출현하는 계기가 되었다. 그 신병기는 전차다.

 독일군의 오금을 저리게 한 철갑 괴물
— 지상전의 왕자, 전차의 탄생

전차 발상의 역사

참호와 철조망, 기관총과 독가스로 대변되는 1차 세계대전은 '참호전의 대명사'로 불린다. 화력의 비약적인 발전으로 양측 모두 방어 화력이 공격의 효과를 훨씬 상회했고, 스위스부터 벨기에까지 장장 600km에 걸쳐 이어진 참호를 따라 하루에도 수천 명이 아무 의미 없이 죽어가는 소모전이 계속되었다. 병사들은 공격은 고사하고 목숨을 부지하기 위해 부지런히 땅을 파는 수밖에 없었다. 전쟁 당사국들은 교착 상태에 빠진 전황을 타개하기 위해 골머리를 앓았다.

강력한 화력으로 적의 공격에서 승무원을 보호하고 적진을 향해 돌격하는 차량에 대한 아이디어는 고대부터 있었다. 중국을 비롯한 아시아와 유럽의 여러 나라에서는 기원전부터 말이 끄는 전차가 존재했고, 전차를 탄 병사는 창과 활 등으로 적군을 공격했다.

화약 무기가 발명된 후에도 공격력을 기동화한 무기에 대한 구상이 계속되었다. 14세기 프랑스의 귀도 다 비제바노는 철갑을 두른 전차를 생각해냈고, 1484년 레오나르도 다빈치는 적진을 향해 360°로 화살을 쏘면서 돌격하는 원반형 전차를 스케치했다.

이러한 발상이 단순히 발상으로 끝난 것도 아니다. 1420년 보헤미아의 개신교 지도자 얀 지슈카(Jan Žižka)는 신성로마제국과 벌인 전투에서 자신이 독창적으로 만든 '장갑마차'를 선보였다. 말이 끄는 마차에 철갑을 두르고, 마차에 탄 병사들은 측면에 있는 구멍으로 총과 석궁을 쏠 수 있었다. 이 무기는 실제 전투에서도 위력을 발휘해 지슈카는 2만 5000명으로 20만 명에 이르는 신성로마제국군을 격파했다.

19세기 말 내연기관을 장착한 자동차와 기관총이 발명됨에 따라 철판을 두른 장갑차가 등장했다. 그러나 장갑차가 보병을 상대로 한 위력적인 무기임에는 틀림없지만, 철조망과 참호선이 펼쳐진 야지에서 움직이는 것은 꿈도 꾸지 못할 일이었다.

최초의 '지상 함선' 리틀 윌리 탄생

1914년, 영국의 어니스트 D. 스윈턴(Ernest D. Swinton) 육군 중령은 프랑스에서 미제 소형 트랙터를 보고 영국 국방위원회에 무한궤도 방식의 장갑차를 만들 수 있다고 보고했다. 보수적인 국방위원은 대부분 스윈턴의 주장에 시큰둥한 반응을 보였지만, 윈스턴 처칠은 달랐다. 처칠은 영국 해군을 움직여 신무기 '지상 함선' 개발 프로젝트에 착수토록 했다.

영국 해군은 농업용 기계를 생산하던 윌렘 포스터 사와 접촉하여 울퉁불퉁한 표면에서도 움직일 수 있는 무한궤도 방식의 트랙터를 생산하는 노하우를 얻었다. 영국은 1년 남짓 개발 기간을 거쳐 중량 14t에 이르는 전차 리틀 윌리(Little Willie)를 선보였다. 그런데 리틀 윌리의 성능은 기대에 미치지 못했다. 툭하면 주저앉는데다 평지에서도 시속 5km가 고작이고, 참호를 통과하지도 못했다. 실전에 투입하기에는 그야말로 수준 미달이었다.

시행착오를 거쳐 1916년, 성능이 개량된 '마크 1 전차'가 만들어졌다. 당시 영국 정부는 보안 유지에 얼마나 철저했는지, 신병기 이름을 짓느라 고민에 빠졌다. 애초에 생각한 '파이팅 머신'이라는 이름이 있었지만, 정보를 캐내기 위해 혈안이 된 독일 스파이들의 귀에 들어가면 대번에 신병기의 정체가 탄로 날 테니 말이다. 며칠 밤낮을 고민하

리틀 윌리. 1915년 11월 영국 육군이 제작한 이 전차는 실험 결과 여러 면에서 성능 미달로 평가되었다.

던 개발 책임자는 전차를 만든 공장의 노동자들이 이 시제품이 물탱크처럼 생겼다 하여 'that tank thing'이라 부른 것이 떠올랐고, 그것을 암호로 사용했다. 오늘날 전차를 뜻하는 영어 단어 탱크는 이렇게 물탱크(water tank)에서 유래한 것이다.

마크 1 전차는 승무원 7명, 중량 28t, 최고 속도 시속 6km, 항속 거리 40km에 무장으로는 57mm 함포와 기관총을 탑재했다. 재미있는 것은 마크 1 전차에는 수컷형(male)과 암컷형(female)이 있었는데, 수컷형에는 6파운드(약 2kg) 함포 2문과 기관총 4정이, 암컷형에는 기관총만 6정이 부착되었다.

본격적인 전차의 시대를 연 마크 1

전차가 개발되고 전차를 움직일 병사들이 석 달 동안 훈련을 마친 뒤, 마크 1은 배에 실려 프랑스로 보내졌다. 마크 1의 데뷔전을 치를 장소는 프랑스 동북부의 솜 전선으로 선정되었다. 전투 첫날 영국군 사상자 2만 명이 발생한 그곳으로, 두 차례에 걸친 영국군의 총공격이 독일군의 강력한 방어 화력에 막혀 실패한 뒤였다.

1916년 9월 15일 솜 전선 북동쪽의 플뢰르(Flers) 지역, 잠에서 깬 독일군 병사들은 자신들의 눈을 의심했다. 거대한 쇳덩어리가 굉음과 함께 지축을 울리며 자욱한 안개를 뚫고 다가오는 것을 보았기 때문이다. 포탄과 기관총탄을 흩뿌리며 다가오는 '강철 괴물' 앞에 독일군 병사들은 오금이 저려 꼼짝도 하지 못했다. 영국군의 신병기 전차가 전장에 처음 모습을 드러낸 순간이다.

이날 영국군은 프랑스에 도착한 마크 1 전차 49대 가운데 19대를 동원하여 독일군을 공격했다. 그런데 독일군이 받은 심리적 충격과는 별개로 사상 최초의 전차 공격은 좀 어설펐다. 시속 6km로 독일군 진지를 돌파한 마크 1 전차가 대부분 불과 1마일(약 2km)도 가기 전에 고장으로 제풀에 주저앉거나 독일군의 포격으로 파괴된 것이다. 이날 전투에서 살아남은 전차는 9대에 불과했다. 벌판이 온통 포탄 구멍인 데다 며칠 전 내린 비로 진흙탕이 되어 전차를 사용하기에는 극히 불리한 상황이었기 때문이다. 그런데도 전차가 준 심리적 충격은 대단해서, 전차 1대가 300명이 넘는 독일군 포로를 사로잡기도 했다.

그 후에도 영국군은 전차를 동원하여 독일군 진지를 몇 차례 공격했지만 결정적으로 전선을 돌파하는 데는 실패했다. 마크 1 전차 자체의 성능에도 한계가 있었지만, 무엇보다 전차를 뿔뿔이 흩어놓고 국지적인 보병 지원용으로 활용한 영국군의 전차 전술이 문제였다. 어쨌든 영국 원정군 사령관 더글러스 헤이그(Douglass Haig) 원수는 전차의 잠재력을 확인하고 1000대를 추가 주문했다.

1917년 11월 20일, 영국군은 여러 달 시행착오를 거쳐 마침내 캉브레(Cambrai)에서 전차들을 한군데 모아놓고 대규모 기갑 공격을 개시했다. 이 공격에는 전차 387대가 동원되었고, 전차와 보병의 유기적인 합동 전술이 선보였다. 전차 3대를 1조로 편성해 1대가 독일군의 화력을 제압하는 사이, 뒤따르던 2대가 독일군의 철조망과 참호선을 돌파하며 보병들의 전진을 엄호하는 임무를 수행했다. 이 전투에서 영국군은 독일군이 형성한 힌덴부르크 라인의 3중 방어선에 돌파구를 뚫었고, 첫날에만 8000명이 넘는 포로를 잡았다. 바야흐로 전차의 시대가 열린 것이다.

위 마크 1 전차의 내부 구조. **가운데** 마크 1 수컷형 전차. **아래** 마크 1 암컷형 전차. 수컷형은 6파운드(약 2kg) 함포 2문과 기관총 4정이, 암컷형에는 기관총만 6정이 장착되었다.

 # '크기'가 승패를 가른다
— 대함거포주의의 산물, 드레드노트

군함의 진화

18세기 산업혁명은 해상 전투의 모습도 바꿔놓았다. 바람의 힘에만 의존하던 추진력이 증기기관의 도움을 받았고, 선박의 재료도 목재에서 점차 철재로 바뀐 것이다. 추진 기관과 재료가 바뀜에 따라 군함의 구조도 달라졌다. 추진 기관이 배의 상부에서 하부 중앙으로 이동했고, 돛이 없어진 상부 구조물에는 포탑을 효율적으로 배치했다. 또 군함 내부에는 수밀격실이 구획되어 유사시 바닷물이 쏟아져 들어오더라도 쉽게 가라앉지 않았다.

무장에도 큰 변화가 일었다. 총포가 해전에 처음 사용된 때는 15세기경으로, 그때부터 군함은 물 위를 떠다니는 포대라고 할 만큼 해전에서 함포의 중요성이 커졌다. 단거리에서는 명중률이 높은데다 발사 속도도 빠른 경포(輕砲)가 유용했지만, 거리가 멀어짐에 따라 경포의 명중률은 대구경포보다 급감해 19세기 말까지 군함에는 일반적으로 여러 구경의 함포를 탑재했다.

1903년에 간행된 《제인 군함 연감》에는 한 이탈리아 기술자가 쓴 흥미로운 기사가 실렸다. 선박 설계사 빅토리아 쿠니 베르티는 "미래에 벌어질 해전에서 우위를 점하기 위해서는 종전의 어떤 함정보다 빠르고, 적의 모든 소구경 부포(副砲)를 무시할 수 있을 만큼 효과적으로 방호가 된, 12인치 대구경 주포(主砲) 12문으로 무장한 적절한 크기의 군함이 필요하다"고 주장한 것이다.

이듬해 러일전쟁이 터졌고, 쓰시마 해전에서 일본 해군이 러시아 함대를 격파한 사건은 베르티의 주장을 뒷받침하기에 충분했다. 쓰시마 해전 당시 일본 함대는 통상 소구경포의 사정거리인 3000~5000피트(약 914~1524m)에서 교전하던 전술을 깨고, 1만 9000피트(약 5.8km) 거리부터 포격을 개시하여 1만 3000피트(약 4km) 전후에서 명중탄을 기록한 것이다.

군함의 혁명, 드레드노트

해전에서 소구경포의 효용성에 의문이 제기된 것은 당연했다. 사정거리와 파괴력은 포의 구경에 비례해 커지게 마련이라, 거추장스럽게 큰 포와 작은 포를 달고 다니기보다 먼 거리에서 강력한 한 방으로 적함에 치명타를 가하는 것이 유리하다는 생각이 싹트기 시작했다. 대구경포를 장비한 대형 전투함이 해전에서 승리를 가져올 수 있다는

영국 해군 전함 드레드노트는 전장 160.3m, 전폭 25m에 기준 배수량 1만 8100t, 만재 배수량은 2만 1845t 에 달했다.

믿음, 즉 '대함거포주의(大艦巨砲主義)'는 함대의 적극적 공세만이 제해권을 장악할 수 있다는 앨프리드 마한의 함대결전(艦隊決戰) 사상과 결합하여 열강의 해군력 경쟁에 불을 붙이는 계기가 되었다.

이리하여 단일함의 다종다포주의에서 탈피하여 대구경 단일화포를 장비한 전거포함(全巨砲艦, All-Big-Gun)이 탄생하는데, 그 대표적인 것이 1906년 영국 해군이 건조한 드레드노트(HMS Dreadnought)다. 이는 군함 역사에서 신기원을 이루는 것으로, 이 시기의 군함을 전 드레드노트급(Pre-Dreadnought), 드레드노트급, 슈퍼 드레드노급(Super-Dreadnought)으로 분류할 만큼 드레드노트가 전함의 표준이 되었다.

1905년 건조를 시작해 이듬해 진수한 드레드노트는 전장 160.3m, 전폭 25m에 기준 배수량 1만 8100t, 만재 배수량이 2만 1845t에 달하는 거대 전함이다. 무장으로는 12인치 대구경포 10문(2연장 포탑 5기)을 탑재하고, 소형 함정에 대응하기 위해 3인치 포 10문을 장비했다. 함의 방호를 위해선 8인치 포의 포격에 견딜 수 있도록 11인치 두께의 장갑을 둘렀다. 그러면서도 당시로서는 획기적으로 증기 터빈을 채택하여 21노트의 속력을 자랑했다. 영국은 이 드레드노트급 전함을 해마다 8척이나 건조할 계획을 세웠다. 드레드노트급 1척을 건조하는 데는 당시 영국 정부 1년 예산의 1%에 가까운 180만 파운드가 들어갔다.

드레드노트급 전함이 등장하자 종전의 모든 전함은 구식이 되었기 때문에 서구 열강들은 새롭게 해군 군비 경쟁에 열을 올리기 시작했다. 제해권 확보가 국가의 생존과 직결되던 세계 1위 해군국 영국은 그때까지 전통적으로 주력함 세력에서 2위 해군력과 3위 해군력을 합친 것보다 열세하지 않은 함대를 보유하겠다는 2국표준주의(二國標準主義, Two Power Standard) 정책을 취하고 있었다.

하지만 드레드노트급 전함이 등장하고 독일이 본격적으로 건함 경쟁에 뛰어들자, 영국 해군의 절대적 우위도 사라지고 말았다. 이때부터 영국의 해군 정책은 세계 2위 해군국, 즉 독일 해군보다 2배의 해군력을 확보하겠다는 2배주의(二倍主義, Two Keels to One Standard)로 전환되었다.

영국은 드레드노트의 성능을 더 향상시킨 슈퍼 드레드노트급 전함도 계속 건조했다. 1909년에 만든 넵튠(HMS Neptune)은 현측에도 주포를 배치한 드레드노트급과 달리 모든 주포를 중앙선에 배열한 슈퍼 파이어링 방식 포대를 도입했으며, 이듬해에는 주포의 구경이 12인치에서 13.5인치로 커진 오리온(HMS Orion)이 등장했다.

군비 무한 경쟁 시대 돌입의 신호탄

지속적인 해군력 증강 노력에 따라 영국은 1차 세계대전까지 드레드노트급과 슈퍼 드레드노트급 전함 22척을 보유했고, 빌헬름 황제가 직접 나서 함대법을 제정하고 대양해군 건설에 박차를 가한 독일도 비슷한 전함 15척을 마련했다. 열강의 해군력 경쟁이 1차 세계대전을 일으킨 간접 요인 가운데 하나로 지목될 정도인데, 실제로 전쟁 기간 동안 참전국은 110여 척에 이르는 드레드노트급과 슈퍼 드레드노트급 전함을 바다에 띄웠다. 1898년부터 1914년까지 불과 17년 사이에 전함의 평균 배수량은 1만 2000t에서 3만 1000t으로 껑충 뛰어올랐고, 전함의 건조비도 3배 이상 증가한 것이다.

1차 세계대전 중에는 영국과 독일 해군이 북해를 사이에 두고 대치했다. 해군력 증강에 박차를 가해온 독일이지만 아직도 영국 해군과 격차가 커서, 독일 함대의 출동 범위는 아주 제한적이었다. 영국 대영함대(Great Fleet)와 독일 대양함대(High Seas Fleet)가 본격적으로 맞붙은 것은 1916년 5월 31일부터 이틀 동안 노르웨이와 덴마크 사이에 있는 유틀란트에서 벌어진 해전뿐이다. 이 해전에서 영국 해군은 드레드노트급 28척과 슈퍼 드레드노트급 전함을 동원했고, 독일 해군 역시 드레드노트급 전함 6척을 포함한 전함 22척을 내보냈다.

20노트가 넘는 속력으로 움직이던 양국 함대는 10km 이상 거리를 두고 포격전을 벌였다. 영국 해군이 보유한 함포가 많고 포탄의 구경 면에서도 우세했지만, 독일 해군은 효과적인 거리 측정기와 정확한 사격 통제로 이 격차를 좁혔다. 수적 열세에도 독일 순양전함들의 정확한 포격에 영국 순양전함대의 기함 '라이언'이 대파되고, 전투순양함 '인디패티거블'과 '퀸메리'는 탄약고 유폭으로 순식간에 침몰했다. 포탑을 관통하는 철갑탄의 위력으로 화약고가 폭발하여 2만 t에 육박하는 거함들이 순식간에 침몰한 경우는 이 해전이 처음이다.

하지만 해전은 본격적으로 시작되기도 전에 독일 함대가 철수함으로써 싱겁게 막을 내리고 말았다. 이 전투에서 영국 해군의 사망자는 6000명이 넘고, 독일 해군의 피해는 2500명 선이다. 영국은 전략적으로 독일 함대 봉쇄에는 성공했으나 순양전함 3척을 비롯해 모두 14척을 잃어 피해 규모가 독일의 2배에 이르는 등 전술적 패배를 당했다.

1차 세계대전이 끝난 뒤에도 승전국을 중심으로 해군력 증강 경쟁은 식을 줄 몰랐고, 각국은 천문학적인 군함 건조 비용을 견뎌낼 수 없었다. 상황이 이에 이르자 1922년 역사상 최초로 본격적인 군비 축소 회담이 열렸는데, 바로 워싱턴해군조약이다. 이 조약에 따라 주요 열강 5개국(미국, 영국, 일본, 프랑스, 이탈리아)의 주력함 보유 비율이 10 : 10 : 6 : 3 : 3으로 고정되었고, 종전 함정의 대량 파기와 신규 함정 건조 제한 규정이 마련되었다. 또 신조함의 크기는 3만 5000t, 화력 상한선은 주포 구경 16인치로 제한되었다.

하지만 이 조약에 따른 자국의 함정 쿼터로는 태평양 전선에서 미국을 상대할 수 없다고 판단한 일본이 1937년 2차 런던해군군비제한조약의 비준을 거부함으로써 군비 축소 조약은 사실상 유명무실해졌다. 그 결과 일본의 야마토급(만재 배수량 7만 3000t)이나 미국의 아이오와급(만재 배수량 5만 9000t) 같은 거대 전함이 출현했다.

현대식 전함의 시초라고 할 수 있는 드레드노트의 출현은 단순히 신형 전함 1척이 탄생한 것이 아니라, 냉전 시대 미국과 소련의 핵무기 경쟁처럼 끝도 없이 질주하는 무기 개발 경쟁의 단면으로 역사에 기록되었다.

소리 없이 다가와
죽음의 그림자를 드리우다
— 해전의 필살 병기, 어뢰

거대 전함을 떨게 한 물귀신, 어뢰

현대 해전에서 어뢰의 위력을 무시할 수 있는 함정은 존재하지 않는다. 어뢰는 항공기나 함정에서 발사하는 대함 미사일에 비해 속도나 사정거리는 떨어지지만, 1발로 수천 t에 이르는 군함을 격침할 수 있을 정도로 엄청난 파괴력을 자랑한다. 수면 아래에서 폭발하는 어뢰는 구축함의 용골을 꺾어 배를 두 동강 낼 정도로 위력이 대단하다. 영어로 어뢰를 뜻하는 'torpedo'는 그 어원이 라틴어의 무력화병기(無力化兵器, torpedo)에서 파생된 것으로, '간담을 서늘케 하다'라는 뜻이 있다. 예전에도 긴 장대 끝에 폭발물을 매달아 적함을 공격하는 일이 있었지만, 적함과 거리가 충분하지 않을 경우에는 공격하는 쪽도 피해를 보는 일이 비일비재했다.

최초의 어뢰는 1866년 영국인 화이트헤드가 만든 것으로 길이 355cm, 무게 136kg, 시속 약 11km, 최대 사정거리 600m다.

근대적인 의미에서 최초의 어뢰는 영국의 공학자 로버트 화이트헤드(Robert Whitehead)가 1866년 오스트리아 해군의 의뢰를 받아 개발했다. 길이 4m 남짓한 이 어뢰는 앞부분에 다이너마이트 8kg을 장착한 형태인데, 압축공기로 작동하는 엔진을 이용해 프로펠러를 돌려 시속 약 11km로 200~600m를 항주하도록 설계되었다. 또 어뢰가 정해진 진로에서 벗어나면 자이로스코프가 수직키의 방향을 조절하여 미리 입력된 진로 각도로 진행할 수 있게 했다.

1878년 1월 25일, 러시아 해군이 발사한 어뢰 2발에 맞은 터키의 증기선이 2분도 안 돼 흑해에 침몰한 사건은 어뢰의 위력을 유감없이 보여줬다. 이후에도 어뢰의 성능은 계속 개선되었다. 화이트헤드는 자신의 발명품을 개량해 1889년 29노트 속력으로 항속 거리 900m를 순항하는 어뢰를 만들었으며, 오스트리아의 오브리는 자동 조타 장치를 발명했다. 미국에서도 1889년 존 호월이 미국 최초의 어뢰를 개발

1894년 미 해군 구축함 쿠싱(USS Cushing D-1)에서 발사되는 화이트헤드 식 어뢰. 현대의 어뢰도 기본적인 구조와 기능은 이것과 유사하다.

한 이후, 1901년 석유를 연소시켜 4-실린더 엔진을 구동하는 Mk-5를 선보였다. 1904년에는 연료를 압축공기로 연소시켜 피스톤과 터빈을 회전시키는 가열 장치를 발명, 항속력을 높이기도 했다.

러일전쟁 당시 쓰시마 해전에서 러시아 해군의 전함과 장갑함을 격침한 것도 일본 해군 어뢰정에서 발사한 화이트헤드 식 어뢰다. 당시 거센 포탄 세례에도 끝까지 버티던 러시아 함대의 기함 '수보로프'에 일본 해군이 어뢰 4발을 발사, 깊은 바다 속으로 침몰시킨 것이다. 이처럼 어뢰라는 신무기가 등장함으로써 두꺼운 장갑과 대구경 함포를 장비한 전함을 가볍고 기동력이 뛰어난 어뢰정이 상대했다. 재빨리 다가와서 어뢰를 쏘고 달아나는 어뢰정을 파괴하고자 구축함이 출현한 것도 이 무렵의 일이다.

어뢰는 1차 세계대전 중에 처음으로 실전에 사용된 잠수함에도 최적의 무기가 되었다. 이를 증명이라도 하듯 1914년 9월 22일 북해에서 독일 해군 잠수함 U-9은 영국 순양함 '호그'와 '크레시' 등 영국 함정 3척에 어뢰를 쏘아 1시간도 되기 전에 침몰시켰다. 영국 해군 장교 62명과 수병 1397명이 잠수함 1척 때문에 목숨을 잃은 것이다.

2차 세계대전 당시 영국을 고립 직전으로 몰아넣은 독일의 U보트, 일본 본토와 남방의 자원 공급 지대를 연결하는 해상 교통로를 차단하여 태평양전쟁을 승리로 이끈 미국 잠수함대의 활약 역시 어뢰라는 무기가 있었기에 가능했다.

어뢰 공격에는 백약이 무효

어뢰는 해군의 전술에도 많은 변혁을 가져왔다. 대형 함선은 선체의 강판을 두껍게 하고, 피격되었을 때 침몰하는 것을 막기 위해 선체 측면에 많은 격벽을 설치하는 등의 설계를 도입한 것이 그 예다. 또 어뢰의 접근을 사전에 감지하기 위해 음향이나 자기 등의 센서가 개발되는 등 다양한 어뢰 회피 방법이 시도되었다. 하지만 한 번 발사된 어뢰를 피하기는 여간 어려운 일이 아니었다.

2차 세계대전까지 쓰인 어뢰는 수상함을 목표로 정해둔 방향과 심도로 항주하는 무유도 어뢰가 일반적이었지만, 1950년대 이후에는 스스로 음파를 발사해 적함을 추적하는 액티브 어뢰, 수압이나 자기 등에 반응하는 어뢰, 적함의 교란을 받지 않는 유선 지령 유도 어뢰 등이 개발되었다.

1954년 11월, 저장성(浙江省) 연안 해전에서 대만 해군의 구축함 태평호를 격침한 중국 해군 어뢰정이나, 포클랜드전쟁 당시 영국 잠수함이 침몰시킨 아르헨티나군의 순양함 제너럴 벨그라노호의 사례를 볼 때 어뢰는 현대 해군의 무기 체계에서 여전히 중요한 위치를 점하고 있다.

최근에는 바다 속을 초음속으로 '날아가는' 어뢰까지 선보인다. 이른바 초공동(supercavity) 현상을 이용한 어뢰인데, 기포 하나로 물체를 완전히 덮어 물의 마찰 저항을 공기 중의 마찰 저항과 비슷하게 낮춘 이 기술을 사용하여 소련은 1970년대 후반 시속 380km에 이르는 '시크발(Shkval)'을 개발하여 실전에 배치했다. 독일 역시 시속 800km의 '바라쿠다(Barracuda)'를 개발하고 있다. 이처럼 공기 중을 날아가는 초음속 미사일과 비슷한 속도를 내는 어뢰가 실전에 배치된다면 지금처럼 어뢰를 피하기 위한 회피 기동도, 어뢰를 속이는 기만기도 무용지물이다. 수천 톤에 달하는 최신 구축함도 한순간에 어마어마한 속도와 폭발력을 자랑하는 '바다 괴물'에 속절없이 당하는 시대가 온 것이다.

한편 우리 해군은 국방과학연구소가 독자적으로 개발한 경어뢰(輕魚雷) 청상어와 중어뢰(重魚雷) 백상어를 보유하고 있다.

전쟁을 가장 비인도적으로 만든 주인공
— 숨은 살인자, 지뢰

지뢰의 원형

땅속에 묻혀 있다 밟거나 압력을 가하면 폭발하는 지뢰의 원형은 고대까지 거슬러 올라간다. 고대 중국에는 능철(菱鐵)이나 여철(藜鐵)이라는 마름쇠가 있었는데, 날카로운 쇠침이 3~4개씩 붙어 있는 구조라 어떻게 던져도 쇠침 하나는 하늘을 향했다. 이것을 통행로에 촘촘히 뿌리거나 적 기병대가 진격하는 길목에 던져서 적병이나 말의 발에 치명상을 주는 효과를 본 것이다.

서양에서도 로마군이 릴리아(lilia)나 스티물리(stimuli)라는 거점 방어용 무기를 사용했다. 라틴어로 백합을 뜻하는 릴리아는 이름과 달리 치명적인 무기다. 이것은 V자 형태의 함정을 파고 뾰족하게 깎은 통나무를 거꾸로 꽂은 다음 얇은 널빤지나 나뭇가지를 덮은 것으로, 한 번 밟으면 불구가 되는 것은 기본이고 목숨까지 잃기 쉬웠다. 스티뮬리는 갈고리를 단 S자 모양 바늘을 통나무에 단단히 고정한 다음 본체는 땅속에 묻고 바늘만 지면 위로 살짝 나오게 설치한 것으로, 밟으면 날카로운 바늘이 발바닥을 온통 찢어놓기 일쑤였다. 로마군은 릴리아와 스티뮬리를 수백 개씩 이중, 삼중으로 설치하고 적군의 공격을 막거나 함정에 빠뜨렸다.

화약을 사용한 지뢰는 13세기 말, 중국의 송나라가 몽골군의 침입에 맞서 사용했다는 기록이 전해진다. 이때 출판된 무기 관련 서적 《화룡경(火龍經)》에는 화약을 채운 포탄이 등장하는데, 이것이 지뢰의 구조가 나온 첫 기록으로 평가된다. 그 후 원나라와 명나라 시대에는 목곽 속에 화약을 넣은 지뢰가 있었는데, 오늘날의 대인 지뢰처럼 적군의 보병에게 피해를 줄 뿐만 아니라 성벽을 뚫는 용도로도 사용되었다.

폭발물을 이런 방식으로 사용한 예는 서양사에서도 찾아볼 수 있다. 1403년 피사를 포위한 피렌체군이 성벽 밑에 터널을 파고 화약을 넣은 뒤 폭발시켰다는 기록이 있다. 1573년에는 자무엘 짐머만(Samuel Zimmermann)이 도자기에 화약과 파편용 쇳조각을 잔뜩 넣은 지뢰를 개발했다.

보편적 무기로 자리 잡은 지뢰

보다 근대적인 형태의 지뢰가 만들어진 것은 미국 남북전쟁 때다. 1862년 5월 4일, 남부 연맹군의 가브리엘 J. 레인스(Gabriel J. Raines) 장군이 작은 압력에도 폭발하게 만든 뇌관을 장착한 포탄을 매설하고 북군 기병대에 큰 타격을 준 것이다. 그러나 근대 전쟁에서 지뢰가 폭넓게 사용된 것은 1904년 러일전쟁 당시의 일이고, 1차 세계대전에서는 보편적인 무기가 되었다.

1차 세계대전 중에는 독가스 지뢰나 전차를 막기 위한 대전차 지뢰도 만들어졌다. 또 전선을 돌파할 목적으로 적의 발밑으로 굴을 파고 어마어마한 폭약을 매설한 다음 한꺼번에 폭파하는 단순 무식한 방법이 사용되기도 했다.

1차 세계대전이 한창이던 1917년 6월 7일 오전 3시 10분, 프랑스 이프르 남동쪽 메시느 평야의 독일군 참호선이 엄청난 폭발음과 함께 공중으로 날아갔다. 이 폭발로 1만 명 가까운 독일군이 한순간에 목숨을 잃었다. 영국군은 지루한 소모전이 벌어지는 전황을 타개하기 위해 1년 반 전부터 독일군 진지 밑으로 터널을 파고 어마어마한 폭약을 차곡차곡 쌓았다.

연장 8km에 이르는 이 터널은 '지뢰터널(tunnel mine)'이라고 불렀다. 애초에 매설한 지뢰원 21곳 가운데 19곳이 폭발했고, 영국군은 이 폭발로 무인지경이나 다름없어진 독일군 진지를 돌파하여 그날 정오까지 공격 목표를 모두 손에 넣었다. 영국군의 공격은 성공했지만, 그때 폭발하지 않은 지뢰원 2곳은 전쟁이 끝난 뒤 수십 년 동안이나 발견되지 않아 지역 주민을 불안하게 만들었다.

지뢰 효과의 '경제성'

지뢰가 폭넓게 쓰인 가장 큰 원인은 설치 비용이 값싸면서도 그 효과를 극대화할 수 있기 때문이다. 실제로 대인 지뢰 1발은 10달러 미만에 불과하지만, 그 효과는 엄청나다. 효과가 엄청나다는 뜻은 살상력이 크다는 의미도 되겠지만, 그보다는 경제적 측면에서 그렇다는 뜻이다.

전투를 하는 궁극적 목표가 적군을 무력화하는 것이라면 적군을 1명 사살했을 때는 한 사람 몫의 전투원을 무력화하지만, 지뢰는 상대방에게 그 몇 배의 출혈을 가할 수 있기 때문이다. 예를 들어 대인 지뢰(특히 발목 지뢰)로 치명적인(그러나 즉사하지는 않을) 부상을 당한 적군 병사가 있다고 가정해보자. 이 병사를 후송하기 위해서는 여러 병사가 들것을 들거나 부축을 해야 하고, 이는 그 병력이 전투에 참여할 수 없다는 것을 의미한다. 또 부상 당한 병사를 치료하기 위한(치료한다 해도 다시 총을 들 가능성은 거의 없지만) 의료 자원을 배분하는 것도 적군에게는 부담

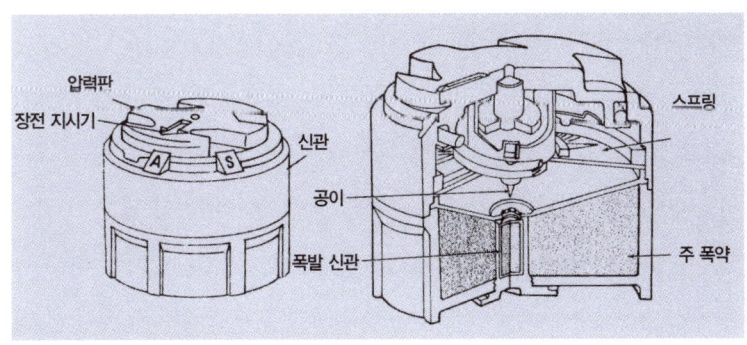

M 14 대인 지뢰 배부 구조

이다. 심리적 측면에서도 지뢰 때문에 부상을 당해 신음을 내는 부상자는 적군의 사기를 떨어뜨린다.

본질적으로 방어용 무기인 지뢰는 적의 침입을 막거나 지연시키는 철조망이나 호처럼 장애물 역할도 하지만, 후자가 그 자체로는 아무런 살상력도 갖지 못하는 데 비해 지뢰는 파괴력이 엄청나다. 더구나 쉽게 눈에 띄는 철조망이나 다른 장애물에 비해 지뢰는 탐지하기가 아주 어렵다.

지뢰의 가장 큰 위력은 바로 그 은밀성에 있다. 누군가 희생되기 전에는 모습을 드러내지 않는 은밀성이 지뢰를 가장 비인도적인 무기로 만드는 것이다. 메시느 전선의 운 나쁜 독일군은 좀 특별한 경우라 해도, 지뢰는 대부분 전쟁이 끝난 뒤에도 숨죽이며 불행한 희생자들을 기다리게 마련이다. 지뢰에 눈이 없으니 희생자도 군인과 민간인, 어른과 어린이를 가리지 않는다.

무차별적이고 은밀한 위험

비용 대 효과 면에서 어떤 무기보다도 값싸게 설치할 수 있다 보니 지뢰는 전쟁이 벌어진 곳이면 어디에서나 무차별적으로 사용되었다. 국제적십자사의 통계에 따르면 현재 60여 개 나라에 1억 개가 넘는 지뢰가 방치된 상태다. 지뢰가 폭발해 죽거나 팔다리를 잃는 피해자는 해마다 2만 5000여 명에 이르고, 대부분 민간인이다. 특히 가슴 아픈 일은 이 위험한 폭발물을 장난감으로 알고 건드렸다가 목숨을 잃거나 평생 불구의 몸으로 살아야 하는 어린이 비율이 전체 민간인 희

위 영국 육군의 실더 지뢰 살포 시스템은 대전차 지뢰 120개를 한 번에 살포할 수 있다. **아래** 지뢰를 제거하는 요르단 군인.

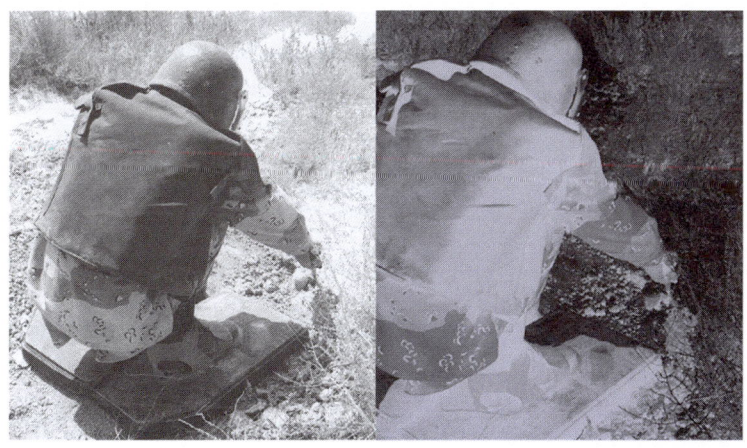

생자 가운데 절반이 넘는다는 점이다.

군사분계선을 중심으로 남북이 엄청난 지뢰 지대를 만들어놓은 우리나라도 지뢰의 공포에서 안전하지 않다. 지뢰금지국제캠페인(ICBL)의 발표에 따르면 우리나라의 지뢰 매설 면적은 여의도의 3.8배에 달한다(북한 지역의 지뢰 매설 범위는 알려지지도 않았다). 해마다 장마철이 되면 파주, 연천, 철원, 양구 등 민통선 인근 주민은 하루하루 불안 속에서 지내야 한다. 물에 떠 내려온 지뢰들이 논둑이나 개울가, 심지어 마당 흙 속에 묻혀 주민의 안전을 위협하기 때문이다. 멀쩡하게 논일을 나간 아버지가 발목이 잘리고, 산나물을 캐러 간 할머니가 지뢰에 목숨을 잃는 일이 해마다 반복되고 있다.

최근에는 무고한 희생자가 발생하는 것을 막기 위해 매설된 후 일정 기간이 경과하면 자동으로 폐기되는 지뢰도 생산되지만, 비용 문제 때문에 많이 쓰이지 않는다. 1997년 12월, 캐나다 오타와에서 열린 대인지뢰금지조약은 각국이 보유한 대인 지뢰를 모두 폐기하고 더 만들지 말 것을 결의하고 122개국이 서명했지만(이후 33개국이 추가로 가입), 우리나라와 북한은 아직 이 조약에 가입하지 않았다. 전쟁에 사용되는 무기 중에 인도적인 무기가 있을 리 없지만, 적어도 지뢰 문제에 관한 한 우리나라의 분단 현실은 가장 비극적인 셈이다.

무인 폭격기, 미사일의 공포
— 나치 독일의 보복 병기, V-1과 V-2

가공할 공포 체험

노르망디상륙작전이 성공함에 따라 2차 세계대전의 향방이 연합국의 승리로 기울기 시작한 1944년 6월 13일 아침, 영국 런던의 시민들은 난생처음 겪어보는 공포에 몸서리쳤다. 하늘에서 '두-우-두-두' 하는 단속적인 제트엔진의 소음이 들리다가 멈춘 순간, 폭발물 820kg을 장착한 비행체가 머리 위로 떨어졌기 때문이다. 1t에 육박하는 폭탄이 터진 자리는 삽시간에 생지옥으로 변했다. 나치 독일의 '보복 병기 1호' V-1이 등장한 것이다. 이날 독일의 점령지 프랑스에서 발사된 V-1 미사일 10발 가운데 4발이 영국까지 도달했고, 그중 하나가 런던의 한 다리에 떨어져 6명의 목숨을 앗아 갔다.

1940년 영국전투로 불리는 격렬한 공중전을 겪은 런던 시민에게 독일 공군의 폭격은 새삼스런 일이 아니지만, 사람이 조종하는 비행기에서 폭탄이 쏟아지는 대신 '스스로 날아오는 폭탄'은 엄청난 공포였다. 이때 처음 선보인 V-1은 오늘날의 토마호크미사일과 같은 순항미사일의 원조 격이다. 로켓엔진을 사용하여 포물선을 그리며 날아가는 탄도미사일과 달리 제트엔진을 사용하는 순항미사일은 무인 비행체에 가깝다. 순항미사일은 겉모습만 보면 조종석이 없을 뿐, 제트엔진의 추진력과 날개의 양력으로 해면이나 지면에 바짝 붙어 날아가기 때문에 비행기의 형태다.

독일은 전쟁이 시작되기 전에 V-1 개발에 착수했지만, 당시만 해도 이 희한한 무기가 실제 사용되리라고는 생각하지 않았다. 폴란드와 프랑스를 가볍게 제압하고, 압도적인 공군력으로 영국도 쉽게 굴복시

제트엔진의 소음이 멈추고 V-1이 낙하하는 몇 초간의 정적은 런던 시민들을 공포로 몰아 넣기에 충분했다.

킬 수 있으리란 전망 때문이다. 하지만 영국 공군의 영웅적인 항전으로 결국 섬나라에 발도 들여놓지 못한 나치 독일은 소련 쪽으로 전선을 확대했다.

소련을 침략한 독일군은 초기에 승승장구하는 듯했지만, 스탈린그라드전투에서 패배한 뒤 수세에 몰렸다. '보복 병기'의 필요성이 절실해진 것은 바로 이 시점이다. 이제는 영국을 폭격하려 해도 제공권 장악은 고사하고 폭탄을 떨어뜨릴 폭격기와 그것을 몰고 갈 조종사도 태부족이었기 때문이다. 그때 독일이 선택한 카드가 바로 V-1이다. 폭격기 1대를 생산할 돈이면 V-1 수십 대를 만들 수 있고, 노련한 조종사도 필요치 않았다.

미사일 따라잡는 영국 공군

발트 해 인근에 있는 페네뮌데(Peenemuende) 섬의 비밀 연구 시설에서 개발된 V-1의 시제품이 완성된 때는 1944년 2월. 곧 시험 비행을 거쳐 대량생산 체제에 들어갔다. 폭탄을 최종 목적지까지 유도할 조종사가 없기 때문에 미사일의 유도 장치는 V-1의 가장 핵심적인 부분이었다. 발사지에서 목표지까지 방위 유지는 자이로컴퍼스가, 고도 유지는 기압 고도계가 담당했는데, 기수 앞쪽에 있는 작은 프로펠러의 회전 수로 비행 거리를 산정하는 다소 부정확한 방식을 택했다. 당시의 기술적인 한계 때문이지만 비행 중 계속 맞닥뜨리는 바람에 따른 오차를 수정할 방법도 없었다. 따라서 정밀한 폭격은 아예 불가능했고, 런던 같은 대도시를 향해 발사하면 대략 시내 어디쯤 떨어지는

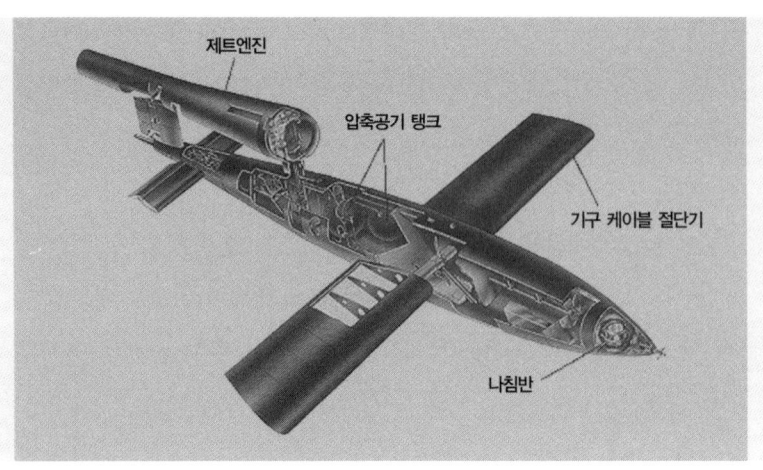

V-1 미사일의 내부 구조.

정도였다.

독일군은 부정확한 폭격 효과를 물량으로 상쇄하려 했다. V-1이 처음 런던에 떨어지고 이틀이 지난 6월 15일에는 하루 동안 V-1 200기가 발사되었다. 그리고 9월까지 석 달 동안 미사일 8500기가 영국을 향해 날아갔다. 7월 20일, 영국 정부는 미사일 피해를 줄이기 위해 어린이와 여성 17만 명을 런던 밖으로 소개했다.

그런데 V-1의 순항 속도는 시속 600km로, 당시 영국 전투기들이 따라잡을 수 없는 속도는 아니었다. 상공을 초계 비행하던 영국 전투기들은 날아오는 V-1을 발견하면 재빨리 가속하여 기총을 발사, 미사일을 격추하기 시작했다. 좀더 원시적인 방법이긴 하지만 방공(防空) 기구 수백 개를 공중에 띄어놓고 V-1을 막아내기도 했다. 영국 공군은 런던 인근에 스피트파이어, 타이푼, 모스키토 등과 같은 전투기를 장비한 비행대 20여 개를 배치하여 미사일을 요격하는 한편, 북프랑

V-1을 잡아라! V-1 미사일의 뒤를 바짝 쫓는 영국 공군의 스피트파이어 전투기. 영국 공군 조종사들은 미사일에 기관포를 발사하여 폭파하거나, V-1을 앞질러 날아가 프로펠러에서 발생하는 후류를 이용해 미사일을 추락시키는 방법 등을 사용했다.

2장 | 인류의 문명을 비약시킨 천재적 기술_ 무기의 재발견 155

스에 집중된 V-1 발사 기지를 직접 폭격하여 독일군이 미사일을 아예 날리지 못하도록 했다.

우주과학자에서 무기 개발자로

결국 9월 초순, 노르망디 해안에서 북상한 연합군이 V-1 발사 기지가 밀집한 북프랑스 해안을 장악하면서 독일군 V-1 부대는 본국으로 철수했다. 하지만 1944년 여름 V-1에 희생된 영국 민간인은 사망 6184명, 중상 1만 7984명에 달했다. 얼마 후 나치 독일의 또 다른 보복 무기인 탄도미사일 V-2가 등장했다.

펄스 제트엔진을 사용하는 V-1과 달리 V-2는 로켓엔진을 동력원으

로켓 실험장을 방문한 독일 군부와 친위대 고위 장교들. 맨 오른쪽 검은 양복을 입은 민간인이 폰 브라운이다.

로 한 첫 미사일이다. V-2를 개발한 배경에는 1차 세계대전 패전국 독일을 옭아맨 베르사유조약이 있다. 독일이 다시 군사 강국으로 등장하는 것을 원치 않은 승전국들은 여러 가지 방법으로 독일이 새 무기를 개발하는 것을 제한했지만, 로켓 분야는 군비 제한 조약의 규제를 받지 않았다. 독일 정부는 이 점을 이용해 일찍부터 로켓 무기 개발에 관심을 기울였다.

우주 비행을 목표로 로켓을 연구하던 독일 과학자 가운데 베르너 폰 브라운(Wernher von Braun)은 소년 시절부터 로켓 과학자를 꿈꿔온 젊은이로, 공과대학에 입학한 후 독일우주여행협회에 가입하여 열정적인 연구 활동을 했다. 독일 군부가 이들의 연구 성과에 눈독을 들인 것은 당연한 일이다.

독일 육군은 1932년 11월 로켓연구소를 설립하여 로켓 무기 개발에 열을 올리기 시작했다. 폰 브라운 주도 아래 코모스도르프 실험장에서 탄생한 최초의 로켓에는 독일어로 '동력 기관' 혹은 '조립'을 뜻하는 '아그레가트(Aggregat)'의 첫 글자를 따 A-1이란 이름이 붙었다. A-1은 발사에 실패했지만, 그 후속작 A-2는 알코올과 액체 산소를 추진제로 하여 1934년 12월 하늘로 치솟는 데 성공했다. 이는 당시의 초보적인 로켓 기술 수준을 뛰어넘는 획기적 성과다.

A-2 로켓의 성공에 관심을 나타낸 독일 공군이 개발 자금을 내놓기로 하자, 폰 브라운의 로켓 연구는 가속이 붙었다. 페네뮌데 섬에 둥지를 튼 폰 브라운은 A-1, A-2의 성과를 바탕으로 장거리 타격이 가능한 로켓 개발에 박차를 가했다. 새로운 로켓의 제원은 1차 세계대전 당시 독일군이 개발한 파리포를 기준으로 결정되었다. 수직 발사할 수 있고, 파리포에 비해 폭약 양이 100배, 사정거리가 2배에 달하

는 A-4 로켓이 설계되었으며, 이 설계를 검증하기 위해 축소 제작된 A-5 로켓으로 먼저 실험했다.

하지만 발사 실험은 여러 차례 실패로 돌아갔다. 로켓엔진 자체는 정상적으로 작동했지만, 자이로스코프에 문제가 있는 것으로 밝혀졌다. 폰 브라운 연구팀이 로켓 개발에 심혈을 기울이는 동안 독일은 폴란드를 침공해 2차 세계대전을 일으켰다. 폰 브라운은 개량된 자이로스코프를 장착한 로켓을 여러 차례 발사하면서 문제점을 개선해나갔다. 당시 자이로스코프 시스템은 로켓이 발사될 때 1분 정도 로켓의 방향을 조절할 수 있는 수준이었는데, 이게 말처럼 쉬운 것이 아니다. 최고 시속 4800km에 이르는 로켓은 순식간에 30km 상공까지 치솟는데, 시시각각 달라지는 속도와 대기의 밀도를 감안해서 안정된 궤도를 유지해야 했기 때문이다.

발사되는 V-2 로켓. 탄도탄 V-2는 V-1과 달리 연합국으로선 별다른 요격 방법이 없었다.

방어가 불가능한 무기의 탄생

A-5 실험을 바탕으로 1942년 10월 3일, A-4 로켓이 성공적으로 발사됐다. 3년 동안 설계를 6만 5000번이나 수정하며 일군 성과다. A-4 로켓은 길이 14m, 추력 25t, 상승 고도 100km, 최대 비행 거리 400km에 달했다. 전쟁이 불리하게 돌아가면서 다급해진 독일군은 A-4 로켓에 별도의 제식 명칭을 부여하여 대량생산에 돌입하니, 이것이 바로 '보복 무기 2호' V-2다. V-2는 연합군의 공중 폭격을 피하도록 이동식 발사대에서 발사할 수 있었고, 이것은 전술 면에서 큰 이점으로 작용했다.

V-2 로켓은 1944년 9월 8일, 영국을 향해 처음 발사된 이래 이듬해 3월 말까지 영국 본토와 벨기에, 프랑스를 향해 계속 발사되었다. V-2는 V-1과 달리 요격할 방법이 없어 연합군으로선 미치고 펄쩍 뛸 노

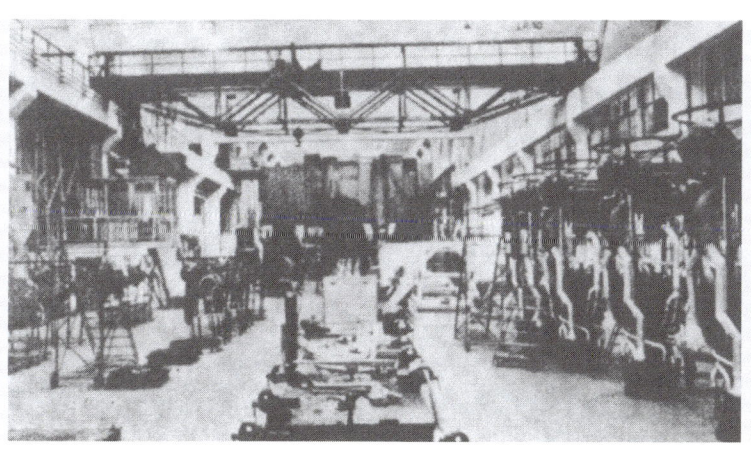

미텔바우-도라(Mittelbau-Dora)의 V-2 생산 공장. 나치 친위대가 직접 생산을 통제한 이 공장에서는 전쟁이 끝날 때까지 V-2 로켓 6000기가 생산되었다.

릇이었다. 2차 세계대전 기간에 유일하게 V-2를 격추한(?) 기록은 폭격을 마치고 돌아가던 영국 공군 B-24 폭격기의 기관총 사수가 편대 사이로 우연히 날아 올라가던 V-2 로켓을 50구경 기관총으로 사격하여 떨어뜨린 것이다. 1944년 12월에는 벨기에 앤트워프의 한 극장에 V-2 로켓이 떨어져 영화를 보던 영국군 269명이 사망하고, 196명이 부상하는 일도 벌어졌다.

전쟁 기간 동안 영국을 향해 발사된 V-2는 1400여 기로, 그 가운데 520여 기가 런던 시내에 떨어져 2700명이 죽고 6500명이 중상을 입었다. 이 수도 결코 적은 것은 아니지만, V-2 로켓의 가장 큰 피해자는 그것을 생산하던 노동자들이다. V-2 로켓 생산은 나치 친위대가 통제했는데, 종전 직전인 1945년 4월까지 V-2 6000기를 생산한 미텔바우-도라에서는 강제 노동자 2만 명이 굶주림과 질병으로 사망했다.

종전 무렵 미국은 '페이퍼클립 작전(Operation Paperclip)'으로 폰 브라운을 비롯한 독일 과학자 120여 명과 열차 300대 분량의 V-2와 그 부품을 손에 넣었고, 이것은 냉전 시대 미국과 소련 사이에 벌어진 우주 경쟁에서 궁극적으로 미국이 승리하는 데 공헌했다. 그리고 폰 브라운이 개발한 V-2는 오늘날에도 방어하기 까다로운 탄도미사일을 탄생시켰다.

빗나간 열정이 만든 인류 최대 재앙
— 현대판 '다모클레스의 칼', 원자폭탄

아인슈타인의 편지

1939년 여름, 미국 뉴욕 주 롱아일랜드에서 휴가를 즐기던 아인슈타인 박사를 찾아온 사람이 있다. 헝가리 출신의 독일 물리학자 레오 질라드(Leo Szilard)는 나치의 박해를 피해 뉴욕에 머물렀다. 그는 루스벨트 대통령에게 핵폭탄을 개발해줄 것을 청원하는 편지를 대신 써달라고 부탁했다. 질라드는 독일이 먼저 원자폭탄을 개발할지도 모른다고 불안해하며, 그런 일이 일어나면 유럽의 운명은 끝장이라고 믿었다.

아인슈타인은 망설였다. 그는 전쟁을 혐오했고, 자신이 휘말리는 것은 더욱 싫었기 때문이다. 그렇지만 질라드의 집요한 설득으로 아인슈타인은 1939년 8월 2일, 루스벨트 대통령에게 히틀러보다 미국이

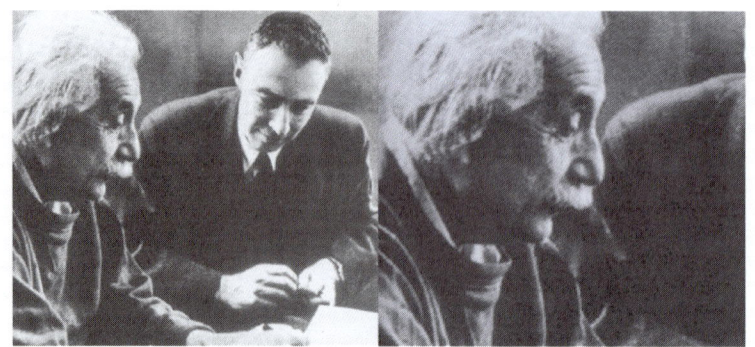
아인슈타인 박사와 오펜하이머. 두 사람은 프린스턴연구소에서 21년 동안 함께 연구원으로 근무했다.

먼저 핵폭탄을 개발해야 한다는 편지를 보냈다. 그 해 9월 1일, 독일이 폴란드를 침공함으로써 2차 세계대전의 불길이 타올랐다.

미국은 핵폭탄을 개발하기 위한 '맨해튼 프로젝트'를 1941년 12월에야 시작할 수 있었다. 천문학적인 비용이 소요되는데다 자칫 실패하는 날엔 정치적 생명까지 위협받을 수 있다는 루스벨트 대통령의 걱정 때문이다. 맨해튼 프로젝트의 책임자로는 37세의 캘리포니아공과대학 교수 오펜하이머(Julius Robert Oppenheimer)가 지명되었다.

재앙의 탄생

미국이 맨해튼 프로젝트를 추진하는 동안 독일, 일본, 소련에서도 핵폭탄 개발 계획이 진행되었다. 사실 독일은 미국보다 핵폭탄을 개발하는 데 훨씬 유리한 고지를 점령하고 있었다. 점령지인 노르웨이 중수 공장에서 만든 중수 400l를 손아귀에 넣었고, 벨기에에서는 우

1945년 7월 16일, 미국 뉴멕시코 주 앨라모고도 인근 트리니티 사이트 핵 실험장에서 인류 최초의 원자폭탄 실험이 진행됐다.

라늄 1200t을 빼앗았으며, 우라늄 235를 간단하게 분리하는 방법까지 개발했기 때문이다. 히틀러가 핵폭탄에 대해 무지했다는 점이 다행이라면 다행이었다.

일본은 1941년부터 육군 항공대와 해군이 각각 핵폭탄 개발에 착수했고, 소련은 1939년 핵물리학자 이고르 쿠르차토프가 제안해 핵무기 개발에 박차를 가했다.

그러나 핵폭탄 개발 경쟁에서 결승 라인을 가장 먼저 통과한 나라는 미국이다. 1945년 7월 16일 오전 5시 29분, 미국 뉴멕시코 주 앨라모고도(Alamogordo) 인근 사막에서 거대한 버섯구름이 하늘로 솟았다. 핵폭발 실험이 최초로 성공하는 순간이었다. 이 폭발에 따른 불꽃은 200km 밖에서도 보였을 정도다. 인류가 불을 발견함으로써 선사시대에서 문명 시대로 들어섰다면, 핵실험에 성공함으로써 인류는 또 다른 시대로 들어선 것이다.

인류 최초의 핵폭발 실험장의 이름은 공교롭게도 성부, 성자, 성령의 삼위일체를 뜻하는 트리니티 사이트(Trinity Site)다.

핵폭탄이 쓸고 간 자리

1945년 5월, 독일이 마침내 연합군에 항복했으나 일본은 여전히 마지막 숨통을 놓지 않았다. 오펜하이머와 페르미, 로렌스, 콤프턴은 일본에 핵폭탄을 투하할지 말지 결정하기 위해 한자리에 모였다. 이 자리에서 오펜하이머는 "핵폭탄은 죽음의 무기지만, 역으로 전쟁을 끝내고 인류의 평화를 가져올 수 있다"고 역설했다. 결국 미국 정부는 일본의 인구 밀집 지역에 핵폭탄을 투하할 것을 결정했다.

1945년 8월 6일 월요일 아침, 히로시마 시민이 출근 준비로 분주한 가운데 맑게 갠 하늘 위로 미 공군 509혼성비행대대 소속 B-29 폭격기 3대가 나타났다. 이 가운데 기장 폴 티비츠 대령이 자신의 어머니 이름을 따 '에놀라 게이'라고 이름 붙인 폭격기에는 길이 3m, 지름 71cm, 중량 약 4t에 이르는 원자탄 '리틀 보이'가 실려 있었다.

1945년 8월 6일 히로시마에 떨어진 원자탄 리틀 보이. 중량 약 4t에 핵분열 반응에 사용되는 우라늄 235가 63.56kg 들어 있었다.

오전 8시 15분 15초, 열린 폭탄 창을 통해 리틀 보이가 떨어지자 폭격기는 순식간에 수십 m 위로 솟구쳐 올랐다. 60°로 선회한 기체는 거의 날개 끝으로 물구나무를 선 모양이었고, 창밖으로는 저 아래 히로시마의 풍경이 빠르게 스쳐 지나갔다. 그리고 44초 후인 오전 8시 15분 59초, 리틀 보이는 히로시마 상공 570m 지점에서 폭발했다.

폭심지의 온도는 10억 분의 1초 동안 6000만 ℃로 상승했고, 폭심지에서 1km 내에 있는 모든 것을 일순간에 녹여버렸다. 이후 시속 320km에 이르는 폭풍이 건물과 사람을 쓸어 갔고, 열선과 폭풍만으로 폭발 후 몇 초 이내에 8만 명이 즉사했다. 이어 폭발 당시의 엄청난 열로 만들어진 진공 때문에 후폭풍이 시작되었다. 이 폭풍은 폭심지로 빨려들며 시내 곳곳에서 피어오르던 화염을 동반했고, 운 좋게 남아 있던 많은 생명과 건물을 태웠다.

그러나 이게 끝이 아니다. 엄청난 에너지가 있는 폭발의 충격파는 곧 히로시마 상공에 비구름을 만들었고, 이 구름에서는 끈적거리고 지저분한 비가 내렸다. 나중에 '검은 비'라고 불린 이 비에는 폭발 충격파에 휩쓸린 각종 먼지, 잔해와 함께 치명적인 방사능이 있었고, 비를 맞은 많은 사람들은 방사능 후유증으로 고통 속에 죽어갔다.

다모클레스의 칼

임무를 완수하고 돌아가는 에놀라 게이 안에서 누군가 "전쟁은 끝났다"고 소리쳤다. 부조종사 로버트 루이스는 "오! 주여, 우리가 무슨 짓을 한 겁니까"라고 부르짖으며 기도했다. 13km 높이까지 치솟은

1945년 8월 6일 히로시마에서는 11만 8661명이 목숨을 잃었고, 방사능 후유증 등으로 그 해 말까지 4만 5000여 명이 더 죽었다.

버섯구름은 에놀라 게이가 피폭 지점에서 560km를 벗어날 때까지 관측할 수 있었다.

일본 측 집계에 따르면 이날 하루 동안 11만 8661명이 현장에서 목숨을 잃었고, 방사능 낙진으로 그 해 말까지 4만 5000여 명이 더 죽었다. 희생자 중에는 일제에 징집된 군인, 징용 노무자 등 조선인 2만 명도 포함되었다.

사흘 뒤 나가사키가 두 번째 표적이 되었고, 한순간에 7만 명이 목숨을 잃었다. 일본에 핵폭탄을 떨어뜨리자고 주장한 오펜하이머는 이 신무기의 가공할 위력을 목격하고는 평생 죄책감에서 자유롭지 못했다. 트루먼 대통령을 만나는 자리에서 그는 대통령에게 "내 손에는 피가 묻어 있다"고 했을 정도다.

미국은 원폭으로 희생된 사람의 수를 원폭을 투하하지 않았을 때 발생했을 인명 손실 수와 비교해 원폭 투하를 정당화하는 경향이 있다. 또 침략자 일본은 마땅히 그 대가를 치러야 했다는 주장도 있다.

그러나 어느 순간부터 과학 기술은 인간이 그 파괴력을 통제할 수 없는 지경에 이르렀다. 핵전쟁에는 참담한 파괴가 있을 뿐, 영광도 긍지도 없다. 핵 사일로(silo)의 발사 요원이나 전략 원자력 잠수함의 승조원을 보면 군인이라기보다는 실험실의 과학자 같은 느낌을 받는다. 한 가닥 말총에 매달려 언제 그 밑에 앉은 사람의 머리 위에 떨어질 모르는 '다모클레스의 칼'처럼, 인류를 한순간에 파멸로 몰아갈 수 있는 무기를 관리하는 것도 인간이라는 사실에 가슴 한구석이 서늘해진다.

군견 칩스가
훈장을 빼앗긴 사연
― 주인을 사랑한 군견의 죄

방위를 위한 개

 동물이 전쟁에 사용된 역사는 까마득히 오래됐다. 군대는 수송이나 경계, 전령의 용도로 말과 소, 낙타, 코끼리, 개, 비둘기 등을 이용해 왔다.
 말이야 아주 오랜 시간 동안 인간의 전쟁사와 결코 뗄 수 없는 관계였고, 낙타와 코끼리도 둘째가라면 서러워할 정도로 전쟁에 자주 동원되었다. 특히 비둘기는 뛰어난 귀소 본능으로 야전 부대와 사령부의 전령 역할을 했고, 2차 세계대전 당시에는 개와 박쥐에 폭탄을 달아 적의 전차와 도시를 공격하려는 연구까지 진행되었다. 현대에 오면서 동물을 전투에 직접 사용하는 일은 줄었지만, 아직도 현역을 지키는 동물이 있으니 바로 개다.

참호전이 지루하게 이어진 1차 세계대전 당시 개들은 참호 속에서 쥐를 잡거나 탄약과 기관총을 운반하는 임무를 수행했다. 전쟁이 끝날 무렵 유럽 전선에 개 무덤이 2000기 이상 있었다니 실제로 군에서 사용한 개의 수가 적지 않았을 것이다.

미군에 K-9이라고 불리는 군견병과가 정식 창설된 때는 1942년 5월이다. 일본의 진주만 기습 직후 만들어진 '방위를 위한 개(Dogs for Defence)' 프로그램의 결실이다. 지금도 할리우드 경찰 영화를 보면 가끔 K-9이라고 쓰인 순찰차가 등장하는데, 마약이나 범죄자를 추적하는 개를 태우고 다니는 차를 뜻한다. K-9은 갯과 동물을 의미하는 'Canine'에서 유래했다.

군견은 용도에 따라 감시견, 추적견, 탐지견, 수색견 등으로 구분된다. 나라마다 다르지만 주로 셰퍼드와 도베르만, 에어데일테리어 등이 널리 사용된다.

훈장 탄 군견의 사연

2차 세계대전 당시 미국 전역의 애국심에 불타는 가정에서 셰퍼드나 콜리, 도베르만 등 주로 덩치 큰 개들을 군으로 보냈고, 전쟁 기간 동안 버지니아와 캘리포니아 등 군견 훈련소 5곳에서 배출된 군견이 무려 2만 마리가 넘었다. 그중에 뉴욕 주 플레전트빌에서 온 셰퍼드-콜리 잡종이 있었다. 칩스는 경비견으로 훈련되어 미 육군 3보병사단과 함께 북아프리카 전선으로 보내졌다.

북아프리카 전선에서 루스벨트 대통령과 처칠 수상이 회담할 장소를 수색하기도 한 칩스가 그 능력을 유감없이 발휘한 것은 연합군이 시칠리아 섬을 침공한 때부터다. 칩스는 풀숲에 숨어 미군을 노리던 이탈리아군의 기관총 진지를 발견하고 앞장서서 공격하여 포로 4명을 잡았다(개에게 항복한 이탈리아군이 어떤 심정이었을지 자못 궁금하다).

칩스는 전쟁이 끝날 때까지 북아프리카와 시칠리아, 이탈리아 본토, 프랑스, 독일에서 활약하며 추축국 포로 10명을 잡았지만, 불행히

2차 세계대전의 동물 영웅 칩스.

도 전투에서 화상을 입었다. 그러나 평소 칩스의 활약상을 똑똑히 목격한 부대장이 상부에 훈장을 상신하여 칩스는 은성훈장(Silver Star)과 퍼플하트를 받기에 이른다. 여간한 공적을 세우지 않고는 사람도 타기 힘든 훈장을 칩스는 2개나 받은 것이다.

하지만 칩스의 행운은 여기까지다. 군견은 군용 장비로 분류되기 때문에 칩스가 받은 훈장은 나중에 취소된다. 1945년 12월, 전쟁이 끝나고 3년간 복무를 마친 칩스는 뉴욕에 있는 주인 품으로 돌아갔다. 칩스에겐 훈장보다 집으로 돌아가는 것이 신나지 않았을까.

얼마 전 외신은 미군이 이라크에 파견된 군견들에게 최신형 케블러 방탄복을 지급했다고 보도했다. 특수 섬유로 만든 이 방탄복은 실탄을 막을 뿐 아니라 체온을 식힐 수 있는 냉각 팩과 낙하산을 이용할 수 있는 장구도 부착되었다고 한다. 하지만 훈장이 개에게 별 의미 없는 것처럼, 군견들이 케블러 방탄복을 입는다고 해서 별로 기뻐할 것 같지는 않다. 개들이 주인에 대한 자신의 무조건적인 애정과 신뢰가 전쟁에 이용당한다는 것을 안다면 아주 씁쓸해하지 않을까.

금강산도 식후경?
— 사기와 직결된 전투 식량의 역사

전투 식량의 신기원을 이룬 몽골 군대

 병사의 먹을거리는 예나 지금이나, 동서양을 막론하고 무기만큼이나 중요한 법이다. 아무리 잘 훈련된 군대라 해도 먹지 않고 싸울 수 있는 병사는 없기 때문이다.
 고대 로마 병사는 전시에 방패와 외투, 갑옷, 투구, 창검, 도끼, 삽, 낫, 식량, 조리 도구, 진을 치는 데 쓸 말뚝 2개를 가지고 다녔다. 이 모든 것을 합하면 35kg이 넘는다. 이것들을 메고 하루 종일 행군해서 야영지에 도착하면 땅을 파고 흙더미를 다져 병영을 만들었다. 녹초가 된 이들에게 유일한 즐거움은 아마도 누워서 저녁 식사를 하는 것이었으리라. 하지만 이 소박한 즐거움도 사소한 잘못 하나로 박탈당하기 일쑤였다. 저녁 식사 메뉴는 그날그날 갈아 만든 밀가루 빵이나 죽에 짐승 고기와 채소, 올리브오일, 시큼털털한 포도주 정도였다.

전투 식량의 중요성을 획기적으로 증명해 보인 것은 몽골 군대다. 13세기 아시아 대륙을 제패하고 유럽까지 진출한 칭기즈 칸의 몽골 군대는 말을 타고 수천 km를 이동하며 전쟁을 벌였다. 몽골 군대의 뛰어난 전투력의 비결은 바로 기동력인데, 이는 별도의 병참선을 유지할 필요가 없었기에 가능했다.

몽골군은 병사 한 사람이 말 6마리를 끌고 전쟁에 나섰다. 타고 가던 말이 지칠 때면 바로 말을 갈아타서 기동력을 유지했다. 그런데 이 말들은 몽골군에게 기동력을 제공할 뿐만 아니라 식량으로도 이용되었다. 물이나 먹을거리가 떨어지면 말을 잡아 그 피를 마시고, 고기는 육포를 만들었다.

또 안장 밑에는 미리 준비한 말고기나 양고기가 있었는데, 병사들은 말을 타고 달리는 동안 적당하게 숙성되어 납작해진 날고기를 말 위에서 먹었으며, 시간 여유가 있으면 모닥불에 구워 먹기도 했다. 유럽인에게 타타르(당시 유럽인은 터키나 퉁구스계 사람을 타타르인(Tartar)이라고 불렀는데, 사악한 영혼이 벌을 받는 지옥 타르타로스(tartarus)에서 잘못 유래된 말이다) 스테이크로 알려진 이 요리는 나중에 독일의 함부르크(Hamburg)를 거쳐 미국에 소개되면서 오늘날의 햄버거(Hamburger)로 정착한다. 물론 다진 고기를 그대로 먹지 않고 구워서 빵 사이에 넣는 식으로 변형되었지만.

몽골 군대의 전투 식량 가운데 우리나라에도 전해진 것이 있는데, 순대가 바로 그것이다. 원래 순대는 신선한 채소를 구하기 힘든 초원 지대에 사는 몽골인이 내륙 지방에서 약탈한 채소와 가축을 도축하여 소금을 뿌려 보관했는데, 그것을 담을 용기로 창자를 사용한 것이 기

타타르 스테이크는 우리나라의 육회와 비슷한 음식으로, 중앙아시아 초원 지대에서 생활하던 유목민이 말 안장에 넣고 다니던 생고기를 잘게 썰어 소금, 후춧가루, 양파, 파 등을 넣고 날로 먹은 데서 유래했다.

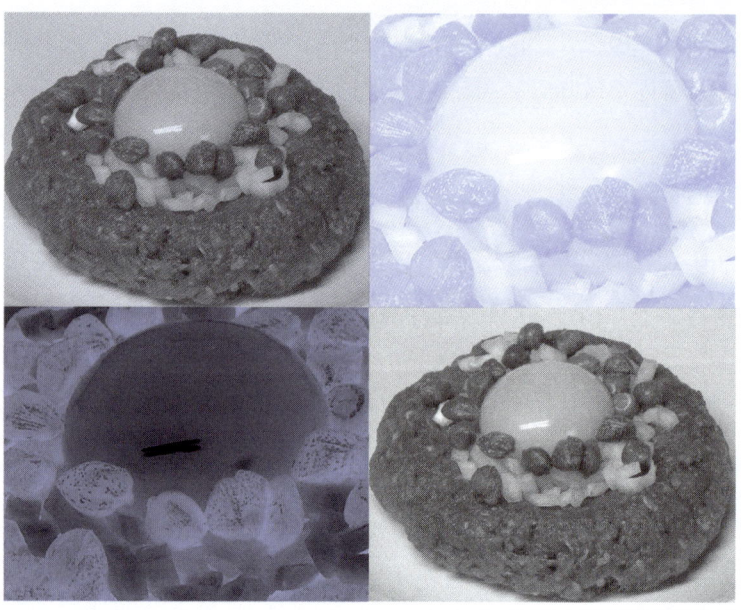

원이다. 얇은 막으로 된 창자의 껍질은 삼투압 기능을 해서 고기와 채소 같은 내용물이 상하지 않고, 비교적 오래 보관할 수 있었다고 한다 (물론 순대의 유래에 대해서는 여러 가지 설이 있지만, 불교를 숭상하던 고려 시대에는 육식이 금기시되었고 가축 도살도 아주 드물었다니 몽골이 고려를 침략했을 당시 순대가 들어왔다는 설은 상당히 신빙성 있어 보인다).

근대 전투 식량의 효시, 통조림

19세기 초 프랑스의 나폴레옹 황제는 큰 상금을 걸고 전투를 효과적으로 수행하기 위한 식품 저장과 포장 방법을 공모했다. 전투가 오랜 시간 이어지면서 병사들이 신선한 식품을 제대로 먹지 못해 사기가 떨어지고 갖가지 질병에 시달렸기 때문이다.

이 무렵 파리 변두리에 있는 식당의 요리사 니콜라 아페르(Nicolas Appert)는 조리한 식품이 날것보다 오랫동안 저장할 수 있다는 사실을 알았다. 그는 조리한 당근과 양배추, 양파 등을 샴페인 병에 넣고 뚜껑을 밀봉한 다음, 병을 다시 한 번 끓는 물에 담그는 실험을 통해 식품이 변질되지 않는다는 것을 확인했다. 아페르는 자신의 연구 결과를 '음식을 고열 처리한 뒤 병에 넣어 밀봉하는 것'이라는 명칭으로 공모에 출품했다. 많은 출품작 가운데 아페르의 병조림을 채택한 프랑스군은 이 식품을 대량생산 해서 나폴레옹 군대에게 보급했다.

그런데 당시 프랑스와 전쟁을 벌이던 영국은 빠른 기동력으로 신출귀몰하는 프랑스 군대 때문에 골머리를 앓았다. 프랑스군의 경이적인 행군 속도(다른 나라 군대의 평균 속도는 분당 70보인데 프랑스군의은 분당 120보에

니콜라 아페르와 그가 처음 고안한 병조림 용기. 주둥이가 큰 병에 익힌 음식물을 넣고 공기를 뺀 다음 촛농과 코르크 마개로 밀봉하는 방식으로, 아페르는 상금 1만 2000프랑을 받아 대량생산 공장을 세웠다.

달했다)는 음식 조리 시간을 획기적으로 개선한 데서 나온 것이라는 결론을 내린 영국군은 프랑스의 병조림을 벤치마킹한 전투 식량 개발에 전력했다.

음식을 장기 저장할 수 있는 병조림이 획기적이기는 하지만, 깨지기 쉽다는 단점이 있었다. 총탄이 오가고 포탄이 터지는 전쟁터에서 이것은 치명적이다. 그때 런던의 기계공 피터 듀란드(Peter Durand)가 여러 차례 시행착오 끝에 주석 깡통(tin canister : 우리가 '캔'이라고 부르는 통조림은 여기에서 비롯된 단어다)을 이용한 통조림을 발명했다. 듀란드가 만든 통조림은 곧 시장을 주도하며 군용 식품의 대명사가 되었다. 식품을 장기 저장하면서도 휴대와 조리까지 간편한 통조림은 군대뿐만 아니라 인류의 음식 문화에 지대한 영향을 끼친다.

맛보다는 보존성, 건빵 '유감'

또 다른 전투 식량의 대명사 건빵은 그 역사가 고대 로마군까지 거슬러 올라간다. 밀가루는 쉽게 변질되어 당시 군대가 전쟁에 나설 때는 껍질을 벗기지 않은 밀알 형태로 가지고 다녔다.

그런데 서양인의 주식인 빵은 야전에서 만들어 먹기에 녹록치 않은 식품인데다(밀알의 껍질을 벗기고, 빻고, 반죽하고, 발효시켜서 빵이 나오기까지 드는 시간과 노력이 결코 만만치 않다), 구운 빵의 보존성도 좋지 않았다. 그래서 고안한 것이 건빵의 원조쯤 되는 비스킷(biscuit)이다. 다만 당시의 비스킷은 밀가루 반죽에 소금을 약간 넣고 수분이 거의 없는 상태로 구워, 밀가루로 만든 벽돌 수준이었다. 보존성을 극대화한 만큼 1년 이상 장기 보관도 가능했다.

영국 육군에서는 비스킷, 해군에서는 '하드 브레드(hard bread)' '십 비스킷(ship biscuit)'이라고 불린 비스킷은 얼마나 단단한지 몇 달을 바다 위에서 보내야 하는 해군들은 신선한 채소를 거의 먹지 못해 비타민 C 부족에서 오는 괴혈병 때문에 딱딱한 비스킷을 먹다가 이가 부러지는 일이 비일비재했다.

18세기 영국 해군은 보완책으로 염장한 쇠고기나 돼지고기를 바닷물에 삶아 딱딱한 비스킷과 함께 배식했다. 그렇다 해도 한두 끼야 그러려니 먹어보겠지만, 몇 달이 걸릴지 모르는 항해 기간 내내 이걸 먹는다고 생각하면 한숨이 절로 나왔을 것이다. 이 비스킷에 비하면 우리 군에서 지급하는 건빵은 제과점의 고급 과자 축에 속한다.

비스킷은 미국의 남북전쟁을 거치면서 건빵(hardtack)이란 이름이 붙는데, 이것도 단단하긴 마찬가지였다. 오죽했으면 당시 북군이 부르던 군가 〈건빵〉 가사 중에 '내 친구가 배고파서 군대에 갔는데 식탁에서 떨어진 빵에 맞아 죽었대요'라는 구절까지 있었을까. 도저히 그대로는 이도 들어가지 않아 개머리판이나 돌로 부수어 커피에 적셔 먹었는데, 가끔 내리치는 돌이 부서지는 일도 있었다.

미군의 전투 식량 현대화 전략

삶과 죽음이 한 끗 차이로 오가는 전쟁터에서 음식의 맛이나 질을 따지는 것이 사치스럽게 느껴질 수도 있지만, 따뜻한 식사 한 끼는 병사의 사기에 큰 영향을 미친다. 군대에서 지급되는 식사는 통상적으로 주둔지의 병영에서 제공하는 식사(garrison ration), 전투 상황에서 제공되는 야전식(combat ration), 환자를 위한 병원식이나 항공기 승무원 등을 위한 특수식 등으로 분류된다.

주둔지를 벗어나 야전에서 전투를 수행하는 군대에게 공급되는 식사에는 몇 가지 고려할 사항이 있는데, 이동이 쉬우면서도 바로 먹을 수 있는 간편함과 고른 영양, 병사의 사기 진작을 위한 맛과 적절한 양이 바로 그것이다. 그런데 지난 세기까지도 이런 기준을 지킬 방법이 없어서 군대는 주변에서 구할 수 있는 모든 것을 긁어모아 식사를 제공했다. 남북전쟁 당시 북군의 한 장교는 아내에게 보낸 편지에 다음과 같이 적었다.

'아침은 빵, 커피, 베이컨이었고, 점심은 커피, 빵, 베이컨이었으며, 저녁은 베이컨, 커피, 빵이었소.'

미국 남북전쟁 당시의 식사 모습. 단조로운 식단에서 벗어날 수 없었다.

단조로운 식단은 병사들의 원성을 샀을 뿐만 아니라, 전투력을 유지하는 데도 큰 영향을 미쳤다. 그러던 차에 통조림이 발명되고 공장에서 규격화된 식품이 공급되자 병사들의 식생활이 가히 혁명적으로 바뀌었다. 물론 이 식품을 전장의 병사에게 전달하는 병참 시스템의 발달도 큰 역할을 했다. 병사들은 이제 야전에서 닭이나 돼지를 잡는 수고를 하지 않아도 되고, 통조림을 따서 입에 넣기만 하면 배고픔을 해결할 수 있었다. 1차 세계대전을 거치면서 거대 공업국 미국이 대량생산 하는 통조림은 연합군의 전력상 우위를 상징하는 것이었다.

그 후 미군은 야전 취사 설비가 필요치 않은, 병사 개개인에게 지급되면서도 표준화된 다양한 메뉴를 제공할 수 있는 통조림 식품을 개발했다. 요즘도 군용 식량의 대명사로 불리는 C레이션(U. S. Army Field Ration C)이 그것이다. 하루 분에 해당하는 주식 통조림 6개(고기 3, 빵이나 시리얼 3)와 담배, 껌, 성냥 등이 포함된 액세서리 팩으로 구성된 C레이

현재 사용되는 미군의 MRE(Meal Ready to Eat)는 즉석 취식이 가능한 대표적인 전투 식량이다.

션은 병사들의 큰 호응을 얻었다(시레이션이 대표적인 전투 식량이긴 하지만, 2차 세계대전 당시 미군이 공급한 전투 식량의 종류는 다양하다).

애국심으로 달게 먹은 'K레이션'

2차 세계대전 후에는 MCI(Meal Combat Individual)라는 이름으로 개량된 미군의 전투 식량이 베트남전을 치르면서 동맹군인 한국군에게도 공급되었는데, 찰기 없는 안남미로 지은 밥에 통조림 속의 쇠고기 스테이크 등으로 국이나 찌개를 끓인 식단 때문에 우리 병사들은 고역을 치렀다. 특히 푹푹 찌는 정글에서 작전 중에 먹는 밍밍하고 느끼한 미군의 레이션은 우리 병사들에게 악몽이었다. 입맛이란 의외로 보수적이어서, 병사들은 느글거리는 속을 달래줄 김치와 고추장이 그리웠다.

우여곡절을 거쳐 1967년, 꿈에도 그리던 김치 통조림이 베트남에 도착했다. 당시만 해도 통조림 생산 능력이 떨어져서 몇 달 걸려 전선에 도착한 김치 통조림은 벌건 녹물이 흘러나오기 일쑤였지만, 한국군은 '고국에 있는 부모가 재배한 배추로 만들었으니, 이걸 먹어야 1달러라도 조국에 돌아간다'는 생각에 김칫국물 반 녹물 반인 통조림을 달게 먹었다. 지금 생각하면 가슴이 짠해지는 풍경이다. 이때 개발된 속칭 'K레이션'에는 김치, 깍두기, 된장, 꽁치 등이 담겨 있었다.

전장에서는 죽음에도 순서가 있다

— 야전 의료 시스템의 역사

발전 속도가 가장 더딘 야전 의료 분야

동서고금을 막론하고 전쟁에서는 전사자와 부상병이 나오게 마련이다. 의학이 발달하지 않은 고대에야 말할 것도 없고, 불과 200여 년 전만 해도 체계적인 야전 의료 시스템이 갖춰지지 않아 부상병의 생사는 운에 맡겨야 했다. 심지어 이발사가 부상자의 운명을 좌우하기도 했다. 서구에서는 꽤 오랫동안 부대를 따라 종군한 이발사가 외과 수술을 하는 군의관 역할까지 수행했기 때문이다.

화기의 살상력이 커짐에 따라 부상병의 상처도 점차 치명적이었지만, 의학의 발달은 더디기만 했다. 근대까지도 총탄이나 포탄 파편에 맞아 팔다리에 심각한 골절이 발생했을 때 최선의 치료는 수족을 잘라내는 것이었다. 야전에서 부상자에게 행한 수술 가운데 4분의 3이

절단 수술이었다. 오죽했으면 미국의 남북전쟁 당시 군의관을 의미하는 속칭이 톱(saw)과 뼈(bones)를 합성한 '소본스(sawbones)'였을까.

19세기까지는 야전에서 제대로 마취를 한다는 것 자체가 언감생심이었다. 운이 좋으면 독한 술 몇 방울 삼키게 하거나, 여의치 않을 때는 나뭇가지를 입에 꽉 물려놓고 팔다리를 잘라냈다(종종 총알을 입에 물리기도 했는지 영어에는 'bite the bullet', 즉 '총알을 입에 물다'라는 표현도 있다).

나폴레옹전쟁(Napoleonic Wars) 당시에는 군의관 한 사람이 하루에 수족 절단 수술을 200여 차례 했다는 기록도 있다. 평균 7분마다 수술한 것이니, 당시 군의관은 의사라기보다는 푸줏간 주인에 가까웠을 듯하다.

수술 받는다 해도 살아나리란 보장이 없었다. 페니실린이 발명된 것이 2차 세계대전 중이니, 그 전에는 수술을 해도 부상자의 생사는 전적으로 하늘에 달린 일이었다. 수술 후 과다 출혈이나 파상풍, 수술열(surgical fever) 등 2차 감염으로 죽어간 병사들도 부지기수였다.

1865년 조셉 리스터(Joseph Lister)가 석탄산을 이용한 소독법을 알렸지만, 야전에서는 이마저도 사치스러운 일이었다. 수술 부위를 소독하기는커녕 피가 흘러내리는 수술대나 수술 기구도 찬물에 휙 헹궈서 다시 사용하는 것이 일반적이었다. 오늘날 병원에서도 2차 감염으로 사망하는 환자가 많다는 사실을 감안하면, 과거 전쟁터의 의료 수준은 재앙이라 해도 과언이 아니다. 19세기 중반에 벌어진 크림전쟁에서는 70만 명이 넘는 병사가 목숨을 잃었는데, 전사자는 그 가운데 20%에 불과하고, 나머지는 병에 걸리거나 부상이 덧나서 죽은 이른바 '병원병'의 희생자다.

군 의료 시스템의 혁명, '치료 순서 정하기'

이런 참극이 벌어진 가장 큰 원인은 군대의 의료 시스템 자체가 낙후했기 때문이다. 12세기 십자군전쟁 당시 성지 순례자들을 구호하기 위해 조직된 병원 기사단(Knights Hospitaller) 같은 특수한 경우가 있기는 하지만, 통합적인 전장 의료 시스템이 만들어진 것은 훨씬 훗날의 일이다. 그리고 통합 의료 시스템의 발달이 더딘 가장 큰 원인은 긴 세월 동안 유럽의 군대 운영 방식이 연대 단위에 머물렀기 때문이다. 그 결과 부상병을 구호하고 후송하는 임무는 연대 단위에서 비전문가가 맡게 마련이었다. 게다가 야전의 열악한 위생 환경과 기초 의약품 부족은 전쟁터를 말 그대로 지옥으로 만들었다. 인류가 전쟁을 벌이기 시작한 이래, 이런 상황은 수천 년 동안 크게 달라지지 않았다.

촌각의 차이로 생사가 결정되는 전쟁터에서 부상자의 상태에 따라 치료의 우선순위를 정해야 한다는 개념이 생긴 것은 불과 200년 전의 일이다. 그 전에는 부상자의 계급에 따라 우선순위가 결정되었다.

나폴레옹 군대의 군의관 도미니크 라리(Dominique Jean Larrey)는 전투에서 대량으로 사상자가 발생했을 때 상처의 정도에 따라 부상자를 분류하고 치료해야 한다는 개념을 도입했다. 부상자를 '회복이 불가능한 집단' '치료를 받으면 회복될 수 있는 집단' '치료를 받지 않아도 회복될 수 있는 집단'으로 나눈 것이다. 나폴레옹 원정에 거의 다 동반한 그는 일생 동안 25차례 참전하여 대규모 60회, 소규모 400회 이상 전투를 치렀고, 3번이나 부상을 당한 경험이 있는 유능한 외과 의사다. 치료 우선순위에 따른 부상자 분류라는 뜻의 영어 단어 트리아지(triage)도 라리가 시도한 부상자 '분류'라는 뜻의 프랑스어 트리에

프랑스 군의관 도미니크 라리는 치료 우선순위에 따라 부상자를 분류했다. 이 방식에 따라 부상병을 다루었기에 사망자 수를 최소한으로 줄일 수 있었고, 나폴레옹이 승리하는 데 일등 공신 역할을 톡톡히 해냈다.

르(trier)에서 유래한 것이다.

  치료 우선순위는 이후에 벌어진 전쟁에서도 그대로 적용되었다. 부상자의 상태에 따라 우선순위를 정하는 것이 얼핏 비정해 보이지만, 한정된 의료 인력과 자원으로 최선의 결과를 얻기 위해선 불가피한 측면이라고 할 수 있다.

  야전 의료 역사에서 라리의 커다란 업적은 한 가지 더 있다. 바로 환자 후송에 앰뷸런스를 본격적으로 도입한 것이다. 오늘날 구급차에 비하면 늦것을 실은 수레에 불과하지만, 이 수레는 '나는 앰뷸런스(frying ambulance)'라 불리며 프랑스 군인의 사기를 증진하는 데도 단단히 한몫을 했다.

  라리가 도입한 앰뷸런스는 미국 남북전쟁에서도 운용되었는데, 말이 끄는 마차 대신 엔진이 장착된 자동차 형태의 앰뷸런스가 탄생한 것은 1895년 파리 만국박람회 때다. 당시 등장한 앰뷸런스는 엔진이

라리의 '나는 앰뷸런스'. 오늘날 야전 구급차의 원조 격이다.

달린 차와 침대를 장착한 트레일러가 연결되어 앞쪽 차에는 운전자와 의사가, 뒤쪽 트레일러에는 환자와 간호사가 탔다. 1900년 프랑스 육군이 이 동력 구급차를 처음 채용했으며, 곧이어 터진 1차 세계대전에서 앰뷸런스는 수많은 부상병의 목숨을 구하는 일등 공신이 되었다.

한국군의 만병통치약, '빨간약과 아스피린'

2차 세계대전 기간 동안 미군이 이동외과병원(Mobile Army Surgery Hospital, MASH)을 설치하고, 야전에서 의무병의 응급처치 활동을 확대하여 부상병의 생존율을 획기적으로 높였다. 또 베트남전에서는 부상병을 이송하는 데 헬리콥터를 사용함으로써 2차 세계대전 당시 환자가 치료받는 데 소요되던 12~18시간이 2시간 이내로 대폭 단축되었다. 부상자 분류 방식도 즉각, 지연, 최소, 기대 처치 환자군으로 더 세분화해서 오늘날까지 이어지고 있다.

그렇다면 오늘날 우리 한국군의 의료 수준은 어떨까. 많은 전문가는 군의관이 부족하지는 않지만, 시설과 장비는 한참 낙후됐다고 입을 모은다. 일선 사단 소속 의무대는 말할 것도 없고, 이동외과병원이나 군단급 야전병원의 장비도 확충해야 한다는 지적이다. 시설이 제대로 된 병원이라면 살릴 수 있는 환자가 의료진과 장비가 그나마 갖춰진 수도병원으로 후송되다가 상태가 악화되어 목숨을 잃었다는 이야기가 심심치 않게 들린다. 전장에서 원격 수술을 할 수 있는 로봇 의무병을 개발하는 미국 수준은 바라지도 않지만, '빨간약과 아스피린'이 만병통치약으로 통할 만큼 의료 사각지대에서 고통 받는 우리 군인들에게 기본적인 의료 서비스를 제공하는 것은 군복을 입은 국민에 대한 최소한의 의무가 아닐까.

왼쪽 2차 세계대전 당시 이탈리아 전선에서 미군 의무병이 응급처치를 하고 있다. **오른쪽** 베트남전부터는 부상병을 이송하는 데 헬리콥터가 사용되어 후송 시간을 크게 줄였다.

'뽕' 맞은 전사들
— 전쟁의 우울한 이면, 약물

'바이킹 파워'의 비밀

중세 시대 서양에 무자비한 싸움과 약탈 등으로 유럽을 공포에 떨게 한 바이킹. 원래 기골이 장대한데다 잔인하고 사납기로 소문난 바이킹 전사들은 잉글랜드와 아일랜드, 프랑스, 에스파냐, 러시아 등 발길이 닿는 곳마다 도시와 마을을 폐허로 만들었다. 바이킹 군대의 선두에는 언제나 베르세르크(berserk)라는 전사들이 있었다. 베르세르크는 고대 스칸디나비아어로 '털옷'을 뜻하는데, 이들은 갑옷도 걸치지 않고 전투의 선봉에 서서 미친 듯이 전투용 도끼를 휘둘러 적에게는 공포의 대상이었다.

베르세르크는 무속 숭배자들이 대부분인데, 늑대나 곰의 털로 만든 옷을 입으면 전장에서 초인적인 능력을 발휘한다고 믿었다. 이들의

해안에 상륙하는 바이킹 전사들. 중세 유럽의 세력 판도에 큰 영향을 미친 이들은 항해뿐만 아니라 전투에도 일가견이 있었다.

종교 의식에는 환각 성분이 함유된 광대버섯(Amanita Muscaria)을 먹인 순록의 오줌이 사용되었다. 순록의 오줌에는 버섯에 함유된 암페타민(흔히 필로폰이라고 부르는 메스암페타민도 암페타민 종류다)이 축적되었는데, 이 성분이 강력한 흥분제로 작용한 것이다.

암페타민은 인체에 흡수되면 중추신경과 교감신경을 흥분시켜 피로와 통증을 덜 느끼게 하고, 반사 신경을 빠르게 해서 평소보다 민첩하고 강한 힘을 발휘하게 해준다. 바이킹은 평소에 순록의 오줌을 모아두었다가 전투를 앞둔 베르세르크에게 먹였다. 어쩌면 바이킹 군대의 엄청난 전투력의 비결이 마약에 있었는지도 모르겠다.

사실 전쟁에서 알코올과 약물의 힘을 빌려 병사들의 사기를 진작한 사례는 동서고금을 막론하고 흔히 찾을 수 있다. 바이킹 전사들이 활약한 시대보다 훨씬 이전인 고대 이집트와 아시리아 병사들은 전투에 나설 때 아편 성분이 든 약을 마셨으며, 잉카 전사들은 수백 km를 행

광대버섯은 색깔이 화려한 대형 독버섯으로, 환각 성분이 다량 함유되었다.

군할 때 코카 잎을 씹으며 쏟아지는 졸음과 피곤을 이겨냈다(약물보다는 술이 빈번히 사용되었는데, 석회암 지질이 대부분이라 수질이 좋지 않은 유럽에서 술은 식수나 마찬가지였다).

각성제의 힘으로 싸운 2차 세계대전

2차 세계대전 당시, 일본의 대일본제약(大日本製藥)은 메스암페타민에 '필로폰'이라는 상표를 붙여 군인과 노동자에게 제공했다. 졸음을 쫓고 피로감을 없애준다는 이 약은 신문 광고까지 내가며 폭넓게 판매되었고, 전투 의욕과 생산 능력을 높이는 수단으로 사용되었다. 특히 일본 군부는 필로폰을 곱게 다진 찻잎과 혼합해 만든 정제를 자살 공격에 나서는 가미카제 조종사에게 먹임으로써 죽음에 대한 공포를 잊게 만들었다.

나치 독일도 전쟁 초기 폴란드 침공에 참가한 운전병들에게 실험

차원에서 퍼비틴이라는 알약을 먹인 이래 전쟁 기간 내내 이 약을 보급했다(오늘날까지 '스피드'라는 이름으로 유통되는 퍼비틴 역시 메스암페타민 성분이 함유되었다). 퍼비틴을 먹은 병사 중에 우울증과 과도한 발한 증상이 나타나고, 심지어 사망한 사례까지 보고되었지만, 독일군 내에서 수천만 정이 남용되었다. 독일 해군의 의약품 취급 기준에 '퍼비틴은 고도로 차별화된 강력한 각성제며, 언제든 자신의 한계 내에서 평균 이상의 성과를 낼 수 있게끔 병사를 적극적이고 효과적으로 도와주는 수단'이라고 명시했을 정도다.

연합군 측에서도 야간 비행에 나서는 조종사들에게 졸음을 쫓기 위해 각성제를 투여했다는 기록이 있다.

미군의 오폭이 잦은 이유

강력한 중추신경 흥분제인 암페타민은 1887년부터 각성제나 식욕억제제로 사용되었는데, 인체에서 아드레날린을 평소보다 많이 분비시켜 흥분 효과를 일으킨다. 이 효과는 최장 24시간까지 지속되지만, 약효가 사라질 때는 심한 우울증이 나타난다. 암페타민을 장시간 남용하면 환시나 환청, 영구적인 뇌 손상, 정신 질환과 같은 치명적인 결과를 가져오기도 한다. 이 때문에 오늘날에는 의료용으로도 거의 사용하지 않는 추세지만, 미군에서는 아직도 암페타민을 군사적 용도로 처방한다.

2003년 4월 17일, 아프가니스탄 칸다하르 인근 지역에서 야간 사격 훈련 중이던 캐나다 보병의 머리 위로 미 공군 F-16 전투기에서 투하

2003년 4월 17일 아프가니스탄 칸다하르 인근 지역에서 미 공군기의 오폭으로 사망한 동료의 관을 옮기는 캐나다 병사들.

한 레이저유도폭탄이 떨어졌다. 아군에 대한 오폭이었다. 이 사고로 캐나다군 4명이 사망하고, 8명이 시력이나 청력을 잃는 중상을 입었다. 이날의 사고는 캐나다군의 기관총 사격 섬광을 대공 사격으로 오인한 미군 조종사들이 폭탄 공격을 하면서 일어났다.

미군과 캐나다군의 합동 조사 결과, 당시 미군 조종사들은 지상 병력이 아군인지 적군인지 확인할 때까지 기다리라는 명령을 받았는데도 이를 지키지 않았다는 것이 밝혀졌다. 조종사들이 지상의 불빛을 발견하고 폭탄 투하 버튼을 누를 때까지 걸린 시간은 30초 남짓. 또 조종사 가운데 1명은 임무 수행 2시간 전에 약물 5mg을, 다른 1명은 비행하기 불과 1시간 전에 10mg을 복용한 사실도 드러났다. 더구나 이들은 상관에게 정기적으로 암페타민 정제를 복용하라는 '권유'를 받았다.

현재 미군 군의관이 조종사들에게 처방하는 각성제는 암페타민 성분이 든 덱세드린(Dexedrine)이다. 영국의 제약회사 글락소 스미스클라인이 제조한 이 약은 원래 기면발작증(수면과다증 : 충분히 잠을 잤는데도

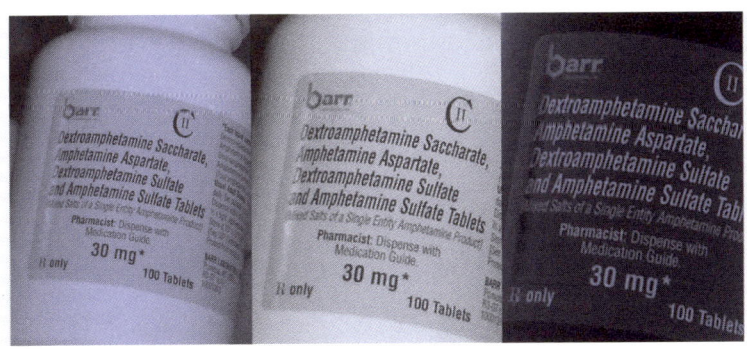

기면발작증 치료제 덱세드린. 이 약품은 코카인, 모르핀과 같이 중독성이 있어 남용될 가능성이 높다.

갑자기 잠에 빠져드는 질환으로, 심한 경우 식사나 운전 중에 잠들기도 한다) 치료제로 사용되는데, 미군은 주의력을 향상시키고 피로를 덜어준다며 조종사들에게 처방한다.

그런데 덱세드린의 부작용으로 편집증, 공격 성향 증가, 과대망상과 환각 등 특이 반응이 보고되고 있다. 미 공군의 군의관 지침서에도 덱세드린이 병적 쾌감, 우울증, 중독 등을 유발할 수 있다고 명시되었다. 그런데도 미 공군은 장거리 비행을 해야 하는 조종사나 야간 작전에 동원된 조종사들에게 덱세드린을 처방하고 있다.

'아주 이상한 관행'

미 공군 당국은 약물 복용은 전적으로 조종사 개인이 선택할 문제며, 강제적인 것이 아니라고 항변하고 있다. 그러나 칸다하르 오폭 사건 조사 과정에서 밝혀진 바와 같이 각성제 복용을 거부할 경우 특정 임무에서 배제되어 자신의 경력에 불이익이 될 것을 두려워하는 조종사들이 대부분 덱세드린을 복용한다. 이것은 미군의 가장 강력한 동맹군인 영국군도 이해하기 어려운 모양이다. 전 영국 공군 조종사 팀 가든은 〈가디언(The Guardian)〉 인터뷰에서 미 공군의 약물 복용을 "아주 이상한 관행"이라고 했다.

문제는 덱세드린을 복용한 조종사들이 저지를 수 있는 과잉 공격 행동이다. 실제로 참전 조종사의 65%(특정 임무에 동원된 부대는 소속 조종사의 95%)가 덱세드린을 복용한 걸프전 당시, 미군과 연합군의 전체 사망자 가운데 4분의 1은 미군기의 오폭에 희생되었다. '테러와 전쟁'의 주 무대가 된 이라크와 아프가니스탄에서도 오폭에 따른 무고한 희생자가 끊이지 않는다. "미군기는 우리가 동맹군임을 확인할 수 있는 거리까지 다가와서는 미친 카우보이처럼 우리를 공격했다"는 어느 영국 병사의 증언은 차치하고라도, 애꿎은 결혼식장에 폭탄이 떨어져 줄초상이 나거나 무고한 민간인이 사는 마을이 흔적도 없이 사라지는 일이 비일비재한 걸 보면 미군 조종사들에 대한 도핑 테스트라도 해야 하는 건 아닌지 모르겠다.

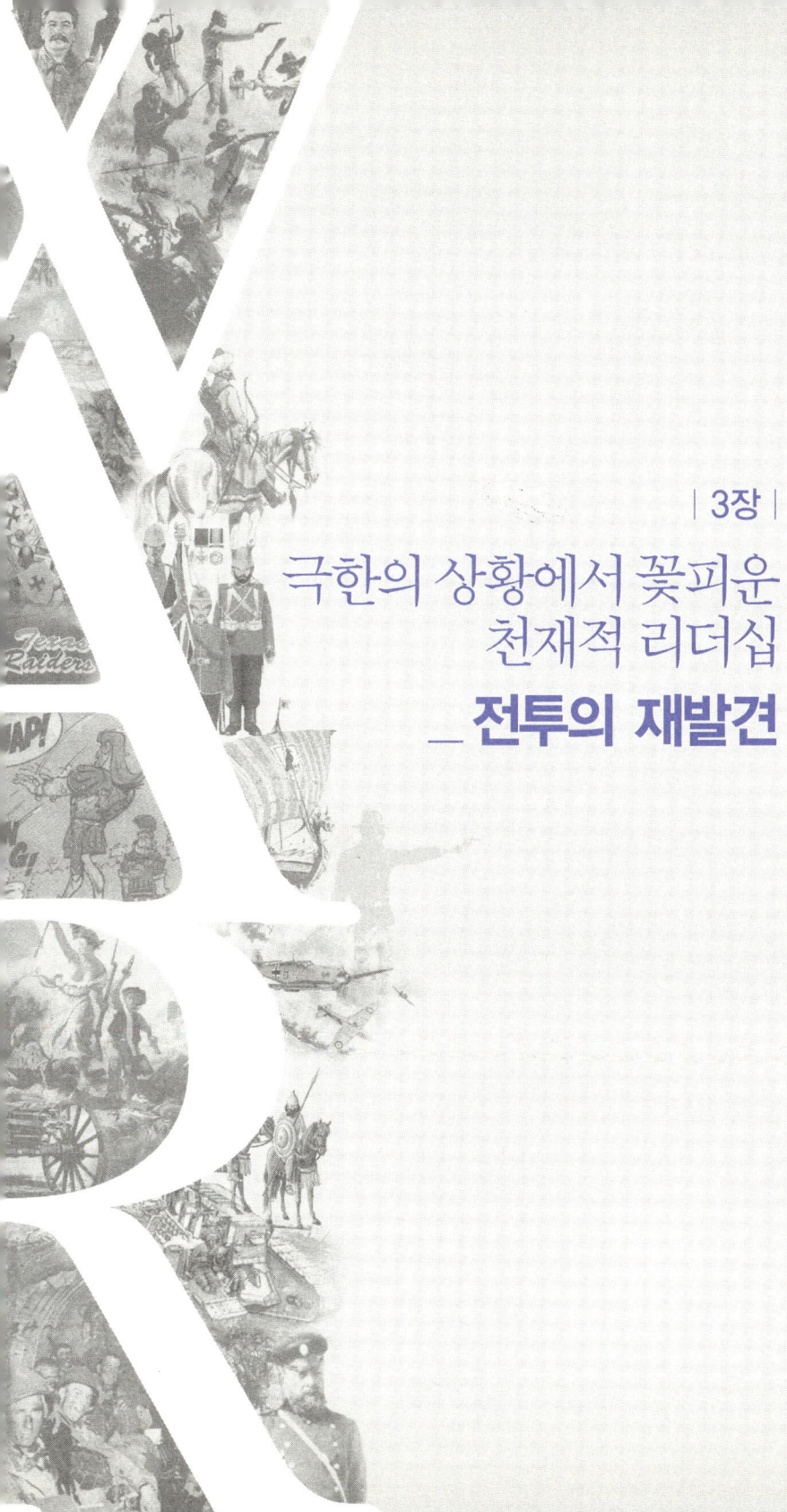

| 3장 |

극한의 상황에서 꽃피운 천재적 리더십
_ 전투의 재발견

 한니발, 세계 최강 로마군을 전멸시키다
— 포위 섬멸전의 교과서, 칸나에전투

결전의 순간

기원전 216년 8월 2일, 이탈리아 남부 아프리아 지방의 칸나에 평원에서 한니발 장군이 이끄는 카르타고군과 로마군이 격돌했다. 2년 전 로마를 굴복시키기 위해 알프스 산맥을 넘어 이탈리아 반도에 진출한 카르타고군은 트레비아와 트라시메노 호수 전투에서 로마군에게 엄청난 피해를 줬다.

다급해진 로마 원로원은 루키우스 아이밀리우스 파울루스와 가이우스 테렌티우스 바로를 집정관에 임명하여 로마 군단 8만 명의 지휘를 맡겼다. 하지만 로마군의 두 지휘관은 서로 생각이 달랐다. 파울루스는 내심 한니발과 정면 대결을 피하고 싶어했지만, 바로는 결전을 바란 것이다.

로마를 굴복시키기 위해 코끼리를 이끌고 알프스 산맥을 넘어온 한니발과 카르타고군은 기원전 216년 8월, 칸나에 평원에서 로마군과 대적한다.

    8월 2일 아침, 예비대 1만 명을 남겨두고 로마군 7만 명이 칸나에 평원에 전개했다. 주력인 중장 보병은 중앙에, 경장 보병은 그 앞쪽에 배치했고, 우측에 로마 기병 2800기, 좌측에 동맹국 기병 4800기가 자리 잡았다. 이때 기병은 어디까지나 보병을 보조하는 역할이었고, 로마군은 중장 보병을 이용해 카르타고군의 중앙을 돌파할 계획이었기에 중앙에 병력을 밀집시킨 것이다.

    보병 4만 6000명과 기병 8000명을 거느린 카르타고군의 진영도 로마군과 같았다. 가운데 중장 보병, 전면에 경장 보병, 양 날개에 기병을 배치한 것이다. 다만 중장 보병의 대열을 일직선이 아니라 활처럼 휜 모양으로 배치해 중앙부의 종심을 깊게 만들었다. 로마군이 중앙의 보병 대열을 강화한 것을 알아차린 한니발은 중앙에서 로마군의 주력을 붙잡고 있는 사이에 적의 양 날개를 돌파하여 로마군 전체를 포위하려는 의도였다. 때문에 카르타고군 중앙에는 정예병이라고 할 수 없는 에스파냐와 갈리아 출신 보병을 배치하고, 북아프리카 출신

최정예 보병은 양 날개에 배치했다. 그리고 로마군에 비해 훈련이 잘 되고 수적으로도 우세한 기병대를 활용해 결정적인 순간에 로마군을 배후에서 공격할 계획을 세운 것이다.

세계 최강 로마군의 굴욕

전투 초반에는 로마군에게 다소 유리하게 진행되는 듯 보였다. 전력에서 우세한 로마군의 중장 보병이 카르타고군의 보병 전열을 돌파, 전진하면서 중앙 부분을 압박했다. 그런데 로마군이 카르타고군의 중앙 활처럼 휜 부분에 다다르자 전진 속도가 다소 느려졌다. 이때를 놓치지 않고 카르타고군 좌익 기병이 우세한 전력으로 로마군 우

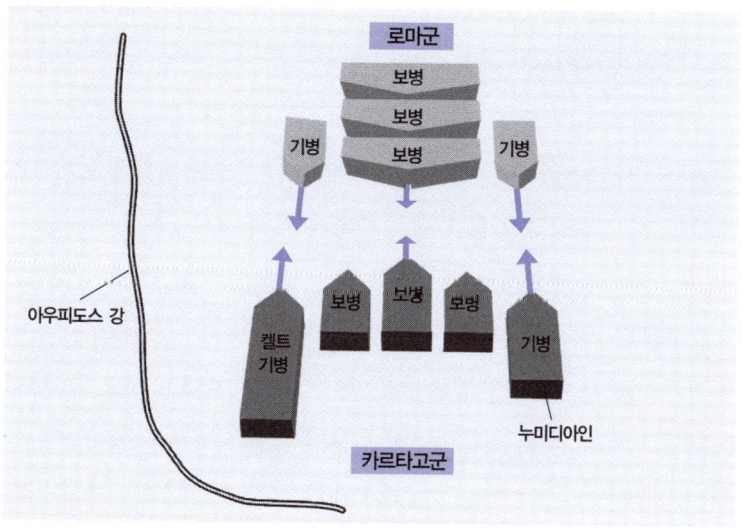

로마군과 카르타고군의 배치도.

익 기병을 압도하여 이들을 패주시켰고, 카르타고 우익 진영에서는 양군의 기병이 팽팽하게 전투를 벌였다. 아군의 전열 중앙이 밀리는 것을 본 한니발 장군은 양쪽 끝의 카르타고 보병을 전진시켜 로마군 전열의 양 날개를 압박했다.

한편 로마군 우익 기병을 패주시킨 하스두르발이 지휘하는 카르타고 좌익 기병은 바로 방향을 바꿔 카르타고 우익 기병과 함께 로마 동맹군 기병을 협공했다. 카르타고 기병에 비해 약세인 로마 동맹군 기병은 얼마 안 가 패주하기 시작했는데, 카르타고 기병은 도망치는 로마군을 쫓지 않고 로마군 중앙의 후방으로 돌입했다.

당시 전황을 보면 로마군 중앙 전력은 거의 카르타고군 중앙을 돌파하고 있었으나, 보병 양 날개의 전력은 카르타고군이 우세하여 로마군은 전진하지 못했다. 이 시점에서 로마군 중앙은 V자 모양이 된 것이다. 바로 이때 양 날개의 로마와 동맹국 기병을 패주시킨 카르타고 기병이 후방에서 공격해 들어왔다. 원래대로라면 로마군의 밀집방진은 기병에 대해서도 충분한 방어력이 있었지만, 카르타고군의 중앙을 돌파하기 위해 모든 전력을 앞으로 집중시켰기 때문에 배후의 공격에는 속수무책일 수밖에 없었다. 별안간 배후를 공격당한 로마군은 공황에 빠져 밀집하기 시작했고, 중앙에 있던 병사들은 몰려드는 동료 병사들에 깔려 압사당했다.

로마군은 이 전투에서 최고 지휘관 파울루스가 전사하고 6만 명이 죽거나 다쳤다. 예비대로 후방에 남아 있던 1만 명도 카르타고군의 포로가 되었다. 이에 비해 카르타고군의 인명 피해는 6000명 정도였다. 한니발이 이끄는 카르타고군이 세계 최강 로마군에 치욕적인 패배를 안긴 칸나에전투다.

포위 섬멸전의 교과서

칸나에전투 이후 로마는 한니발과 정면 대결을 피하고 지구전으로 시간을 끄는 한편, 우세한 해군력을 이용해 카르타고 본국과 이탈리아의 한니발을 연결한 보급선을 차단하는 전략을 쓴다. 그 영향으로 보급에 어려움을 겪던 한니발은 로마를 바로 공격하지 못하고, 비옥한 곡창 지대일 뿐만 아니라 본국 카르타고와 가까운 이탈리아 남부로 공격 방향을 바꾼다.

전투에서는 승전을 거듭했는데도 정치에서는 로마를 굴복시키지 못한 채 카르타고로 돌아온 한니발은 스키피오가 이끄는 로마 원정군과 자마에서 또 한 차례 결전을 치른다. 이 전투에서 한니발은 스키피오에게 패하고, 카르타고는 로마에 항복한다.

하지만 칸나에전투는 명장 한니발의 진가가 유감없이 발휘된 전투로, 오늘날까지도 전 세계 사관학교에서 생도들에게 기본적으로 가르치는 포위 섬멸전의 교과서가 되었다.

칸나에전투는 포위 섬멸전의 모범적인 사례로 전사에 기록되었다. 이 전투 후 로마는 한니발과 정면 대결은 피하고 지구전으로 전략을 바꿨다.

포위한 군대가 포위당하다
― 카이사르의 알레시아 공방전

카이사르의 갈리아 원정

기원전 60년 무렵, 로마는 이탈리아 반도는 물론 지중해 연안 지역을 모두 차지한 강국이 되었고, 내부적으로는 율리우스 카이사르와 폼페이우스, 크라수스가 삼두정치를 시작했다.

당시 로마의 북서 방면 국경은 알프스 산맥에서 론 강 상류의 왼쪽 연안을 따라 피레네 산맥까지 뻗었고, 세벤 산맥 기슭을 따라 가론 강 상류에 이르렀다. 하지만 로마 북방 갈리아 지방(오늘날의 프랑스)에서는 갈리아인이 여전히 로마에 복속하기를 거부해서 골치를 앓았다. 급기야 기원전 58년, 프랑스 남부 포로빈키아의 총독으로 임명된 카이사르가 갈리아 원정에 나섰다.

게르만 용병 아리오비스투스를 격파하는 것으로 시작된 카이사르의 갈리아 원정은 8년 동안 이어졌다. 이듬해에는 벨기에족을 정복했고, 기원전 56년에는 브르타뉴 남부에서 베르티족이 일으킨 반란을 진압했다. 곧이어 라인 강을 건너 게르마니아를 공격했고, 2번에 걸쳐 도버 해협을 넘어 브리튼 섬(오늘날의 영국) 정벌에 나서기도 했다.

갈리아 지방의 여러 민족을 로마의 지배 아래 두는 데 성공한 카이사르가 이탈리아 북부에 머무르며 속주 통치에 전념하던 기원전 52년 겨울, 카이사르에게 최대의 위기가 닥쳤다. 갈리아인의 일파인 카르누테스족이 반란을 일으켜 오를레앙의 로마인들을 학살하는 사건이 발생한 것이다. 한편 아르베니족의 새로운 족장이 된 베르킨게토릭스가 갈리아 부족 전체가 궐기해 로마에 맞서자고 부르짖었다. 그의 호소는 들불처럼 번져갔으며, 갈리아의 많은 부족이 반란에 동참했다.

반란 소식을 들은 카이사르는 곧 군대를 투입하여 진압에 나섰지만, 베르킨게토릭스는 마을을 불태워서 발붙이지 못하도록 하는 초토화 작전과 농성전을 병행하며 로마군을 괴롭혔다. 여러 번 실패를 거듭하며 고전하던 카이사르는 보르주에서 농성하는 반란군을 격파하고 갈리아인 4만 명을 학살했다. 이어 로마군은 게르고비아에서 베르킨게토릭스를 포위했지만, 성급한 공격으로 많은 사상자를 내고 후퇴했다. 베르킨게토릭스는 기병 1만 5000명을 투입해 도망가는 로마군을 포위하고, 자신이 직접 지휘하는 보병 8만 명으로 로마군을 압박했지만 오히려 갈리아 기병대가 카이사르에게 격파되고 말았다. 양군 모두 막대한 사상자를 내며 혈전을 벌였지만, 싸움은 결국 무승부가 되었다.

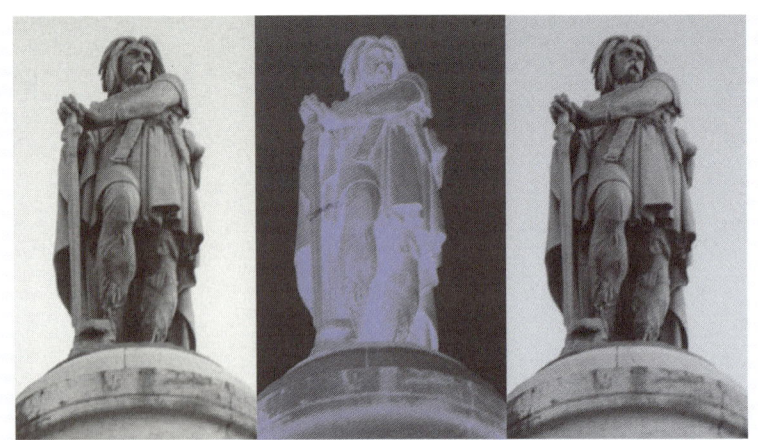

위 로마군에 맞서 봉기한 베르킨게토릭스 동상. 아래 프랑스 만화 〈아스트릭스〉에서 로마군을 골탕 먹이는 인물로 등장하는 베르킨게토릭스 캐릭터.

로마군 축성 기술의 꽃, 이중 포위망

전쟁이 길어지면 느슨하게 결합된 부족장들의 인내심도 바닥나리라는 것을 잘 아는 베르킨게토릭스는 그 해 여름, 8만 명을 이끌고 갈리아인의 성지 알레시아(Alesia)에서 농성하며 각지로 전령을 보냈다.

갈리아 지방의 모든 부족이 구하러 오지 않으면 자신들은 성지와 함께 전멸할 것이라는 내용이다.

당시 알레시아에는 반란군이 30일 동안 소비할 식량이 비축되어 있었다. 성벽으로 둘러싸인 알레시아를 포위한 카이사르는 딜레마에 빠졌다. 알레시아에 대한 포위망을 구축하면 베르킨게토릭스를 가둘 수 있지만, 곧이어 도착할 갈리아 지원군에게 포위당할 것이기 때문이다. 따라서 로마군의 포위망은 동시에 방어망이 되어 안쪽은 알레시아에서 농성 중인 베르킨게토릭스의 반격에 대비하고, 바깥쪽은 갈리아 지원군의 공격에 맞서야 한다.

카이사르는 9월 말까지 한 달 동안 알레시아를 따라 진지 17km를 구축하는 한편, 주변 고지대의 능선을 따라 외곽 진지 21km를 건설했다. 두 방벽 사이 120m에 이르는 중간 지대에 로마군 5만 명이 위치해 안팎의 적과 동시에 싸운다는 계획으로, 전사에서 유례를 찾아보기 힘든 이중 포위망이다.

로마군의 축성 기술은 알레시아 공방전에서도 빛을 발했다. 참호를 파고 물을 끌어들여 해자를 만든 다음, 흙 둔덕 위에 나무 방책을 덧붙인 방벽을 쌓고, 이 방벽을 따라 망루를 세웠다. 또 참호 바깥쪽을 따라 함정을 파고, 그 안에 뾰족하게 깎아낸 다음 불로 그을린 꼬챙이들을 꽂았다. 현대의 지뢰와 같은 역할을 한 이 무기는 릴리아와 스티물리다. 로마군은 릴리아와 스티물리를 이중 삼중으로 설치하여 진지를 공격하는 갈리아 전사들에게 치명적인 상처를 입혔다.

그 사이 비축한 식량이 떨어진 알레시아에서는 주민들을 성 밖으로 내보냈다. 굶어 죽어가는 어린아이와 여자들이 로마군에게 자비를 베풀라고 애원했지만, 카이사르는 이들에게 어떤 식량도 주지 말라고

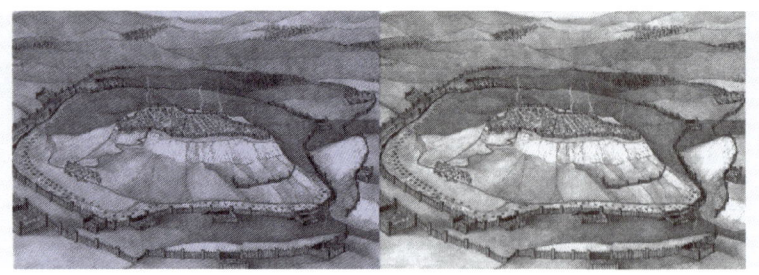

알레시아를 둘러싼 로마군의 이중 포위망. 로마군 5만 명은 포위망 안팎으로 34만 명에 이르는 갈리아군과 대적했다.

명령했다. 카이사르의 냉정한 명령은 전투 기간을 단축하는 결과를 가져왔다.

5만 명으로 34만 명을 격파하다

9월 20일, 갈리아 각지에서 지원군 26만 명이 도착했다. 로마군과 갈리아 지원군의 전투는 기병들의 격전으로 시작되었는데, 수적으로 열세인 로마군이 갈리아 기병을 격파했다. 지원군이 도착하자 동시에 반격에 나선 베르킨게토릭스의 군대 역시 로마군의 포위망을 뚫지 못하고 다시 성 안으로 후퇴하고 말았다. 다음날 밤 갈리아 지원군이 공성기를 앞세우고 공격을 재개했지만, 이번에도 로마군의 탄탄한 수비벽에 막혀 엄청난 사상자만 남긴 채 물러나고 말았다.

두 차례 실패한 갈리아군은 로마군 요새를 면밀하게 관찰한 결과, 완벽해 보이는 로마군 진영에도 허점이 있음을 발견했다. 알레시아 북쪽을 흐르는 강 건너편 언덕이 바로 그것이다. 그 언덕은 로마군의 포위망으로 둘러싸기에는 너무 넓어서 카이사르는 언덕 중간에 보루를 쌓고 1만 명을 배치했다. 갈리아 지원군이 이곳을 점령한다면 알레시아에 대한 로마군의 압박을 상당히 줄일 수 있을 테고, 경우에 따라서는 로마군의 포위망 전체를 와해시킬 수도 있을 것이다.

전투 사흘째, 베르카시베라우누스가 지휘하는 갈리아군 6만 명이 로마군의 포위망 중 가장 약한 북쪽 방벽에 집결했다. 이들은 언덕 위에서 일제히 돌을 던져 로마군의 기를 꺾은 다음 방패를 나란히 세우고 공격했다. 로마군의 보루는 언덕 중간에 있기 때문에 로마군은 언덕 위에서 치고 내려오는 갈리아군을 상대해야 했다. 갈리아군은 다른 곳에서도 동시다발적으로 파상공격을 감행했다. 지원군의 공격과 때를 같이해 알레시아의 베르킨게토릭스도 반격을 가했다.

카이사르는 전황을 한눈에 볼 수 있는 망루에 올라가 전투를 지휘했다. 언제나 그렇듯 분홍빛 망토를 걸친 카이사르의 모습은 적의 눈길을 끌어 위험에 처할 수도 있지만, 로마 병사들은 항상 총사령관의 모습을 확인할 수 있었다. 이것은 결전에 임한 로마군의 사기를 높이는 역할을 했다.

갈리아군의 총 공세에 포위망 몇 곳이 뚫렸지만 카이사르는 적절한 때 지원군을 보내 막았고, 로마군의 포위망이 워낙 겹겹이 짜여 갈리아군이 뚫기에는 역부족이었다. 진투가 가장 치열하게 벌어진 알레시아 북쪽에서는 카이사르가 직접 병사를 이끌고 전선으로 뛰어들었고, 갈리아군의 배후를 로마 기병대가 급습했다. 베르카시베라우누스까지 생포되자 갈리아군은 급속히 와해되어 퇴각하기 시작했고, 치열하게 백병전을 벌이던 반란군도 다시 알레시아 성으로 들어갔다.

카이사르가 지휘하는 로마군 5만 명이 알레시아의 8만 명과 지원군 26만 명을 합쳐 34만에 이르는 갈리아군을 물리쳤다. 안팎의 적을 상대로 동시에 싸워 이긴 유례없는 대승이다. 그 의미를 누구보다 확실하게 깨달은 사람은 반란을 이끈 베르킨게토릭스다. 더 저항하는 것이 무의미하다고 여긴 그는 부족회의를 열어 '나를 죽이든가, 산 채로 카이사르에게 넘기고 다른 사람들을 구명하라'고 말했다.

　무기와 부족장들을 넘겨주는 조건으로 갈리아군의 항복을 받아들인 카이사르 앞에 베르킨게토릭스가 백마를 타고 나타났다. 반란에 참가한 갈리아인의 유력 인사 가운데 포로가 된 사람은 베르킨게토릭스뿐이다. 자신을 희생하여 동족을 구명하려 한 그의 충정을 카이사

백마를 타고 카이사르 앞에 나타난 베르킨게토릭스. 그는 로마로 압송되어 6년 동안 감옥에 갇혔다가 기원전 46년, 내전을 끝내고 로마에서 개선식을 올린 카이사르의 전리품으로 공개된 후 처형당했다.

르가 높이 산 덕분이다. 로마로 압송된 베르킨게토릭스는 감옥에 갇혔다가 기원전 46년, 내전에서 폼페이우스를 물리친 카이사르의 개선식에 전리품으로 내세워진 뒤 사형당했다.

알레시아 공방전은 8년에 걸친 카이사르의 갈리아 원정을 끝맺는 대격전이었고, 한편으로는 유럽의 내륙부가 처음으로 그리스 로마 문화의 영향을 받아 오늘날 서유럽 문화권이 성립하는 데 기초가 되었다.

'신의 도리깨', 유럽을 내리치다
― 유럽인의 황색 공포, 레그니차전투

신의 도리깨

칸, 술탄, 샤, 아미르, 달라이 라마…… 이 단어들은 황제와 왕을 일컫는 뜻 이외에 또 다른 공통점이 있다. 13세기 아시아와 유럽에 걸쳐 대제국을 건설한 '칭기즈칸제국'의 후예라는 점이다. 제국을 이룬 정복자의 후손들이 아시아와 중동의 여러 나라에서 통치자로 남아 있던 것이다.

전성기 몽골제국의 영역은 아프리카 대륙과 비슷한 규모(약 300만 km²)로, 60여 년 동안 정복한 땅이다. 당시 몽골 전체 인구가 100만 명 남짓이고, 몽골군의 규모도 20만 명을 넘긴 적이 없다는 점을 감안하면 놀라운 일이 아닐 수 없다. '신의 도리깨'라고 부를 만큼 무자비한 정복전을 펼친 몽골 군대에 대한 두려움은 아직도 유럽인의 머릿속에

각인되어 황인종 공포증이 있을 정도다.

13세기 중엽, 유럽인은 동쪽에서 들려오는 흉흉한 소문에 몸서리쳤다. 러시아의 도시들이 불바다가 되고, 남녀노소를 막론하고 수많은 사람이 죽음을 당했으며, 사제와 수도자마저 교회에서 불길에 휩싸여 죽었다는 얘기다.

이교도 군대에 대한 공포는 유럽인에게 신의 저주라고 생각될 만도 했다. '러시아 모든 도시의 어머니'라고 불리던 키예프도 '지옥에서 온 군대'의 말발굽을 피하지는 못했다. 당시 키예프의 한 수도원장은 자신이 목격한 광경을 '형제들의 피가 홍수처럼 땅을 적셨다'고 기록했을 정도다. 얼마나 철저하게 파괴됐는지 몽골군이 침입하고 6년 뒤 이곳을 방문한 여행자는 자신이 본 것이 '벌판에 무수히 흩어진 해골뿐이다'라고 적었다. 인구 4만에 교회만 400여 개에 달하던 대도시가 말 그대로 폐허가 되고 만 것이다. 가까스로 목숨을 부지해 도망한 피란민들은 이 난폭한 군대를 타타르족이라고 전했다.

몽골군이 유럽의 기사단을 패배시킨 레그니차전투는 유럽인의 무의식에 황인종에 대한 공포를 심어놓았다.

모습을 드러낸 '지옥에서 온 군대'

1241년 초, 헝가리의 왕 벨라에게 서신이 전달되었다. 자신을 '하늘의 사자'라고 소개한 타타르의 총사령관 바투(칭기즈 칸의 손자)는 오만한 어투로 '보잘것없는 헝가리의 왕은 즉각 항복할 것'을 요구했다. 깜짝 놀란 헝가리 왕은 교황에게 구원을 요청하는 전령을 보냈지만, 몽골군이 훨씬 빨리 도착했다. 4월 초, 15만 명에 달하는 몽골군이 둘로 나뉘어 500km 떨어진 폴란드 슐레지엔 지방의 레그니차와 헝가리의 모히에 거의 동시에 모습을 드러낸 것이다.

4월 9일, 슐레지엔 공 하인리히 2세가 이끄는 4만 명이 레그니차에서 동남쪽으로 4km 떨어진 발슈타트에 포진했다. 하인리히는 폴란드와 유럽 각국에서 모인 병력을 출신 국가에 따라 5개 부대로 나누어 사다리꼴로 배치했다. 1진은 폴란드 농민으로 구성된 보병대로, 몽골군의 진로를 차단하는 임무를 맡았다. 2진과 3진은 지방 영주를 중심으로 기사와 그 종자, 영지에서 징병한 농민 보병들이다. 4진과 5진은 결정적 시기에 승부를 마무리할 중장갑 기병으로, 튜튼 기사단과 폴란드와 독일의 기사단으로 구성됐다. 유럽군 총사령관 하인리히는 5진에 본진을 두었다.

기사들은 10kg에 달하는 사슬 갑옷과 투구를 쓰고, 3m 랜스(장창)를 들었으며, 이들이 탄 말도 사슬 갑옷을 입혔다. 창과 도끼를 들거나 석궁으로 무장한 보병도 기사들을 따라 배치되었다.

몽골군도 3만 명씩 5개 군단으로 나누어 사다리꼴로 배치된 유럽군을 포위하는 횡대로 전개했다. 몽골군은 볼품없는 조랑말을 타고 변변한 갑옷도 걸치지 못한 채 짧은 칼이나 반궁으로 무장했다. 이런 모습 때문에 수적으로 열세인 유럽 연합군 기사들의 눈에도 몽골군이 지옥에서 온 군대와는 거리가 멀어 보였다.

스타플레이어 vs. 조직력

유럽군 1진을 지휘하는 모라비아의 변경백(프랑크왕국과 신성로마제국에서 국경의 방위를 담당한 사령관) 아들 볼레슬라프가 공격 명령을 내렸다. 선두에 선 보병이 석궁을 발사하자 몽골 기병 몇 명이 말에서 떨어지고, 랜스를 단단히 쥔 기사들의 돌격 앞에 몽골군은 말을 돌려 도망치기 바빴다. 대부분 기병으로 구성된 몽골군은 1대 1로 겨루면 중무장한 기사의 적수가 되지 못했다.

기세가 오른 유럽군의 기사와 종자, 농민병이 도망가는 몽골군을 쫓아갔다. 전공을 빼앗길세라 초조해진 유럽군의 2진도 몽골군의 뒤를 쫓기 시작했다. 대열이 흐트러지는 것에 당황한 하인리히가 이들을 제지하려 했지만, 여러 나라 출신으로 구성되어 의사소통 자체가 힘들고 통일된 지휘 계통조차 확립되지 않은 유럽군은 무질서한 추적을 멈출 수 없었다.

잠시 후 이들이 정신을 차렸을 때는 유럽군 1, 2진 모두 본진과 동떨어져 벌판 한가운데로 나와 있었다. 그리고 별안간 함성과 함께 몽골 기병 수만 명이 이들을 에워싸기 시작했다. 닿을 듯 말 듯 거짓 패주로 유럽군을 유인한 몽골의 전위 부대도 말머리를 돌렸다. 하늘을 시꺼멓게 덮은 화살은 이내 소나기처럼 유럽 군대의 머리 위로 쏟아져 내렸다. 변변한 방어 수단이 없는 보병은 물론, 사슬 갑옷을 걸친 기사도 별 도리 없이 화살 세례의 제물이 되어갔다. 화살촉에 독까지 발랐을 정도로 치밀하게 계산된 공격 앞에 유럽군은 몰살당할 처지에 놓였다. 눈앞에서 아군이 전멸당할 위기에 처한 것을 본 유럽군 3진이 진격을 개시했지만, 전장에 도착하기도 전에 새롭게 나타난 몽골군의 공격을 받고 혼란에 빠졌다.

파국을 막아야겠다고 결심한 하인리히는 마지막 승부수를 띄운다. 최후의 결전 병력으로 남겨둔 4, 5진에 출격을 명령한 것이다. 자긍심 높은 튜튼 기사단과 폴란드 기사단, 독일 기사단이 성호를 긋고 일제히 박차고 나갔다.

그런데 몽골군이 전원 말 탄 기병으로 구성된 반면, 유럽 기사단은 모두 말을 탄 것은 아니었다. 기사의 시종과 자신의 영지에서 데려온 농민으로 구성된 보병이 기사의 싸움에 합류하기 위해서는 말 그대로 발바닥에서 불이 나도록 달려야 했다. 유럽 기사단은 기병의 최대 강점인 기동력을 발휘할 수 없는 상황이었던 것이다.

경기병이 주축인 몽골군은 거추장스러운 갑옷을 걸치고 중무장한 유럽 기사단에 비해 기동력이 월등했다.

반면 상대는 걸음마를 하기도 전에 말 위에서 잔뼈가 굵은 초원의 전사들이다. 또 유럽군의 석궁이 사정거리가 길고 파괴력이 강하지만 결정적으로 연사 능력이 떨어져 1분에 2발을 쏘는 것이 고작인 데 반해, 몽골군의 반궁은 같은 시간 동안 10발을 날릴 수 있었다.

유럽군의 석궁병이 제일 먼저 몽골군 반궁의 표적이 되어 쓰러졌다. 유럽 병사들의 시신이 쌓여가는 가운데 정예 기사들도 사냥감이 되어 무너지기 시작했다. 화살에 맞고 말에서 떨어진 하인리히가 참수되어 몽골군의 깃대 높이 올라가는 것으로 전투는 막을 내렸다. 몽골군의 완벽한 승리다. 당시 몽골군이 전과를 확인하기 위해 유럽군 전사자의 한쪽 귀를 잘라냈는데, 그것이 커다란 자루 9개에 가득 찼다는 기록이 전해진다.

몽골군의 힘은 엄정한 군기와 기동력에 있었다. 몽골군은 10명, 100명, 1000명, 1만 명 등 십진법 단위로 구성되어 각 단위 지휘관의 책임 아래 군기가 엄격했다. 전장에서 동료를 버리고 도망하는 자는 사형에 처했다. 유럽 기사단이 개인기를 뽐내는 스타플레이어 위주라면, 몽골군은 조직적으로 사냥하는 늑대 떼와 같았다. 유목민답게 말을 이용하는 데 뛰어난 몽골군은 하루 평균 12km, 최고 200km에 이르는 기동력을 자랑했다.

유럽의 기사회생

폴란드의 서쪽 끝 레그니차는 오늘날 독일 국경과 가까운 곳으로, 당시 독일은 군소 국가들로 나뉘어 몽골군의 진격을 막을 힘이 없었다. 유럽의 심장부까지 쭉 뚫렸다고 해도 과언이 아니다.

몽골군이 유럽의 심장부로 진입했다면 세계사는 다른 방향으로 전개되었을지도 모른다. 하지만 몽골군은 돌연 진로를 바꿔 동쪽으로 사라졌다. 바람 앞에 등불 같던 유럽이 기사회생한 것은 우연이다. 그해 12월 칭기즈 칸의 후계자 오코타이 칸이 세상을 떠나자, 바투가 후계자를 선출하는 회의에 참석하기 위해 군대를 돌렸기 때문이다. 이후 분열된 몽골제국은 다시는 유럽을 공격할 만한 힘을 갖지 못했다. 그러나 몽골군에 대한 두려움은 황인종 공포증으로 일반화되어 아직도 유럽인의 무의식 깊은 곳에 남아 있다.

십자가와 코란, 역사적인 첫 대결을 펼치다
— 레판토 해전

위협하는 이슬람과 기독교 국가들의 결집

세력을 확장하던 오스만튀르크는 1453년에 콘스탄티노플을 점령하고, 1100여 년간 존속해온 동로마제국을 멸망시켰다. 이에 따라 당시 지중해 무역을 주도하던 이탈리아의 도시국가 베네치아와 지중해로 진출하려는 오스만튀르크는 충돌을 피할 수 없었다.

콘스탄티노플이 함락되자 베네치아는 주요 교역 항을 이집트의 알렉산드리아로 옮겼는데, 오스만튀르크의 술탄 셀림 2세(Selim II)는 베네치아에 키프로스 섬을 내놓으라고 요구했다. 키프로스 섬은 알렉산드리아와 연결되는 동지중해의 주요 항구로, 베네치아는 그동안 이 섬의 소유권을 인정받는 대가로 오스만튀르크에 세금을 냈다.

1569년 9월 13일, 키프로스 섬에 있던 화약 공장이 폭발하여 생긴

화재로 그곳에 주둔하던 베네치아 함대가 파손되는 사고가 발생했다. 피해 규모가 작진 않았지만 사고 소식이 오스만튀르크로 전해지면서 베네치아가 해군력을 거의 잃었다는 과장된 정보가 되고 말았다. 지중해 진출을 노리던 셀림 2세는 이 소식을 듣자마자 침공을 결정하고, 키프로스 섬으로 함대를 파견했다.

1570년 8월 키프로스 섬의 중심 도시 니코시아(Nicosia)와 파마구스타(Famagusta)가 오스만튀르크군에 점령당하자, 다급해진 베네치아는 이 전쟁을 기독교 국가에 대한 이슬람 세력의 도전으로 규정하고 기독교 국가들에게 지원을 요청했다. 로마 교황 피우스 5세(Pius V)도 가톨릭교회의 보호자를 자처하던 에스파냐의 필리페 2세에게 파병해줄 것을 호소했다. 이에 따라 1571년 8월, 베네치아와 에스파냐, 로마를 중심으로 한 신성동맹(神聖同盟)이 체결되어 오스만튀르크에 대항하기 위해 시칠리아 섬의 동북단 메시나(Messina)에 기독교 국가들의 연합 함대가 집결했다.

십자가 vs. 코란, 전력 비교

메시나에 집결한 신성동맹 함대는 사람이 노를 저어 나아가는 갤리선을 주축으로 모두 316척이었고, 병력은 육군 3만 명과 해군 5만 명 규모였다. 함대의 총지휘는 에스파냐 국왕 필리페 2세의 이복동생 돈 후안(Don Joan)이 맡았다.

한편 오스만튀르크의 셀림 2세는 알리 파샤(Ali Pasha)에게 함대를 맡기고, 이탈리아 수역으로 들어가 기독교 국가의 해군을 공격하도록

위 오스만튀르크의 셀림 2세. 지중해 진출을 노리고 있었다. **아래** 로마 교황 피우스 5세. 오스만튀르크의 지중해 진출에 맞서 신성동맹을 체결한다.

3장 | 극한의 상황에서 꽃피운 천재적 리더십_ 전투의 재발견

명령했다. 오스만튀르크 함대는 그리스 반도 남쪽 해안을 거슬러 올라가 아드리아 해 일대를 공략한 다음, 레판토 만에 있는 기지로 돌아갔다. 이때 오스만튀르크 함대는 전투용 갤리선 222척과 소형 갤리선 56척, 그밖에 소형 함선과 병력 7만 5000명으로 구성되었다.

당시 양군의 주력 함선이던 갤리선은 선체 길이가 보통 120피트(약 36m) 남짓으로, 선수 부분은 적선을 들이받아 파괴할 수 있을 만큼 단단한 통나무로 만들어졌다. 전선 1척에는 노 젓는 노군 200여 명과 항해를 담당한 수부 50~60명, 해상 전투를 벌일 병사 100여 명이 타고 있었다.

오스만튀르크 병사가 주로 활과 창검으로 무장한 데 비해, 기독교국 연합군에는 화승총을 장비한 병사의 비율이 높았다. 또 기독교국 함대에는 대형 갤리선 갤리스(galleys)가 있었다. 보통 갤리선에 비해 덩치가 크고 함수루(艦首樓)도 높으며, 선수에 2문, 선미에 6문, 양 측면에 11문씩 함포 30문을 장비했는데, 이 때문에 갤리스는 해상 포대라고도 불렸다.

당시만 해도 함선에 대포를 다는 것은 생각처럼 간단한 일이 아니었다. 갑판에서 포를 쏘면 배의 균형이 깨져서 위태로워지기 십상이고, 심한 경우 함포 발사의 충격으로 배가 부서지기도 했다. 이를 방지하기 위해서 포를 선체가 수면에 닿는 흘수선(吃水線) 부근에 두어야 하는데, 이게 아주 까다로웠다. 또 선체 내부에 있는 포를 쏘기 위해서는 방수 처리된 포문을 내고, 포탄의 반동을 완화하기 위해서는 바퀴가 달린 왕복대가 필요했다.

오늘날 기준으로 보면 대단찮아 보이는 이 작은 차이가 세계사의 방향을 돌려놓았다. 양군의 기술 수준이나 전술은 전반적으로 엇비슷했지만, 함선의 화력에 관한 한 기독교국 함대가 장비한 함포가 오스만튀르크군의 그것에 비해 2배 이상 강했기 때문이다.

혼전에 혼전, 끝내 십자가의 승리

1571년 9월 중순, 기독교국 함대가 메시나에서 출항하여 열흘 간 항해한 끝에 코르푸 섬에 도착했다. 이곳에서 재정비를 마친 기독교국 함대가 서서히 남하하다 오스만튀르크 함대와 조우한 것이 10월 7일 아침이다.

십자가에 못 박힌 예수의 모습을 그린 깃발이 나부끼는 기독교국 함대는 3개 전대로 나뉘었다. 갤리선 64척으로 구성된 중앙 전대는 돈 후안이 직접 지휘하고, 갤리선 54척으로 구성된 우익 전대는 도리아가, 갤리선 53척으로 구성된 좌익 전대는 바르바리고가 지휘했다. 그리고 예비 전대로 갤리선 30척이 후방에 배치되었고, 막강한 화력을 자랑하는 갤리스는 중앙과 좌익 전대 앞에 2척씩, 우익과 후위 전대 사이에 2척이 배치되었다.

한편 오스만튀르크 함대는 갤리선 61척과 소형 갤리선 32척으로 구성된 중앙 전대를 알리 피샤가, 갤리선 63척과 소형 갤리선 30척으로 구성된 좌익 전대는 울루치 알리가, 갤리선 54척과 소형 갤리선 2척으로 구성된 우익 전대는 시로코가 지휘했다. 오스만튀르크 함대의 전선에는 코란의 구절을 금박으로 새긴 흰 깃발이 나부꼈다.

해전은 기독교국 함대의 갤리스에서 화포가 불을 뿜으며 시작되었다. 사실 갤리스는 화포의 수만 많을 뿐, 적선과 부딪치고 창과 칼을

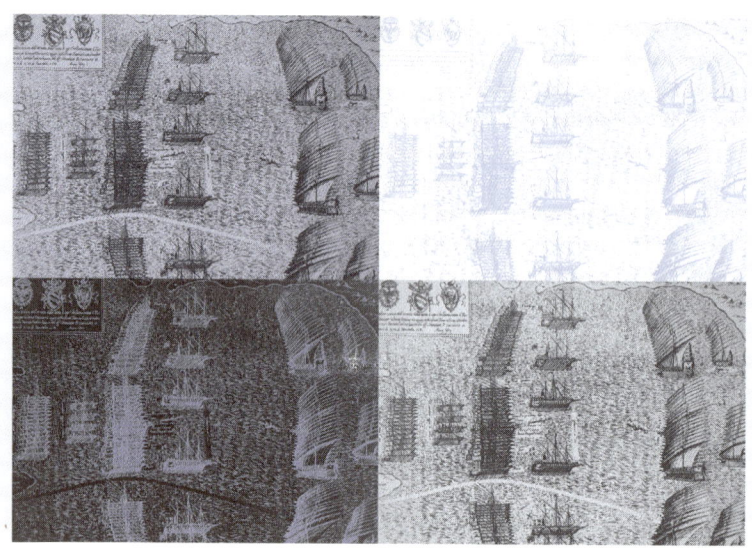

레판토 해전 당시 함대의 배치. 왼쪽이 기독교국 함대, 오른쪽이 오스만튀르크 함대. 양군의 기술 수준이나 전술은 전반적으로 대등했지만, 함선의 화력 면에서는 기독교국 함대 쪽이 우세했다.

든 병사들이 적선의 갑판으로 뛰어들어 전투를 벌이기에는 속도와 기동력이 떨어졌다. 하지만 갤리스 같은 엄청난 전선을 본 적이 없는 오스만튀르크 병사들은 혼란에 빠졌다. 전투는 화승총과 화살, 칼, 창 등이 난무한 가운데 백병전을 벌이듯 전개되었다.

베네치아의 바르바리고가 이끄는 기독교국 함대의 좌익 전대가 오스만튀르크의 우익 전대를 향해 돌진했다. 바르바리고 전대가 격렬하게 공격하자 오스만튀르크의 전선들이 육지 쪽으로 도주하기 시작했다. 오스만튀르크의 우익 전대장 시로코는 난전에 휘말리지 않은 갤리선 38척을 이끌고 바르바리고의 기함을 공격하지만 격퇴당하고 말았다. 바르바리고가 눈에 화살을 맞자 지휘권을 인수한 그의 조카 마저도 전사하는 혼전이 벌어졌지만, 오스만튀르크 지휘관 시로코도 중상을 입고 쓰러지자 구심점을 잃은 오스만튀르크 우익 전대는 후퇴하기 시작했다. 그날의 해전에서 가장 많은 사상자가 이 전투에서 발생했다.

양측의 중앙 전대끼리 맞붙은 전투에서는 돈 후안의 기함과 알리 파샤의 기함이 치열한 접전을 벌였다. 돈 후안의 기함을 공격하던 알리 파샤의 기함을 향해 기독교국 함대의 집중 공격이 가해지고, 진두지휘하던 알리 파샤는 전사하고 말았다. 결국 오스만튀르크 함대의 기함에서 이슬람의 깃발이 내려지고 그 자리에 십자기가 게양되었다.

한편 기독교국 함대의 우익을 맡은 도리아 전대는 엉뚱한 기동으로 오히려 전장에서 멀리 떨어졌는데, 이 틈을 오스만튀르크 좌익의 울루치 알리 전대가 치고 들어와 기독교국 함대의 중앙 전대를 위협했다. 하지만 오스만튀르크의 위협도 한때일 뿐, 기독교국 함대의 후위 전대가 위기를 가까스로 막아냈다. 전세를 뒤집기에는 역부족이라고 느낀 울루치 알리는 남은 전선 35척에 퇴각 명령을 내렸다. 이때부터 기독교국 함대가 뿔뿔이 흩어진 오스만튀르크 전선을 찾아 사냥하는 일방적 전투가 벌어졌다.

약탈과 학살의 시대로 가는 길목

저녁까지 계속된 전투는 기독교국 함대의 완승으로 끝났다. 오스만튀르크 함대의 갤리선 278척 가운데 8척이 침몰하고 117척이 나포되었으며, 울루치 알리를 제외한 지휘관 모두 병사 4만 명과 함께 목숨을 잃었다. 포로로 잡힌 병사만 8000명에 이르렀다. 반면 기독교국 함대는 7600여 명이 전사하고, 비슷한 숫자의 부상자가 발생했다.

　레판토 해전은 오스만튀르크 세력이 지중해로 진출하려는 것을 기독교 국가들이 좌절시켰다는 역사적 의미 외에, 사람이 노를 저어 움직이던 노선(櫓船)이 전투를 주도한 최후의 대규모 해전이라는 의미가 있다. 이후에는 함포의 발달과 더불어 보다 무겁고 강력한 범선(帆船)이 역사의 전면에 나선다. 그리고 원양 항해 능력과 더불어 강력한 대포로 무장한 유럽의 범선이 세계의 바다를 휘저으며 약탈과 학살을 일삼는 시대가 열린다.

 영국군 역사상 가장 졸렬한 전쟁
― 무능하기 그지없는 지휘관과 발라클라바전투

'덤 앤 더 머' 지휘관들

나폴레옹 몰락 이후 40여 년간 비교적 평화롭던 유럽에 전쟁의 불길이 다시 타오른 것은 19세기 중반, 러시아의 남하 정책 때문이다. 병력만으로 보면 세계 최대 규모의 육군을 보유한 러시아 황제 니콜라이 1세가 쇠락한 오스만튀르크가 지배하던 발칸 반도에 눈독을 들인 것이다. 그러자 러시아가 발칸 반도를 통해 지중해로 세력을 확장하는 것을 극도로 경계한 영국과 프랑스는 오스만튀르크를 지원하기 위해 1854년 6월, 콘스탄티노플로 원정군을 파견했다.

영국, 프랑스와 전쟁이 벌어질 것을 우려한 니콜라이 황제는 상황이 급박해지자 점령지에서 군대를 철수시켰지만, 한창 사기가 오른 영국-프랑스 연합군은 러시아를 응징한다는 명목으로 흑해 연안 크림 반도의 세바스토폴 요새 북쪽 30마일(약 48km) 지점에 군대를 상륙시켰다. 상륙작전은 별다른 저항 없이 진행됐지만, 연합군이 세바스토폴의 포위망을 좁혀가는 가운데 문제가 발생하기 시작했다.

전황은 영-프 연합군 쪽에 유리했다. 러시아군은 오스트리아의 견제 때문에 주력 부대가 세바스토폴에 고립된 부대를 구하러 오기 힘들었고, 이스탄불에서 보급을 받는 연합군에 비해 긴 보급선을 유지해야 하는 부담도 있었다. 서서히 포위망을 좁혀오는 연합군에 대해 러시아군은 항구에 있던 군함을 폭파하고, 군함에 달려 있던 함포와 수병들을 육상에 배치하는 등 배수의 진을 쳤다.

러시아군에게 그나마 한 가닥 희망이 있다면 영국군 지휘관들의 자질이었다. 당시 영국 육군에는 돈으로 장교 직위를 사는 매관매직이 합법이어서, 영국군 장교들은 대부분 이런 식으로 자리에 오른 무능한 귀족 출신이었다. 세바스토폴을 포위한 영국 장교들도 예외는 아니었다.

총사령관 레글런 경은 웰링턴 공작 밑에서 부관을 지내선지 같은 편인 프랑스군을 적군 취급하다시피 했고, 전술에 대한 이해 역시 몇십 년 전 상태에 머물러 있었다. 영국 기병대의 사령관 루컨 경은 실전 경험이 전혀 없는데다, 전략을 이해할 지적인 능력도 떨어졌다. 루컨 경의 매제인 기병대 지휘관 카디건 경은 저 잘난 맛에 사는 거만한 인물이고, 결정적으로 루컨 경과 앙숙이었다. 이 세 인물의 합작으로 훗날 '영국군 역사상 가장 졸렬한 전쟁'으로 기록될 발라클라바전투가 치러진 것이다.

모호한 명령

1854년 10월 25일 아침 크림 반도의 발라클라바 전선, 러시아군 1만 1000명이 영국-프랑스-오스만튀르크 연합군의 병참기지가 있는 발라클라바 항구에 공세를 가했다. 러시아군은 주로 약체 오스만튀르크군 진영을 공격했고, 일격을 당한 오스만튀르크군은 패주하기 시작했다. 문제는 오스만튀르크군이 가지고 있던 대포 7문이다. 빼앗긴 대포 7문이 영국군에게 비극의 씨앗이 되고 만다.

영국군 총사령관 레글런 경은 러시아군의 공격이 눈속임일 뿐이라 생각하고 대수롭지 않게 여겼는데, 오스만튀르크군의 대포가 러시아군에 넘어가자 상황이 심각하다는 것을 깨달았다. 개인 요트에서 한가롭게 아침 식사를 즐기던 레글런 경은 그제야 지휘소로 달려 나와 전황을 파악하기에 급급했다. 러시아군의 의도는 발라클라바 항구를 노려 연합군의 보급 창구를 막으려는 것이 분명했고, 다급해진 레글런 경은 예하 부대에 잇달아 명령을 내리기 시작했다. 여기까지는 괜찮았다. 문제가 있다면 그 명령이 너무나 모호했다는 점이다.

루컨 경에게 전달된 첫 번째 명령은 '기병들을 오스만튀르크군 요새의 2열 좌측에 배치하라'는 것인데, 루컨 경의 위치에서는 '오스만튀르크군 요새의 2열'은 보이지도 않았다. 더군다나 루컨 경의 기병대가 자리 잡은 위치는 발라클라바 입구를 지키는 스코틀랜드 93하일랜더 부대를 엄호하기에 가장 좋은 곳이었다.

하지만 루컨 경은 모호한 명령을 재확인할 생각은 하지도 않은 채 기병대를 엉뚱한 곳으로 보내고 말았다. 뒷감당할 일이 걱정은 되었는지 명령을 전달한 전령을 증인으로 세우고 말이다. 발라클라바 입구에는 스코틀랜드 보병 550여 명과 부상병 100명만 남았다. 러시아의 대군이 들이닥치는 가운데 93하일랜더 부대는 부상병까지 총을 쥐고 결사적인 전투를 벌였다. 사생결단을 하고 달려드는 스코틀랜드 보병 앞에 당황한 러시아군은 후퇴하기 시작했다. 그러나 이 전투로 훗날 '강철의 붉은 군대'라는 명성을 얻은 93하일랜더 부대의 승리는 너무 지엽적인 것이었다.

한 발 늦은 명령

레글런 경의 사령부는 높은 언덕에 있어 양군의 움직임이 잘 보였지만, 작전 지역에서 너무 멀리 떨어져서 전령이 명령을 전달하려면 족히 30분은 말을 타고 달려야 했을 정도다. 그러다 보니 명령이 현장 지휘관에게 전달될 때쯤이면 상황이 바뀌기 일쑤였다. 레글런 경의 두 번째 명령이 그러했다.

'드라군(용기병) 8개 대대를 급파하여 흔들리는 오스만튀르크군을 지원하라'는 명령이 드라군 대대의 지휘관 스칼렛 장군에게 도착했을

언덕 위에 있는 레글런 경은 전투 상황이 잘 보였지만, 그는 결정적으로 현장에서 너무 멀리 있었다.

때 '흔들리는 오스만튀르크군'은 사라지고 없었지만, 우직한(?) 스칼렛 장군은 곧이곧대로 명령을 수행했다. 영국 드라군 300명이 정면에서 다가오는 러시아 기병 4000명을 헤치고 나가야 하는 어이없는 상황이지만 말이다. 이 무모한 공격 명령 앞에 오히려 당황한 쪽은 러시아군이다. 급하게 정지 명령을 내린 상태에서 어정쩡하게 서 있는 러시아 기병대 사이로 10분의 1도 안 되는 영국군 용기병이 달려들며 총을 쏘고 칼을 휘둘렀다.

러시아 기병대가 뜻밖의 공격으로 무너질 때, 이곳에서 불과 1분 거리에는 카디건 휘하의 영국군 경기병 600명이 대기하고 있었다. 이들이 합세해 러시아군을 몰아붙였다면 치명적인 타격을 줄 수도 있었을 것이다. 하지만 이들은 멍하니 싸움 구경만 할 뿐, 한 발자국도 움직이지 않았다. 이들의 지휘관 카디건 경이 명령이 없다는 이유로 공격 명령을 내리지 않았기 때문이다.

무모한 명령

허겁지겁 도주하던 러시아 기병대가 대오를 정비할 무렵, 루컨 경에게 레글런의 마지막 명령이 도착했다. '기병대는 즉시 전방의 러시아군을 공격하여 그들이 대포를 운반하지 못하도록 할 것.' 하지만 언덕 위에 있는 레글런과 달리 루컨의 위치에서는 러시아군이 운반하는 대포가 보이지 않았다. 레글런이 원하는 대포는 루컨의 경기병 여단 좌측 고지 후면에 있었지만, 루컨은 그들이 공격해야 할 목표가 적군 진영에 2km나 들어가 있는 러시아군의 포대라고 오해한다. 이런 명

무모한 '경기병대의 돌격'에서 살아남은 사람들.

령이 얼마나 어이없는 것인지 루컨과 카디건도 잘 알았지만, 믿을 수 없을 만큼 멍청한 두 백작은 경기병대에게 러시아군의 포대 정면을 향해 진격 명령을 내렸다.

영국군 경기병대의 진로 양쪽에는 러시아군 보병 대대 19개와 기병 대대 4개, 포 40여 문이 배치되었지만, 영국군 경기병대는 분열이라도 하듯 이들 사이로 열을 맞춰 전진했다. 사방에서 총탄과 포탄이 날아와 기병대원들이 말에서 우수수 떨어졌지만, 돌격 명령을 받은 적 없는 영국군 경기병대는 한껏 벌린 범의 입을 향해 느린 속도로 전진할 뿐이었다. 멀리서 이 광경을 지켜보던 레글런 경은 경악했다. 자신은 러시아군에게 빼앗긴 오스만튀르크군의 대포를 빼앗으라는 명령을 내렸는데, 삼면에 적군의 대포가 배치된 곳으로 들어가다니, 정신병자가 아니고야……

이날 공격에 참가한 영국 13경기병 여단 673명은 전우 345명을 잃고 패주했다. 카디건 경이 진격 명령을 내린 순간부터 20분 사이에 일어난 일이다. 그나마 이 어리석은 사태를 보다 못한 프랑스군이 개입하면서 가까스로 전멸은 면했다.

발라클라바전투는 무능한 지휘관들의 맹목적인 지휘가 얼마나 참담한 사태를 가져올 수 있는지 잘 보여주는 사례로 역사에 기록되었다. 영국의 시인 앨프리드 로드 테니슨은 〈경기병대의 공격(Charge of Light Brigade)〉에서 지휘관의 잘못된 판단으로 목숨을 내놓아야 했던 영국 기병대원들의 용기를 다음과 같이 노래한다.

누군가 큰 실수를 저질렀다네
그들은 아무런 대꾸도 하지 않았네
그들은 이유도 묻지 않았네
그들은 명령에 따라 죽었네
600명이 죽음의 계곡을 향해 달려갔다네

지휘관들의 커뮤니케이션 부재는 어이없는 결과를 가져왔다. 영국 13경기병 여단은 불과 20여 분 사이에 병력의 절반이 넘는 345명을 잃었다.

아메리카 원주민 최후의 저항
— 완벽한 승리와 치졸한 복수, 리틀빅혼전투

서 부 개 척 시 대 의 그 림 자

　서부를 향한 미국의 팽창은 남북전쟁으로 잠시 주춤했다가 1860년대 후반부터 본격적으로 재개되었다. 이 무렵 콜로라도와 몬태나 주에서 발견된 금광은 일확천금을 꿈꾸는 백인을 불러들였고, 미시시피 강에서 로키 산맥까지 펼쳐진 대평원은 백인 정착민에게 경작할 땅과 부를 의미했다.

　하지만 조상 대대로 자유롭게 살아오던 아메리카 원주민은 벌 떼처럼 몰려오는 침입자에게 위협을 느껴, 백인의 군대와 정착민을 공격했다. 그러다가 1868년, 미국 정부와 수우족(Sioux)은 2차 라라미요새 조약을 체결했다. 수우족이 백인에 대한 공격을 중단하는 대가로 미국 정부는 사우스다코타 서부와 와이오밍 동쪽을 수우족의 땅으로 인정한다는 내용이다. 그리고 수우족의 성지 파하 사파(Blackhill : 검은 산)는 어떠한 경우에도 침입하지 않겠다고 약속했다.

하지만 이 약속은 오래가지 못했다. 1876년 봄, 파하 사파에서 황금이 발견되자 백인 채굴꾼 1만 5000여 명이 삽시간에 수우족의 성지를 침범했다. 미국 정부도 수우족이 백인 정착민을 공격한 것을 빌미로 군대를 보내 원주민을 서쪽으로 밀어붙일 것을 명령했다. 이를 위해 미 육군은 몬태나 주 리틀빅혼 강 유역의 수우족을 삼면에서 압박하여 토벌할 계획을 세웠다. 조지 크룩 준장이 지휘하는 본대는 남쪽에서, 존 기본 대령이 지휘하는 연대는 서쪽에서, 앨프리드 테리 장군의 부대는 동쪽에서 접근했다.

군인과 전사의 다른 점

6월 24일, 테리 장군의 부대에 속한 조지 암스트롱 커스터 중령이 지휘하는 7기병대가 리틀빅혼 강 동쪽에 도착했다. 정찰병들이 수우족과 샤이엔족이 대규모로 집결했다는 정보를 전했지만, 미군 지휘부는 이를 대수롭지 않게 여겼다. 하지만 수우족에게는 시팅 불과 크레이지 호스라는 용맹한 지도자가 있었다. 추장 시팅 불은 용기와 지략을 두루 갖춘 인물로 수우족 전체를 이끌었고, 크레이지 호스는 뛰어난 전략가이자 결연한 전사로 평가받는 인물이다.

이에 비해 7기병대의 지휘관 커스터 중령은 용감하지만 성급한 사람이다. 1861년 동급생 가운데 최하위로 웨스트포인트를 졸업한 그는 남북전쟁 당시에는 과감한 돌격으로 게티즈버그와 어퍼모톡스 전투

위 수우족의 지도자 시팅 불. 그는 1860년대부터 미 육군을 상대로 한 각지의 전투에서 명성을 떨쳤고, 1867년 수우족의 최고 추장이 되었다. **아래** 조지 암스트롱 커스터 중령의 만용은 자신의 목숨뿐 아니라 부대의 괴멸을 가져왔다.

의 승리에 기여했다. 중위 계급에서 임시 준장으로 수직 진급한 것으로 유명하지만, 그가 지휘하는 부대의 사상률이 엄청나게 높은 것으로도 악명이 자자했다. 신중한 판단이 필요할 때도 무조건 과감한 돌격으로 국면을 돌파하려는 성급한 성격 때문이다.

6월 25일 일요일, 햇볕이 화창하게 내리쬐는 가운데 커스터는 병력을 셋으로 나누어 원주민 캠프를 향해 접근했다. 5개 중대 210명은 자신이 직접 지휘하고, 마르쿠즈 르노 소령에게는 3개 중대 140명을, 프레더릭 벤틴 대위에게는 나머지 3개 중대를 맡겼다. 자신은 북쪽에서, 르노는 남쪽에서 출발하고, 벤틴은 보충용 탄약을 싣고 뒤따르다 유사시 어느 쪽이든 지원한다는 계획이었다. 하지만 리틀빅혼 강의 서안을 따라 전개한 수우족과 샤이엔족 전사들은 2000여 명에 달했고, 무엇보다 커스터의 기병대가 자신들의 땅을 침범하는 것을 면밀히 주시하고 있었다.

포위 섬멸전의 역설

수우족 전사들의 첫 제물이 된 것은 르노 소령이 지휘하는 부대다. 이들은 원주민의 캠프에 접근하다 수우족 전사들의 거센 공격을 받고 강가로 무질서하게 패주했다. 강 너머에서 르노 부대의 교전을 목격한 커스터 중령의 본대는 적당한 도하점을 찾지 못하고 시간을 허비했다. 이들이 간신히 협곡을 넘어설 즈음 르노 부대를 물리친 원주민 전사들이 들이닥치기 시작했다. 지형 정찰도 제대로 안 된 상태에서 갑자기 3배가 넘는 적과 맞닥뜨린 7기병대는 우왕좌왕했다.

기병대원들은 대부분 말에서 내려 자신의 말을 쏘아 죽인 후 엄폐물로 삼고 저항했다. 원주민 전사들의 주 무기인 활은 좁은 지형에서 충분히 위력을 발휘했고, 기병대원들은 하나 둘 쓰러져갔다. 공포에 질린 병사 몇몇은 자신의 머리에 권총을 발사하기도 했다. 위대한 전사 크레이지 호스는 선두에서 미군의 숨통을 끊어놓았다. 한편 커스터를 구하러 와야 할 벤틴 대위의 부대도 몰려드는 원주민 전사들을 상대하느라 옴짝달싹하지 못했다.

이 전투에서 미군 측 생존자가 하나도 없기 때문에 커스터의 최후에 대한 기록은 남아 있지 않지만, 그의 마지막 전투가 2시간 이상 지속되지는 않았을 것으로 추측된다. 반면 르노 소령의 부대원 가운데 살아남은 병사와 벤틴 대위의 부대는 가까스로 원주민 전사들의 공격을 방어했고, 미군의 반격을 우려한 수우족은 천막을 걷고 남쪽으로 이동했다.

커스터 중령을 포함해 미군 전사자 263명이 발견된 것은 전투가 끝나고 이틀이 지나서다. 테리 장군이 파견한 정찰대가 커스터 중령이 직접 지휘하던 5개 중대 210명과 르노 소령의 부대원 53명의 시신을 발견한 것이다. 커스터 중령은 심장과 왼쪽 관자놀이에 총상을 입고 죽어 있었다. 전사자 가운데는 커스터의 동생 톰과 보스턴 커스터, 처남 제임스 칼훈과 조카도 포함되었다.

먼 훗날, 현장을 목격한 샤이엔족 여성은 미국 정부 관리에게 당시 상황을 다음과 같이 전했다.

"여인들이 바느질용 송곳으로 커스터의 귀에 구멍을 뚫었어요. 다음에는 그가 남의 말에 귀 기울일 수 있도록."

1876년 6월 25일의 전투는 아메리카 원주민 최대의 승리다. 리틀빅혼은 커스터 중령을 포함한 미 육군 7기병대 260여 명의 무덤이 되었다.

리틀빅혼전투는 군사적인 측면에서 적을 포위, 섬멸하려다가 거꾸로 각개격파당한 전형적인 사례로 기록되었다. 커스터 중령은 적정을 살피려는 정찰 활동을 게을리 했을 뿐만 아니라, 자만에 빠져 부대를 셋으로 쪼개는 만용까지 부리다가 참패한다.

비극의 시작

하지만 리틀빅혼에서 거둔 승리가 오히려 원주민의 종말을 가속화하는 계기가 되었다. 전투를 지휘한 시팅 불은 캐나다로 피신했다가 1881년 미군에 항복했다. 그 뒤 한동안 버펄로 빌의 와일드 웨스트 쇼를 따라 떠돌다가 사우스다코타로 돌아갔는데, 그곳에서 그의 영향력이 커지는 것을 두려워한 미국 정부가 그를 체포하려 했다. 이를 저지하려는 자신의 추종자들과 경찰의 총격전에 휘말린 시팅 불은 결국 경찰이 쏜 총에 머리와 옆구리를 맞아 사망했다.

크레이지 호스도 미군의 끈질긴 추격으로 추위와 굶주림에 시달리다가 리틀빅혼전투 이듬해인 1877년 5월 6일, 네브래스카 주 레드클라우드에서 미군에 항복했다. 로빈슨 요새에 감금된 그는 같은 해 9월 5일, 탈출을 시도하다가 경비병의 총검에 찔려 살해당했다. 자유를 위해 치열하게 살아온 35년의 끝이었다. 크레이지 호스의 부모는 아들의 시신을 사우스다코타의 운디드니(Wounded knee : 상처 난 무릎)에 묻었다.

하지만 비극은 여기서 끝나지 않았다. 1890년 12월 27일, 수우족 400여 명이 크레이지 호스가 묻힌 운디드니로 향하다가 커스터의 옛 부대인 7기병대에 의해 마을 근처에 억류되었다. 다음날 아침 원주민의 무장을 해제하는 과정에서 우발적인 총기 사고가 벌어졌고, 기병대 군인들이 "리틀빅혼을 기억하자"는 고함과 함께 학살극을 벌이기 시작했다. 여성과 어린이 200여 명을 포함해 수우족 300여 명이 이곳에서 목숨을 잃었다. 기병대의 치졸하고 야만적인 복수극이다. 오늘도 조용히 귀 기울여보면 어디선가 초원을 마음껏 질주하는 시팅 불과 크레이지 호스의 말발굽 소리가 들리는 듯하다.

역사상 가장 값비싼 따귀 한 대

— 일파만파의 교훈, 타넨베르크전투

일파만파라는 말이 있다. 전쟁사를 읽다 보면 아주 사소한 사건이 역사의 거대한 방향까지 바꾸는 경우를 종종 본다. 1차 세계대전 초기 독일의 동부 프로이센 타넨베르크(Tannenberg : 스텡바르크의 옛 이름)에서 벌어진 전투야말로 일파만파의 의미를 잘 음미하게 해준다.

독일군의 결정적 오판

1차 세계대전이 터지고 한 달쯤 지난 1914년 8월 하순, 동프로이센 지역에서 러시아군과 대치한 독일군은 러시아군을 도저히 상대할 수 없을 정도로 열세였다. 전쟁이 일어나기 전 독일군이 수립한 '슐리펜 계획(Schlieffen Plan)'의 핵심은 프랑스와 러시아 사이에 낀 독일이 전쟁에서 승리하려면 전력을 프랑스 전선에 집중해 프랑스를 굴복시킨 다음, 그 병력을 동부 전선으로 이동시켜 동원 속도가 느린 러시아군을 격파한다는 것이었다. 사실 동서 전선에서 싸워야 하는 독일의 입장에서 보면 나름대로 합리적인 작전이다.

그런데 국토가 광대하고 교통과 통신망이 다른 유럽 국가들보다 뒤처진 러시아가 병력을 동원하는 데 시간이 오래 걸릴 것이라고 생각한 독일의 예상과 달리, 러시아는 전쟁이 발발한 지 2주 만에 동원을 끝내고 동프로이센 국경에 집결했다.

동프로이센은 예부터 인구가 밀집된 요충지로 프로이센의 심장과 같은 곳이다. 이곳에 배치된 독일군은 막시밀리안 폰 프리트비츠

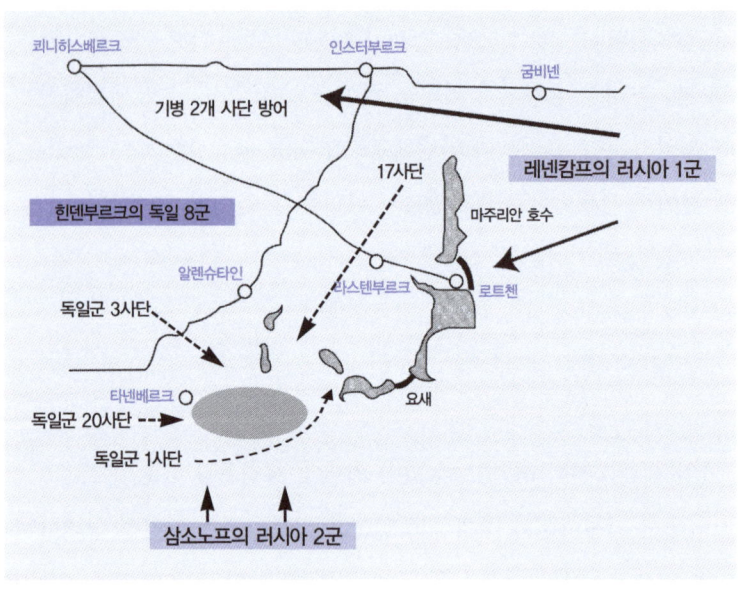

타넨베르크전투 상황도. 마주리안 호수가 가로막고 있어서 러시아군은 북쪽과 남쪽으로 나누어 진격할 수밖에 없었다.

(Maximilian von Prittwitz) 장군이 지휘하던 8군으로, 보병 11개 사단과 기병 1개 사단으로 구성되었다.

이에 맞서 동프로이센 침공을 수행하기 위한 러시아군은 1집단군 휘하의 1군과 2군인데, 이들은 보병 30개 사단과 기병 8개 사단을 포함해 병력만으로 보면 보병은 3대 1, 기병은 8대 1로 러시아군이 독일군에 비해 절대적인 우세였다. 45만 대병력을 지휘하는 지휘관은 1집단군 사령관 질린스키 장군이고, 그 휘하의 1군과 2군은 파벨 레넨캄프 장군과 알렉산더 삼소노프 장군이 맡았다.

러시아군의 결정적 약점

그런데 레넨캄프는 유능하고 용맹하지만 거만하기 이를 데 없고, 삼소노프는 오만하지는 않지만 이처럼 큰 부대를 지휘해본 경험이 없는데다 고질적인 천식 환자였다. 더 큰 문제는 두 지휘관의 상반된 성격만큼이나 그들이 불구대천의 원수라는 점이다.

두 사람이 원수가 된 사연은 몇 년 전으로 거슬러 올라간다. 1904년 러일전쟁 당시 삼소노프 장군과 레넨캄프 장군은 각자 자신의 사단을 지휘했는데, 삼소노프의 시베리아 코사크 사단에는 만주(중국 북동부 둥베이의 역사적 지명)의 옌타이 석탄 광산을 방어하라는 명령이, 레넨캄프의 사단에는 삼소노프의 사단을 지원하라는 명령이 떨어졌다. 그러나 삼소노프의 코사크 사단이 일본군의 공격으로 대규모 사상자를 내고 고전하는 동안 레넨캄프는 멍하니 지켜보기만 했다. 전투가 끝나고 며칠 후 두 장군은 우연히 만주 역에서 마주쳤는데, 삼소노프 장군이

알렉산더 삼소노프 장군(왼쪽)과 파벨 레넨캄프 장군(오른쪽).

레넨캄프 장군의 뺨을 냅다 갈겼다. 이어 두 장군은 부하들이 보는 앞에서 진흙탕을 뒹굴며 한바탕 난투극을 벌였다. 이때부터 두 사람은 증오심을 키우던 차였다.

이윽고 진격 명령을 받은 러시아 1군과 2군은 각자 출동했는데, 레넨캄프의 1군이 8월 15일 국경을 넘은 것에 비해 삼소노프의 2군은 8월 20일에야 국경을 넘기 시작했다. 더구나 러시아군의 진격 방향 정면에 마주리안 호수가 있어서 1군은 호수 북쪽으로, 2군은 남쪽으로 움직일 수밖에 없었다. 따라서 두 부대가 긴밀하고 효율적으로 협조하지 않으면 독일군의 각개격파 작전에 휘말리기 쉬운 상황이었다.

재앙을 부르는 작은 승리

8월 19일, 레넨캄프의 군대가 독일의 굼비넨(Gumbinnen)에 도착해서 독일군과 전투를 벌였다. 이곳을 방어하던 독일 1군단과 1예비군단은 측방에서 러시아군을 격퇴했지만, 중앙의 17군단은 병력의 열세를 극복하지 못하고 후퇴했다. 독일 17군단의 후퇴는 전술상의 문제고 결정적인 승리와는 거리가 멀었지만, 레넨캄프는 승리에 도취되어 샴페인부터 터뜨렸다. 부하들에게 "독일군이 꽁무니를 빼고 있으니 잠이나 푹 자두게"라며 여유를 부린 것이다.

이 작은 승리가 러시아군에 닥친 재앙의 시작이다. 독일군 총사령부는 굼비넨에서 철수한 것을 전쟁 판도에 영향을 미칠 수 있는 큰 사건으로 받아들였다. 8군 사령관 프리트비츠가 지나치게 신중하여 싸워보지도 않고 방어선을 축소하려 한다고 판단한 독일군 참모총장 몰트케는 그를 해임하고 후임으로 백전노장 힌덴부르크를, 참모장에는 루덴도르프를 임명했다. 한편 독일군이 철수함에 따라 굼비넨을 손에 넣은 레넨캄프의 1군은 독일군 추격을 중단하고 귀중한 시간을 허비하고 있었다.

같은 시간 굼비넨에서 훨씬 남쪽에 있던 삼소노프의 러시아 2군의 진격은 그야말로 엉망이었다. 삼소노프 장군에게는 벌써부터 레넨캄프의 1군에 합류하라는 지시가 내려졌지만, 그는 자신이 정확히 어느 지점에 있는지조차 알 수 없었다. 짧은 시간에 병사들을 동원하기는 했지만 보급 상황이 엉망이어서 군화를 지급받지 못한 병사는 물론, 심지어 소총이 없는 병사도 있었다. 제대로 된 훈련 한 번 받아보지 못한 그들은 적을 향해 행군하는 대신 먹을 것을 찾아 가축을 도살하고 닭을 훔치는 데 시간을 허비했다. 결국 삼소노프는 8월 22일, 방향을 틀어 철도를 통해 보급품을 받을 가능성이 있는 솔다우로 진격하기로 결심했다. 이렇게 되면 레넨캄프와는 더 멀어지지만, 그에게는 선택의 여지가 없었다.

러시아군의 단위 부대 사이에 통신은 완전히 두절된 상태였고, 러시아군 최고사령부는 적의 동태는 고사하고 아군의 위치도 파악하지 못했다. 그러나 이들의 움직임을 공중에서 지켜보는 눈이 있었으니, 전쟁 역사상 처음으로 사용된 독일군의 정찰기다. 뿐만 아니라 독일군 사령부는 러시아군의 통신 전문을 입수하여 이들의 움직임을 빤히 들여다보고 있었다.

독일군은 마침내 대담한 전략을 세운다. 고도의 기동성을 갖춘 소규모 병력으로 몇 배 강한 러시아군을 공격해 치명타를 가한다는 것이다. 러시아 1군 앞에는 눈가림용으로 기병 1개 사단만 남겨놓고, 나머지 독일 8군의 병력으로 삼소노프의 2군을 공격한다는 계획이었다.

사실 이 계획은 도박이나 마찬가지였다. 러시아 1군이 공격받는 삼소노프의 2군을 지원하러 움직인다면 독일군은 남북 양면에서 협공당할 것이고, 러시아군이 동프로이센으로 진입한다면 슐리펜 계획이고 뭐고 독일이 전쟁에서 이길 수 없는 상황이었다.

겹겹이 쌓인 러시아군의 시신. 두 지휘관의 불화는 걷잡을 수 없는 결과를 가져왔다.

그러나 독일군은 이같이 대담한 도박에 '올인'한다. 독일 8군의 참모 호프만 중령은 레넨캄프가 삼소노프를 도우러 오지 않으리라고 확신한 것이다. 러일전쟁 당시 관전 장교로 러시아군에 종군한 호프만 중령은 두 러시아 사령관의 불화에 대해 잘 알았고(삼소노프가 레넨캄프의 뺨을 때리는 현장에 그가 있었다는 얘기도 있다), 이 불화가 전투의 향방까지 좌우하리라고 예상했다.

현대판 칸나에 전투

독일군은 8월 25일 저녁까지 모든 전투 준비를 마치고 삼소노프의 2군이 덫에 걸리기만 기다렸다. 이튿날 새벽, 삼소노프는 독일군을 향해 공격을 개시했다. 러시아군의 맹공을 막는 독일군 부대는 이 지역 알렌슈타인 출신 지원병들로 구성된 20군단이다. 애향심으로 똘똘 뭉친 이들은 러시아군의 공격을 막아내고 반격의 발판을 마련했다. 그러는 동안 러시아군의 좌우에서 때를 기다리던 독일 1, 17군단과 1예비군단이 합세하여 삼소노프의 군대를 포위하기 시작했다.

전투는 8월 27일과 28일에도 치열하게 이어졌다. 삼소노프는 분노와 절망 속에서도 포위망을 뚫기 위해 고군분투했지만, 레넨캄프의 1군은 미동도 하지 않았다. 러시아 2군의 운명에 황혼이 드리우기 시작했다. 러시아군은 좁아지는 독일군의 포위망을 돌파하려고 좌충우돌했지만, 도살장 안의 가축처럼 하나하나 쓰러져갈 뿐이었다.

타넨베르크전투는 8월 30일 저녁에 막을 내렸다. 이 전투에서 삼소노프의 러시아 2군은 독일군에 사로잡힌 9만 명을 포함하여 병사

12만 5000명과 포 500문을 잃었다. 힌덴부르크 장군이 이날을 '수확의 날'이라고 불렀을 정도다. 반면 독일군의 사상자는 1만 5000명에 불과했다. 포위망 안의 러시아군은 섬멸되었으며, 삼소노프 사령관도 자신의 머리에 권총을 대고 방아쇠를 당겨 부하들과 운명을 같이했다. 러시아 2군의 구원 요청을 매몰차게 거절한 1군 사령관 레넨캄프 장군과 1집단군 사령관 질린스키 장군은 직위 해제 당했을 뿐 아니라, 군적 자체가 박탈되는 치욕을 겪었다.

타넨베르크전투는 기원전 216년 한니발의 카르타고군이 로마군을 대파한 칸나에전투와 유사하다 하여 '현대판 칸나에전투'라고 불린다. 이 전투는 현대전에서 유례를 찾아보기 힘든 섬멸전의 전형이다. 그리고 삼소노프가 레넨캄프에게 올려붙인 뺨 한 대야말로 역사상 가장 값비싼 대가를 치른 따귀라고 역사가들은 기록한다.

외로운 섬을 지켜낸 영국인 '최고의 시간'
— '나치 팽창'의 마지막 방어선, 영국전투

나치의 마지막 야욕, 바다사자 작전

1940년 늦여름, 섬나라 영국은 외로운 싸움을 하고 있었다. 동맹국 프랑스는 독일군의 공세에 겨우 6주를 버티다 무너졌고, 유럽 대륙을 손에 넣은 나치 독일의 위세에 영국의 운명은 풍전등화 같았다. 대륙과 영국 사이에 놓인 좁은 바다만이 자신들을 지켜주는 방패였다.

노르웨이에서 프랑스까지 손에 넣은 히틀러는 7월 16일, '바다사자 작전(Operation Sealion)'을 발동했다. 독일군에 영국 침공을 준비하라고 지시한 것이다. 프랑스에 파견됐다 가까스로 철수한 영국 지상군은 대부분 작전 불능 상태여서, 독일군이 영국에 상륙하기만 하면 영국의 패망은 눈에 빤히 보이는 상황이었다.

하지만 세계 최강을 자랑하는 영국 해군을 제압하지 않고 영국 해

1940년 여름, 영국과 독일 사이에 국운을 건 일대 항공전이 벌어졌다. 독일 공군은 영국의 제공권을 장악하여 상륙작전의 기틀을 마련하고, 영국 국민의 전쟁 의지를 꺾어 영국 정부를 굴복시키려 했다.

협을 건너기는 불가능했다. 따라서 히틀러는 제공권부터 장악해야 한다는 것을 깨닫고, 독일 공군 총사령관 헤르만 괴링 원수에게 영국 본토에 대대적인 공중 작전을 펼 것을 지시했다. 8월 13일, 괴링은 가용 항공기 2500대를 총동원하여 영국 공군을 무력화하기 위한 '독수리 작전'을 개시한다. 영국전투(The Battle of Britain)의 시작이다.

그런데 폴란드와 프랑스에서 눈부신 활약을 한 독일 공군은 영국 공군을 과소평가해서 터무니없는 낙관을 했다. 폭격을 통해 영국 본토 전역을 장악하는 데는 빠르면 4주밖에 걸리지 않으리라고 예상한 것이다. 그들은 영국 전투기 900대를 한 달에 300대 이상씩 격추할 수 있다고 생각했다. 영국의 항공 산업 능력을 감안하여 한 달에 새 전투기를 200대씩 생산한다고 해도 매달 100대 이상 줄일 수 있는 셈이니, 넉넉히 잡아도 석 달이면 영국의 상공을 장악할 수 있다는 것이다.

그러나 영국 공군은 그렇게 호락호락한 상대가 아니었다. 영국 공

영국 공군 전투기 부대 사령관 휴 다우닝 장군. 사람들은 '뿌루퉁한 다우닝'이라고 불렀지만, 그는 탁월한 선견지명으로 영국 공군을 승리로 이끌었다.

군 전투기 사령부의 휴 다우닝 장군은 무뚝뚝하고 사교성은 떨어지지만, 선견지명이 탁월한 사람이다. 그는 가용 전투기와 조종사를 싹싹 긁어모아 독일 공군과 일전을 준비하고 있었다. '휴 다우닝의 병아리들'이라고 불린 영국 공군 전투기 조종사들의 평균 연령은 21세에 불과하고 비행 경력도 일천했으나, 곧 벌어질 전투가 이들을 베테랑 전투 조종사로 만든다.

안개에 싸인 소모전

독일 공군의 첫 목표물은 영국 해협을 따라 배치된 레이더 기지들이었다. 1935년 왓슨와트가 개발해서 처음으로 실전에 배치된 레이더는 70마일(약 113km) 거리에서 독일기의 방향, 고도, 대수까지 알아낼 수 있었다. 독일 공군의 공습을 받은 레이더 기지 중에는 열흘 동안이나 사용할 수 없는 상태가 된 곳도 있지만 영국 공군은 피해 사실을 철저히 숨겼고, 독일 측은 공습 성과를 알 방법이 없었다. 일주일 동안 영국의 레이더 기지를 폭격한 독일 공군은 이 폭격이 별 효과가 없다고 판단, 영국 공군 비행장을 공습하는 것으로 목표를 바꿨다.

비행장을 공격당한 영국 공군은 내륙으로 기지를 이동시키면서 기세가 한풀 꺾인 듯 보였다. 이 단계에서 항공기 손실은 양측 모두 극심했지만, 특히 독일 공군은 영국 공군에 비해 2배가 넘는 손실을 기록했다.

괴링은 영국 공군이 보유한 전투기가 300대에 불과하다고 예상했지만, 실제로는 2배가 넘는 전투기가 남아 있었다. 독일 공군은 영국 남동부의 비행기지를 집중 공격하여 남은 영국 전투기를 그곳으로 유인, 섬멸하려 했다. 하지만 독일의 계략을 간파한 다우닝 장군은 독일 전투기와 공중전을 벌이는 것은 가급적 피하고, 폭격기만 집중적으로 공격할 것을 지시했다. 남은 영국 전투기 세력을 유지하면서 시간을 최대한 끌려는 고육지책이다. 상황이 이렇게 되자 독일 전투기들은 자국의 폭격기를 엄호하는 임무까지 떠맡았다.

히틀러의 무리수, 런던 폭격

8월 24일, 우연히 벌어진 사건이 영국전투의 향방을 돌려놓는 역할을 한다. 이날 밤 야간 공습에 나선 독일 공군 폭격기 가운데 2대가 항로를 잃고 헤매다가 아무데나 폭탄을 떨어뜨리고 기지로 돌아갔는데, 하필이면 그 폭탄이 떨어진 곳이 런던의 중심부였다.

런던 도심에 떨어진 폭탄은 유서 깊은 세인트 질 교회를 파괴하고, 집으로 돌아가던 시민들을 살상했다. 히틀러는 런던 공습을 엄격히 금지했고, 이날의 사건은 누가 봐도 계획적인 것으로 보이지 않았다. 하지만 다음날 밤, 영국 공군의 폭격기들이 베를린 교외의 룰레벤을 보복 폭격하는 일이 벌어졌다. 격노한 히틀러는 영국에 다시 보복하기 위해 대대적인 런던 폭격을 명령했는데, 이 결정이 영국 공군에게 기사회생의 기회를 제공한다.

독일 공군은 엄청난 폭탄을 밤낮으로 런던에 쏟아 부었지만, 이것은 전략적으로 별 가치 없는 소모전에 불과했다. 무거운 폭탄을 싣고 날아온 폭격기들은 날쌘 영국 공군 전투기의 좋은 표적이 되었고, 폭격기를 엄호해 온 독일 전투기 역시 연료 부족 문제로 런던 상공에서 오래 지체할 수 없었다. 상황이 이런데도 허풍쟁이 헤르만 괴링은 히틀러에게 영국 공군은 결딴났다고 허위 보고를 하고, 이에 도취된 히틀러는 영국 상륙을 감행할 결심을 한다.

9월 15일, 화창한 날씨 속에 독일 전투기 700대와 폭격기 400대가 런던을 향해 날아왔다. 때를 기다리던 영국 공군은 휘하의 24개 비행 중대가 가지고 있던 전투기 300여 대를 총동원해서 독일기 요격에 나섰고, 이날 하루 종일 격렬한 공중전이 벌어진 하늘에는 사방으로 비행운이 꼬리를 끌었다. 독일 폭격기는 태반이 런던에 닿지도 못하고 격추되거나 동체가 벌집이 된 채로 귀환해야 했다.

다음날 아침, 영국의 신문들은 '독일 공군기 185대를 격추'했다고 대서특필했다. 이 숫자는 과장된 것으로 실상은 독일 공군기 격추 56대, 영국 전투기 손실 26대였다. 하지만 독일 공군의 노련한 항공기

독일 공군의 런던 폭격은 영국 공군에게 기사회생의 기회를 제공했다. 독일 공군의 소모적인 도시 폭격으로 한숨을 돌린 영국 전투기 부대는 독일 공군에 반격을 가해 엄청난 출혈을 유도했다.

승무원 수십 명이 기내에서 전사했고, 구사일생 기지로 돌아갔으나 비행이 불가능한 항공기가 수십 대, 대륙으로 돌아가다 연료가 떨어져 해면에 불시착한 전투기가 20여 대였다. 같은 날 영국 공군 폭격기들은 영국 해협에서 상륙작전을 준비하던 독일 해군의 수송선과 예인선 100여 척을 격침함으로써 독일군에게 치명적인 타격을 입혔다. 히틀러는 할 수 없이 바다사자 작전을 무기한 연기하라는 명령을 내렸다.

2차 세계대전의 향방을 바꾼 영국전투

독일 공군의 패인에는 여러 가지가 있지만, 공군의 임무를 지상군을 지원하는 역할에 한정해서 육군의 '장거리 포병' 같은 개념으로 운용한 것이 주원인으로 꼽힌다. '전격전'이라는 신조어를 만들어낸 폴란드 침공을 자세히 들여다보면 독일 공군의 임무는 지상군을 전술적으로 지원하는 것에 불과했다. 이런 개념으로 공군을 운용하다 보니 자연히 장거리 폭격기나 전투기 개발에는 신경 쓸 겨를이 없었던 것이다. 영국전투 당시 독일 공군의 주력 전투기 메사슈미트(Me-109)는 비행 시간이 80분에 불과해서 영국 해협을 오가는 데 걸리는 60분을 제외하면 영국 상공에서 전투할 수 있는 시간은 20분 미만이었다.

독일 공군의 패배를 앞당긴 다른 원인으로는 헤르만 괴링의 근거 없는 낙관을 들 수 있다. 독일이 예상한 것과 달리 영국은 전투기를 매달 450~500대 생산했고, 영연방 국가들과 폴란드·프랑스 출신의 망명 조종사들을 받아들여 전투기 조종사만 1400명이 넘었다. 또 영

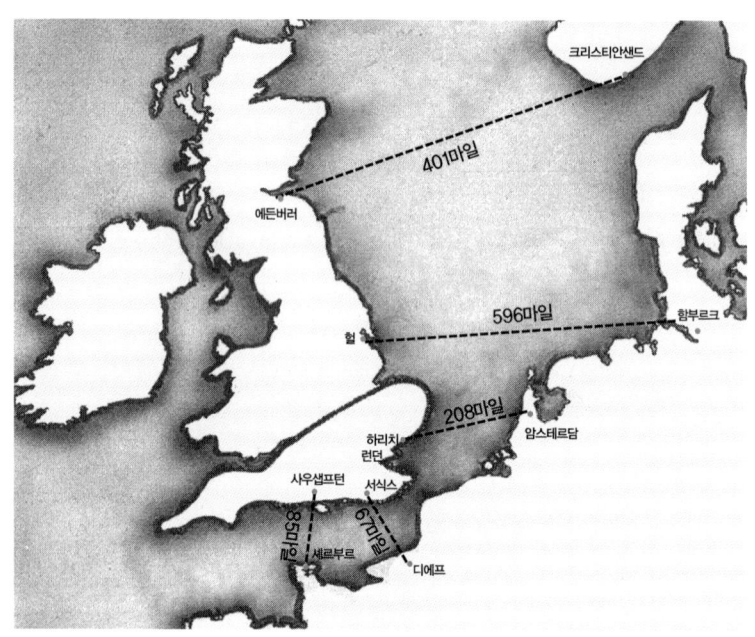

영국 항공전 당시 영국의 주요 도시와 독일의 주요 기지 간 거리.

국의 조종사들은 낙하산으로 탈출해도 다시 비행할 수 있었지만, 적지에 떨어진 독일 조종사들은 포로수용소로 가는 길 외에 다른 방법이 없었다. 숙련된 조종사들의 손실은 장차 2차 세계대전의 향방마저 바꾼다.

영국 정부는 역사적인 1940년 9월 15일을 '영국전투의 날'로 선언하고, 오늘까지 기념하고 있다.

 # 전투에서 지고
전쟁에서 승리하다
― 명절의 허를 찌른 베트남전 구정 공세

수렁에 빠진 미국

1968년 1월 31일, TV 뉴스를 시청하던 미국 시민들은 벌어진 입을 다물지 못했다. 베트남 사이공 시의 미국대사관에서 벌어지는 미군과 베트남 민족해방전선 게릴라들의 총격전이 생생히 전해지고 있었기 때문이다. 전쟁에서 이기고 있다는 대통령과 미국 정부 관리들의 말과는 전혀 다른 상황이 TV 속에서 벌어졌다. 불과 두 달 전, 항공모함 엔터프라이즈에서 존슨 대통령이 "전쟁은 이제 며칠 끌지 않을 것입니다"라고 공언한 것이 무색했다. TV를 본 미국 시민들의 가슴속에는 한 가지 의문이 자라기 시작했다. '도대체 베트남에선 무슨 일이 벌어지는 거야?'

1954년, 프랑스가 디엔비엔푸에서 보 구엔 지압 장군이 이끄는 베

미국 대사관 정문에 걸린 국가 문장이 불에 탄 채 떨어졌다. 베트남전에서 미국의 운명을 예고하는 듯하다.

트민군에게 참패한 후 베트남에서 물러나고, 미국이 프랑스를 대신해 베트남에 발을 들여놓기 시작했다. 그리고 10년이 지난 1964년 8월, 통킹 만 사건을 빌미로 베트남전에 본격 개입한 미국은 이듬해부터 지상군을 파병하기 시작했으며, 1967년 11월까지 미군 50만 명이 베트남에서 전쟁을 치르고 있었다. 미국 내에서는 점차 명분 없는 전쟁에 대한 반대의 목소리가 높아졌지만, 미국 정부는 전쟁에서 승리하고 있다는 헛된 믿음을 전파했다.

TV를 보는 미국 시민의 가슴을 놀라게 한 기습 공격을 입안한 사람은 15년 전 프랑스군을 무릎 꿇린 전술의 천재 보 구엔 지압 장군이다. 그는 1967년 가을부터 남베트남에 대한 총 공세로 민중 봉기를 유발해 남베트남 정부를 붕괴시키고 미군을 물러나게 한 다음, 베트남 통일을 달성한다는 원대한 계획을 세우고 실천에 옮겼다. 그 일환으로 미군의 주의를 사이공 등 인구 밀집 지역에서 딴 곳으로 돌리고,

유사시 즉각 지원이 불가능하도록 병력을 분산시키는 기만 작전을 벌인 것이다.

이윽고 1967년 9월, 북위 19°선 비무장지대 근처 콘티엔에 주둔한 미 해병대를 공격하는 것을 시작으로 캄보디아 국경 지대 여러 곳과 케산에 주둔한 미 해병대를 북베트남 정규군 2개 사단 병력으로 포위하고 대규모 공격을 감행했다.

허를 찌른 대공세

베트남의 음력설(베트남에선 설을 테트(tet)라고 부른다) 1월 30일을 전후로 한 구정 연휴 기간이 총 공세를 개시하는 시점으로 결정되었다. 설 전날인 1월 29일, 베트남 전국은 귀향 행렬로 혼잡했다. 이전에도 구정 연휴 기간에는 전투가 벌어지지 않았기 때문에 남베트남의 티우 대통령은 1968년 1월 29일 오후 6시부터 1월 31일 오전 6시까지 36시간 휴전을 선포했다.

버스에는 모처럼 고향을 찾아 가족과 즐거운 시간을 보낼 생각에 들뜬 민간인과 '군인'들이 가득해, 버스를 일일이 검문한다는 것은 불가능한 일이었다. 또 베트남군의 군복을 입은 게릴라 대원들은 미군 트럭까지 세워 타고 사이공 등 봉기를 일으킬 여러 도시로 속속 잠입했다. 각종 무기와 탄약은 여성과 아이들이 미는 농산물 수레나 장례식을 위장해 관 속에 넣는 방법으로 운반되었다.

이렇게 북베트남 정규군과 베트남 민족해방전선 게릴라 7만 명이 작전 지역으로 은밀하게 이동했다. 총 35개 대대 병력이 투입된 사이

사이공 시내의 미국대사관 경내. 미군 헌병이 사망한 동료 옆에서 게릴라와 교전하고 있다. 미국대사관 안에서 벌어진 전투 장면은 매스컴을 타고 미국의 안방 시청자들에게 생생하게 전달되었다.

도덕성 논란을 불러일으킨 '사이공 식 처형'은 사이공에서 한 달 동안 계속된 시가전 막바지에 벌어졌다.

공 시의 주요 공격 목표는 대통령 궁과 미국대사관, 합동참모본부, 탄손누트 공항, 해군본부, 국영 방송국 등 6개소다.

1월 30일 오전 1시 30분, 새해를 축하하는 폭죽 소리가 요란한 가운데 베트남 대통령 궁이 게릴라 대원 30여 명에게 습격당했다. 뒤이어 해군본부와 합참, 방송국에 대한 공격이 이어졌다.

미국대사관이 공격당한 시간은 오전 2시 47분경이다. 소형 트럭과 택시에 나눠 탄 게릴라 대원들이 대사관 담에 폭발물로 구멍을 뚫고 진입한 것이다. 이 게릴라 중에는 대사관의 정원사나 운전기사로 일하던 사람도 있다. 대사관 본관에 로켓탄 몇 발이 명중하고, 건물을 수비하던 미군 헌병과 게릴라들의 치열한 교전이 벌어졌다. 총격전은 날이 밝으면서 미군의 증원군이 투입되어 게릴라 대원들을 사살하는 것으로 끝났다. 하지만 미국대사관에서 6시간 남짓 벌어진 상황은 방송사의 카메라에 생생하게 담기고 말았다.

이날의 기습은 사이공 시뿐만 아니라 36개 지방 주요 도시와 촌락 100여 곳, 주요 군사 시설 25개소에도 동시에 가해졌다. 기습의 효과는 결코 무시하지 못했지만, 미군과 남베트남군은 2~3일 내에 수도 사이공과 베트남 중부의 고도(古都) 후에 시를 제외하고 공격당한 지역을 대부분 탈환했다. 사이공과 후에 시에서는 이후로도 한 달 동안 게릴라 소탕전이 계속되었다.

그리고 혼란과 공포에 떠는 베트남의 모습은 TV 전파를 타고 미국인의 안방까지 그대로 전달되었다. 미국인들은 자신의 눈을 의심할 수밖에 없었다. 대통령도, 고위 관리들도 입만 열면 미국이 전쟁에서 승리하고 있으며, 북베트남이 무릎을 꿇기까지 이제 며칠 남지 않았다고 이야기했기 때문이다.

군사적 패배와 정치적 승리

북베트남군과 베트남 민족해방전선의 구정 공세는 군사적으로 보자면 실패한 작전이다. 애초 목표한 민중 봉기를 일으키지도 못했고, 작전에 투입된 병력을 절반 이상 잃었다. 특히 민족해방전선은 전투 조직은 물론 핵심 지하조직까지 궤멸해 한동안 조직을 유지하기도 어려울 지경이었다.

미군이 집계한 구정 공세 인명 피해는 미군과 동맹군 전사 1536명, 실종 11명, 부상 7764명, 남베트남군 전사 2788명, 부상 8229명, 실종 587명이고, 북베트남군과 민족해방전선 게릴라 전사 4만 5000명, 포로 6991명이다. 민간인 피해도 상당해 사망자 1만 4000명에 부상자 2만 4000명, 전투 와중에 삶의 터전을 잃은 이재민은 무려 63만 명에 달했다.

하지만 군사적 패배와 달리 구정 공세는 엄청난 정치적 승리를 거됐다. 베트남이 아니라 지구 반 바퀴 떨어진 미국에서 말이다. 미국 시민들은 정부가 그동안 거짓말을 되풀이했다는 것을 깨달았고, 명분 없는 전쟁에서 손 뗄 것을 요구하기 시작했다.

마침 미국은 그 해 연말에 대통령 선거가 예정되어 있었다. 언론의 압력과 반전 여론으로 궁지에 몰린 존슨 대통령은 3월 31일, 대국민 성명을 통해 북위 19°선 이북의 북베트남 전 지역에 대한 미군의 폭격을 중지할 것이며 자신은 대선에 출마하지 않을 것이라고 선언했다. 또 북베트남 정부에 평화협상을 제의했다. 존슨 대통령이 성명을 발표하고 나흘 뒤인 4월 3일, 북베트남 정부는 미국의 협상 제의를 수락한다고 발표했다. 구정 공세는 군사적으로 패배했지만, 정치·심리적으로는 빛나는 승리를 거뒀다.

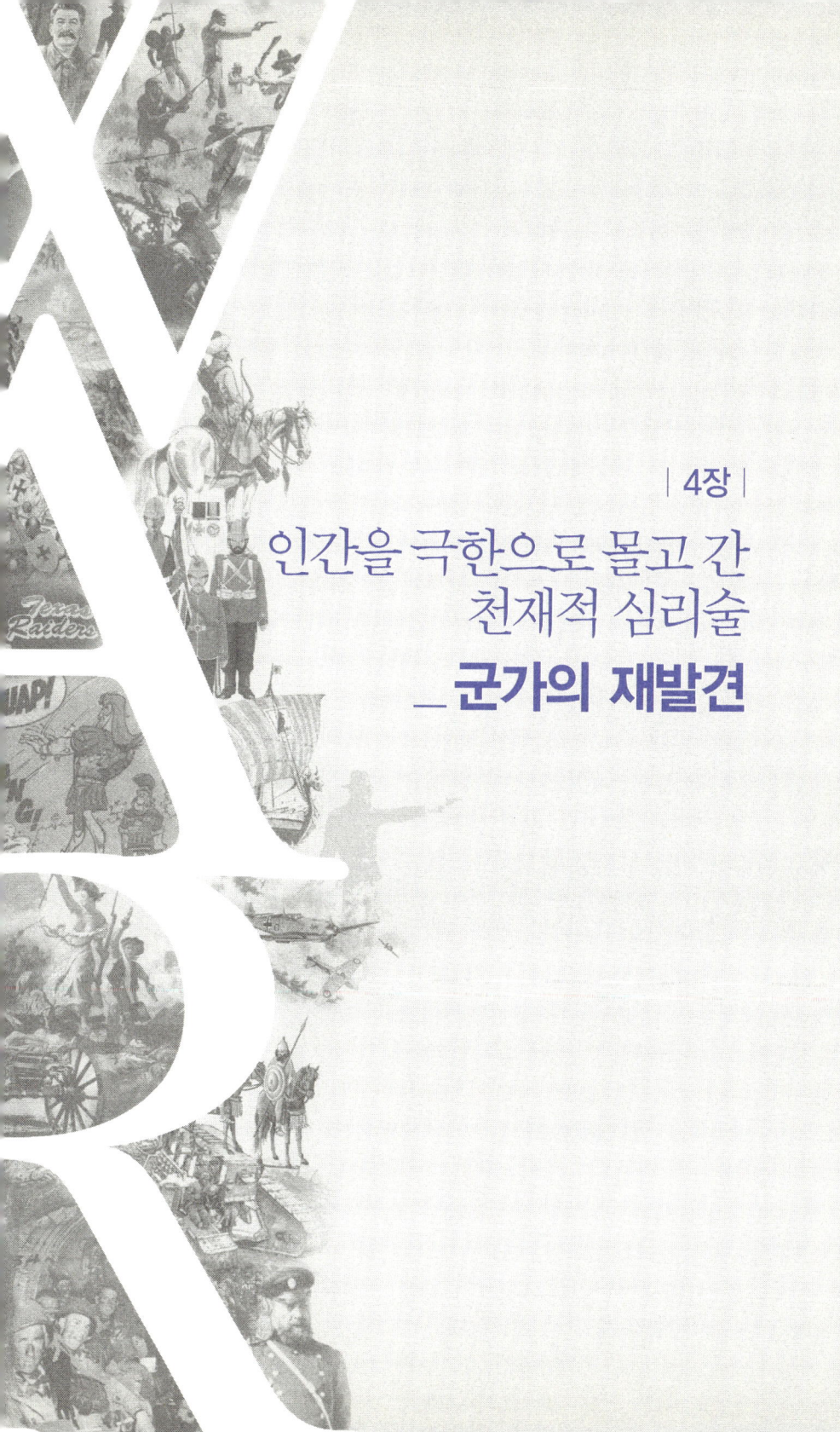

| 4장 |

인간을 극한으로 몰고 간 천재적 심리술
_군가의 재발견

켈트인의 아련한 독립의 꿈
— 〈스코틀랜드 더 브레이브〉

1절
귀 기울여라! 언제 밤이 새는지
들어라! 백파이프(bagpipe)가 부르는 소리를
골짜기마다
그곳은 언덕이 평안히 잠자는 곳
지금 피가 용솟음치는 것을 느껴보라
마치 옛 스코틀랜드 조상들이 그랬던 것처럼

후렴
용맹함이 하늘 높이 치솟는 곳
스코틀랜드는 나의 집
자랑스러운 군기가 높이 영광스럽게 펄럭이기를 바란다

내가 크나큰 노력을 기울여야 할 곳

빛나는 강이 있는 땅

내 가슴속에 영원히 잊지 못할 곳

스코틀랜드 용감한 용사들의 땅

2절

안개 가득한 스코틀랜드의 산들과

저기 자줏빛 섬들 사이에

스코틀랜드의 하늘 아래 박동치는 심장은 용감하구나

당신을 맞이하는 바람은 사납지만

당신에게 인사하는 친구들은 든든할 뿐 아니라

아름다운 처녀의 눈에서 빛나는 사랑처럼 순박하구나

3절

햇빛 찬란한 머나먼 곳에서

스코틀랜드 용사들의 얼굴엔 슬픈 표정 드리우네

감미로운 스코틀랜드의 빗줄기를 맛보기를 염원하면서

열대의 하늘엔 햇살만 따가우니

두고 온 사랑을 생각하면 마음만 헤맨다

고향으로 돌아가기를 간절히 꿈꾸네

— 〈스코틀랜드 더 브레이브〉

군악의 백미, 백파이프

통신 수단이 발달하지 않은 시대, 전장에서 군악대의 임무는 보다 실전적이었다. 고대 그리스의 밀집 보병대는 피리 소리에 발 맞춰 적진을 향해 나갔고, 이집트와 중국에서는 북소리가 이동과 공격, 퇴각 신호를 전달했다. 전쟁의 역사만큼이나 오래된 군악 중 가장 돋보이는 음악은 단연 스코틀랜드의 백파이프일 것이다.

중동이나 중앙아시아에서 유래했다고 알려진 백파이프는 연주자가

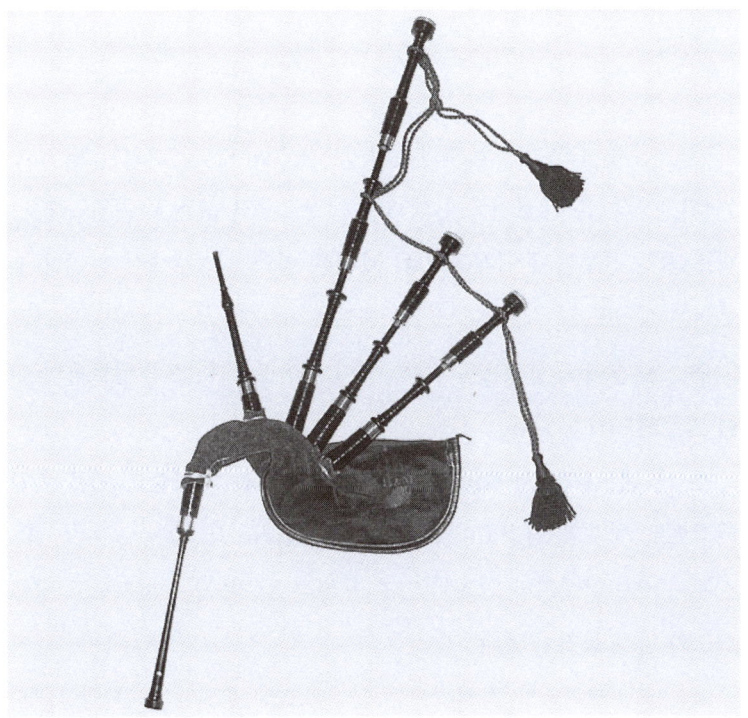

군악의 백미로 일컬어지는 스코틀랜드의 백파이프.

블로파이프(blowpipe)를 불어 자루(bag)에 저장해둔 공기를 지속적으로 파이프(pipe)로 보내 음역이 결정되고, 손가락으로 챈터(chanter)를 눌러 멜로디를 만든다. 때문에 사람의 폐가 만들어내는 것보다 음이 훨씬 길게 지속되고, 높은 음역의 소리는 꽤 먼 거리까지 전달된다(우리가 흔히 아는 백파이프는 주로 영국 군악대가 사용하는 그레이트 하이랜드 백파이프지만, 유럽 여러 나라에는 수십 종류의 백파이프가 있다). 특히 척박한 지형과 혹독한 기후에서 양을 방목하며 고된 삶을 꾸려온 스코틀랜드인들의 생활양식과 결합한 백파이프는 독특한 선율을 만들어냈다.

저항의 상징

영국 섬의 주인이던 켈트인은 처음에는 로마인의 침략을 받았고, 5세기 이후에는 게르만족의 일파인 앵글로족과 색슨족의 침입에 맞닥뜨렸다. 전투에서 패배해 점차 브리튼 섬의 중앙부에서 밀려난 켈트인은 북쪽으로 이주하여 스코틀랜드를 세웠고, 일부는 아일랜드로, 일부는 웨일스로 향했으며, 영국 섬의 남동부 지역은 앵글로족의 나라 잉글랜드가 되었다.

스코틀랜드는 고지대(Highland) 산악 지대라는 자연환경 때문에 지리적으로 동부와 단절되어 색슨족의 저지대(Lowland : 스코틀랜드의 남동부)보다는 아일랜드와 연계되었고, 문화적으로나 인종적으로도 잉글랜드와 다른 특징이 있다.

따라서 스코틀랜드 각지에서는 군사적으로 우위에 있던 잉글랜드에 대한 저항운동이 끊임없이 발생했다. 특히 13세기 말, 잉글랜드를 통치하던 에드워드 1세의 간섭에 맞서 윌리엄 월레스(William Wallace)라는 탁월한 반란 지도자가 나타났다. 당시 뿔뿔이 흩어진 스코틀랜드 귀족들은 독립에 대한 민중의 염원에는 아랑곳없이 잉글랜드 왕이 베푸는 작위와 땅을 얻기에 급급했다.

1286년 3월, 스코틀랜드 왕 존 베얼리얼이 후계자 없이 죽자 에드워드 1세는 스코틀랜드의 왕권을 요구하며 폭정을 펼쳤다. 1297년, 세력을 규합한 윌리엄 월레스는 에어셔(Ayrshire) 주의 잉글랜드군 병참 기지를 공격함으로써 역사에 그 이름을 드러냈다.

스코틀랜드군은 훈련도 제대로 받지 못하고 무기와 병력에서도 열세였지만, 자유에 대한 열정으로 무장한 이들은 스털링브리지전투에서 잉글랜드군을 격파했다. 비록 잉글랜드와 치른 전쟁에서 결정적인 전투는 아니지만, 억눌려온 스코틀랜드인의 자존심을 되살리기에는 충분했다. 대청(woad)에서 추출한 푸른 염료를 온몸에 칠한 스코틀랜드 전사들은 여러 해 동안 신출귀몰하며 잉글랜드군을 괴롭혔다.

하지만 이 영웅의 활약은 오래가지 못했다. 스코틀랜드 귀족들의 음모로 함정에 빠진 윌리엄 월레스는 에드워드 1세의 손에 넘겨졌고, 런던으로 끌려가 참혹한 최후를 맞았다. 스코틀랜드 애버딘에 있는 윌리엄 월레스 기념비에는 그가 법정에서 항변한 말이 새겨져 있다.

나는 잉글랜드의 에드워드 왕에게 반역자가 아니다. 그는 나의 왕이 아니다. 나는 그와 아무런 동맹 관계도 없다. 그는 결코 나에게 신사의 예를 받을 수 없고, 나의 생명이 이런 박해받는 육신 속에 있는 한 그는 결코 충성의 예를 받을 수 없을 것이다.

영화 〈브레이브 하트〉에서 멜 깁슨이 연기한 윌리엄 월레스와 스코틀랜드 애버딘에 있는 윌리엄 월레스 동상.

반역죄로 사형이 선고된 그는 사지가 찢기는 형벌을 받았고, 그의 머리는 반란에 대한 본보기로 런던브리지에 효수되었다.

역사의 역설

윌리엄 월레스는 죽었지만, 독립에 대한 스코틀랜드인의 열망은 식지 않았다. 월레스와 함께 잉글랜드에 맞선 로버트 더 브루스는 스코틀랜드의 잉글랜드군 거점을 하나씩 공격하여 탈환했다.

1314년, 배녁번 성을 포위한 스코틀랜드군을 공격하기 위해 잉글랜드 왕 에드워드 2세는 4만 대군을 이끌고 진격했다. 스코틀랜드군은 지치고 굶주린데다 잉글랜드군의 절반에도 미치지 않는 병력이지만, 이틀 간 치열한 전투 끝에 기적이 일어났다. 스코틀랜드군이 잉글랜드군을 격파한 것이다. 에드워드 2세는 소수의 병력만 이끌고 겨우

스코틀랜드 출신 병사들로 구성된 블랙 와치 연대의 백파이프 주자들.

4장 | 인간을 극한으로 몰고 간 천재적 심리술_ 군가의 재발견

목숨을 부지해 런던으로 달아났다. 배넉번전투 이후 로버트 더 브루스는 왕위에 올라 로버트 1세가 되었고, 1326년에 재차 침입한 잉글랜드군을 격퇴함으로써 스코틀랜드는 마침내 독립을 쟁취했다. 이 전투에서 스코틀랜드의 백파이프는 하이랜더(高地人: 즉 스코틀랜드인)의 사기를 높이는 데 큰 기여를 했으며, 이후 스코틀랜드의 전통으로 자리 잡았다.

하지만 스코틀랜드의 독립도 오래가지는 못했다. 1707년 연합법(Act of Union)에 따라 스코틀랜드는 잉글랜드에 병합되어 대영제국의 일부가 된 것이다. 이후 스코틀랜드 지역의 켈트 씨족사회는 점차 쇠락의 길로 접어들었고, 독립을 위해 싸운 스코틀랜드의 전사들은 산업혁명을 겪는 잉글랜드 사회로 유입되어 저임금 노동자로 고된 삶을 살았다. 그러나 스코틀랜드인의 자부심이 묻어 있는 백파이프는 저항 정신을 상징하는 민족 악기로 남았다. 스코틀랜드인의 반란에는 언제나 백파이프가 함께 했고, 반란의 주동자 가운데 한 사람이던 제임스 리드는 백파이프만 들고 법정에 섰을 정도다.

스코틀랜드인의 정체성과 저항 정신을 나타내는 백파이프는 한때 연주가 금지되기도 했다. 역설적이게도 해가 지지 않는 나라 대영제국의 영광을 위해 피 흘린 군대 중에는 '블랙 와치' 같은 스코틀랜드 출신 연대들이 포함되었고, 이들 연대의 상징 또한 백파이프와 스코틀랜드 남성의 전통 의상 킬트(kilt)였다. 이들이 가는 곳이면 어디든 백파이프와 드럼 소리가 울려 퍼졌고, 오늘날 이 전통은 영국 군대를 상징하는 아이콘이 되었다.

 레드 코트, 줄루 전사들의 창을 꺾다
— 〈할렉의 사나이들〉

웨 일 스 의   기 억

할렉(Harlech)의 사나이들아, 꿈에서 깨어나라

너는 저기 번뜩이는 적의 창끝이 보이지 않느냐

저기 휘날리는 적병의 깃발들이 이 전장으로 다가오는 것을 보아라

할렉의 사나이들이여, 흔들림 없이 맞서라

이제 다시는 말하지 않겠다

우리는 싸울 준비가 되지 않았지만

웨일스 사나이들은 절대 굴복하지 않는다

다시 일어나 언덕 위에 정렬하라

싸움의 함성을 높이 울려라!

모두 캄브리아의 부름에 응하라

강력한 적들이 우리를 포위하고 있다

할렉의 사나이들이여, 영광을 향해!

이것은 틀림없는 너희의 역사

이 구호를 명심하라

웨일스 사나이들은 굴복하지 않을 것이다!

— 〈할렉의 사나이들〉

17세기 '대영제국'이 성립되기 전에 영국은 네 왕국으로 쪼개져 있었다. 앵글로색슨족의 잉글랜드, 먼저 섬을 차지했지만 앵글로색슨족에게 쫓겨난 켈트인이 세운 스코틀랜드와 아일랜드, 그리고 웨일스왕국이 그것이다. 영국의 역사는 네 왕국의 침략과 병합의 역사다.

이 노래는 정확한 기원은 알 수 없지만, 웨일스의 국가로 잘못 알려졌을 만큼 많이 불린 웨일스 민요다. 여러 가지 가사가 존재하지만,

600여 년 전 국경을 넘어온 잉글랜드군에 맞서 웨일스군이 전투를 벌인 할렉 성. 이 성은 1283년부터 카디건 만이 내려다보이는 산에 건설되었고, 네모난 구조로 네 모퉁이에는 탑이 세워져 있다.

이 노래는 1408년 웨일스의 영주 오웬 글렌다워가 이끄는 웨일스군이 국경을 넘어온 잉글랜드군에 포위당한 상태에서 벌인 할렉전투를 배경으로 하고 있다. 이 노래의 2절 가사는 당시 전쟁터의 모습을 생생하게 그렸다.

> 공포 속에서 죽거나 죽어가는 모습을 보라
> 친구와 적이 함께 쓰러지며
> 사방에서 화살이 날아다니고
> 돌연한 죽음이 흩뿌린다
> 공포에 질린 군마들이 거칠게 울부짖으며
> 최후의 숨을 몰아쉬며 부상자들이 자비를 청하고 있다
> 저들이 무질서에 빠진 모습을 보라
> 전우들이여, 명령을 따르라
> 저들이 국경을 넘은 그날을 후회하게 만들라
> 지금 색슨인들이 우리 앞에서 패주하고
> 승리의 깃발이 우리 위에 나부끼며
> 기쁨의 함성이 드높이 울려 퍼진다
> 이 전장에서 브리튼이 패배했다

병력도 장비도 열세지만, 침략자에게 무릎 꿇을 수는 없다는 웨일스 사나이의 강한 자존심이 잘 나타난다. 이 노래의 1절은 '웨일스 사나이들은 굴복하지 않을 것이다!'로 끝난다. 그러나 할렉의 사나이들은 결국 패배했고, 웨일스는 현재 영국의 한 지방 이름으로 남았다.

제국주의 팽창의 최전선

18세기 스코틀랜드와 아일랜드를 합병한 영국은 산업혁명을 기반으로 제국주의적 팽창 정책을 펼쳤고, 빅토리아 여왕이 집권한 19세기 후반은 그 정점이었다. 당시 바다를 항해하는 선박 3척 가운데 2척이 영국 배였고, 전 세계 해상무역의 절반이 영국에서 만든 상선으로 이뤄졌다.

막강한 해군력과 더불어 영국 육군의 붉은 유니폼에서 유래된 '레드 코트'는 식민지 개척의 최선봉이었다. 본토에서 1만 km나 떨어진 남아프리카 나탈에 식민지를 건설한 영국은 1879년 1월 11일, 이웃의 줄루왕국을 침략한다. 나탈의 식민지를 '보호'하기 위한 원정이라는 명분을 내세웠지만, 그 속내를 들여다보면 인구가 희박한 영국인 정착지 일대에서 잠재적 위협이 되는 원주민 군대를 완전히 격파하는

이산들와나(Isandlwana)의 24보병연대. 웨일스 출신 병사들로 구성되었다.

것이 진짜 목적이었다. 영국 원정군 1만 7000명 가운데는 잉글랜드에서 독립을 지키기 위해 싸운 웨일스 출신 병사들로 구성된 24연대도 포함되었다.

줄루왕국을 가볍게 제압할 수 있을 것으로 여긴 영국의 전망과 달리, 줄루 전사들은 호락호락한 상대가 아니었다. 19세기 초반 '검은 나폴레옹'이라고 불린 샤카의 치세 동안 줄루족은 주변의 반투족을 정복해서 인구 50만에 이르렀다. 줄루족의 규모로 볼 때 4만 명 규모의 군대는 대단한 숫자다. 줄루족 전체가 군대 국가를 이룬 셈이다.

줄루 전사들의 용맹도 익히 알려졌다. 소년들은 혹독한 군사 훈련을 거쳐 맨발로 하루 70km를 달릴 수 있을 때 비로소 전사로 인정받았으며, 군복무는 원칙적으로 죽을 때까지 계속되었다. 자신이 죽인 적의 수를 표시한 소가죽 방패를 들고 아세가이(짧은 창)으로 무장한 줄루 전사들의 주특기는 육박전이다.

아세가이와 방패를 든 줄루족 전사. 손잡이가 아주 짧고 날카로운 아세가이로 무장한 줄루 전사들은 주변 부족을 상대할 때는 무적에 가까웠지만, 현대식 병기로 무장한 영국군의 상대가 되지는 못했다.

1879년 1월 20일 이산들와나 고지, 영국군과 줄루군의 첫 전투가 시작되었다. 그것은 총과 창의 싸움이었다. 현대적 무기 체계도, 통일된 지휘 조직도, 필수적인 병참 시스템도 갖추지 못한 줄루 군대지만 민족의 독립을 지키려는 의지만은 확고했다. 처음에는 영국군의 화력이 줄루 전사들을 일방적으로 학살했지만, 전우의 목숨을 대가로 영국군에게 다가간 줄루 전사들은 근접전에서 진가를 발휘했다.

죽음을 무릅쓰고 달려드는 줄루 전사들의 공격으로 24보병연대는 궤멸했다. 이산들와나에 주둔하던 24보병연대 예하 6개 중대 가운데 10여 명만 살아서 도망쳤을 뿐, 장교 21명을 포함한 영국군 1800여 명이 전멸한 것이다.

승리를 거둔 줄루군의 피해도 막대했다. 줄루 전사 2000명이 목숨을 잃었고, 또 다른 2000명이 상처로 죽거나 중상을 입었다. 이는 전체 줄루 군대의 10%에 달하는 규모다. 줄루 왕 케츠와요는 이산들와나전투의 승리를 발표하면서 다음과 같이 슬픔을 토로했다.

> 민족의 가슴에 아세가이 한 자루가 꽂혔습니다. 전사자들에게 깊은 애도를 표합니다.

웨일스 사나이들의 낯 뜨거운 변신

이틀 뒤인 1월 22일, 로크스드리프트(Rorke's Drift)에서 영국 24보병연대 2대대 B중대 병사들과 이들을 포위한 줄루 전사 4000명의 전투가 벌어졌다. 상황은 영국군에게 불리했다. 요리사와 행정병, 마부까

로크스드리프트의 혈전 장장 16시간 동안 벌어진 이 전투에서 줄루족은 전사자 800여 명을 남겨놓고 후퇴했다. 압도적인 화력과 현대적 병참 시스템을 갖춘 소수의 제국주의 군대가 다수의 원주민 군대를 격파한 이 전투는 식민지 전쟁의 양상을 잘 보여준다.

지 합쳐도 139명뿐이고, 이밖에 부상병 35명이 전부였다.

로크스드리프트의 지형도 수비군에게 불리했다. 영국군이 방어 거점으로 삼은 농장 건물은 삼면을 차지한 줄루군이 내려다볼 수 있었고, 풀을 엮어 만든 지붕은 불이 붙기 쉬웠다. 농장 주변의 여러 장애물도 줄루 전사들의 몸을 숨겨줘 영국군의 사격을 방해했다. 환자들을 데리고 후퇴하는 것이 불가능하다고 판단한 영국군은 죽음을 각오하고 방어하기로 결심했다. 창고에 있던 비스킷 상자와 옥수수 자루를 쌓아 방어선을 만들고, 병원 벽에 구멍을 뚫어 환자들도 수비에 가담했다.

사방을 에워싼 줄루 전사들의 번뜩이는 창과 깃털 장식, 방패와 창이 부딪치는 소리가 수백 년 전 할렉 성을 둘러싼 적을 연상시켰을까. 누가 시작했는지 모르지만 영국 병사들은 어느새 "할렉의 사나이들아, 꿈에서 깨어나라"는 노래를 부르고 있었다. 그러나 몇백 년 전과 달리 지금은 그들이 국경을 넘었다.

다음날 아침까지 16시간 동안 이어진 전투는 영국군의 승리로 끝났다. 줄루군 전사자는 최소 800여 명에 이르렀고, 치명적인 부상을 입고 기어가다 숨진 전사들이 얼마나 되는지는 기록에도 남아 있지 않다. 이에 비해 영국군의 피해는 전사 15명, 부상 12명이 전부다. 병력에서는 열세지만 압도적인 화력과 현대적인 병참 지원을 받는 제국주의 군대가 승리한 로크스드리프트전투는 19세기 후반 식민지 전쟁의 양상을 잘 보여준다.

이곳에서 승리한 영국군은 곧 병력을 크게 증강하여 피비린내 나는 보복전을 감행했다. 캄불라(3월 29일), 깅긴돌부(4월 2일), 줄루족의 수도 울룬디(7월 4일)에서 정면 대결을 벌인 영국은 마침내 줄루왕국을 정복하고, 13개 작은 나라로 분할했다. 6개월 남짓한 기간 동안 1만 명이 넘는 줄루 전사가 죽어갔고, 그 이상의 전사들이 불구가 되었다. 그들의 가축은 죽거나 흩어지거나 약탈당했다. 영국의 침략은 마침내 독립 왕국 하나를 지도에서 지웠고, 생활 방식 하나를 말살한 것이다. 그리고 영국군은 전형적인 서구식 관습에 따라 자신들이 죽인 줄루 전사자의 묘지에 다음과 같은 명판을 세웠다.

1879년, 옛 줄루 체제를 수호하기 위해 이곳에서 죽어간 용감한 전사들을 추념하며

# 세계에서 가장 살벌한 국가
— 〈라 마르세예즈〉

살벌한 국가

나가자, 조국의 자식들아
영광의 날은 왔도다!
폭군에 결연히 맞서서
피 묻은 전쟁의 깃발을 올려라,
피 묻은 전쟁의 깃발을 올려라!
우리 강토에 울려 퍼지는
끔찍한 적군의 함성을 들어라
적은 우리의 아내와 사랑하는 이의
목을 자르러 다가오고 있도다!
무기를 잡으라, 시민 동지들이여!

그대 부대의 앞장을 서라!

진격하자, 진격하자!

우리 조국의 목마른 밭이랑에

적들의 더러운 피가 넘쳐흐르도록!

— 〈라 마르세예즈〉

〈라 마르세예즈〉를 들을 때마다 에디트 피아프의 일생을 그린 영화 〈라 비앙 로즈〉의 한 장면이 떠오른다. 대여섯 살밖에 안 된 피아프가

〈민중을 이끄는 자유의 여신〉. 1830년 들라크루아가 그린 이 그림은 왕정복고에 반대하여 봉기한 시민들이 사흘 간 벌인 시가전 끝에 결국 부르봉 왕가를 무너뜨린 7월혁명을 주제로 한 작품이다.

동네 사람들 앞에서 〈라 마르세예즈〉를 부르는데, 애처로울 만큼 작고 가냘픈 소녀의 입에서 나오는 무시무시한 가사가 인상적이다.

프랑스 국가 〈라 마르세예즈〉가 전 세계 국가 가운데 가장 살벌하고 공격적이지 않을까. 〈라 마르세예즈〉의 가사가 공격적이고 멜로디가 격정적인 까닭은 프랑스혁명 당시 작곡된 군가기 때문이다.

라인 군대를 위한 행진곡

1792년 이른 봄, 프랑스 전역은 임박한 전쟁 위기로 들끓었다. 프랑스 국민의회는 혁명에 간섭하고 구체제를 복원하려는 오스트리아-프로이센 연합군에 맞서 전쟁을 벌일지, 굴복할지 석 달째 결론을 내리지 못하고 있었다. 명목뿐인 왕이 된 루이 16세 역시 결단을 내리지 못했다. 혁명군이 승리하면 목숨이 위태로워질 것이고, 연합군이 승리한다고 해도 패전국의 왕으로서 자신의 미래가 불투명해질 것이 불 보듯 뻔했기 때문이다. 혁명파도 강온으로 나뉘어 권력을 얻는 데 어느 쪽이 유리할지 저울질하는 상황이었다.

4월 20일, 루이 16세는 오스트리아와 프로이센에 전쟁을 선포했다. 그러자 몇 달 동안 숨죽이며 억눌려 있던 긴장이 한순간에 폭발했다. 특히 프로이센과 국경을 마주한 라인 강변 도시들의 흥분은 격정적이었다. 그도 그럴 것이 후방의 파리 시민이 느끼는 전쟁의 추상적인 위협과 달리 알자스로렌 지방 주민들에게 적은 지척에 있기 때문이다. 사악한 적이 쳐들어와 삶의 터전을 짓밟고 사랑하는 가족을 살육하는 끔찍한 일이 눈앞의 현실이었다.

4월 25일, 라인 강변 스트라스부르에서도 전쟁을 위해 소집된 군대가 요란한 북소리에 발 맞춰 행진하고 민중은 열광하고 환호했다. 스트라스부르의 프리드리히 디트리히 시장은 절친한 친구이자 아마추어 작곡가인 루제 드 릴(Rouget de Lisle)에게 조국을 위해 목숨을 걸고 전장으로 향하는 젊은이들을 위한 행진곡을 지어줄 것을 부탁했다. 스트라스부르 수비대의 공병 대위 루제는 친구의 부탁을 흔쾌히 받아들였다. 루제 대위의 시는 한 번도 인쇄된 적 없고, 그가 작곡한 오페라는 번번이 퇴짜 맞았지만, 그의 열정은 남달랐다.

잔뜩 흥분해서 초라한 숙소로 돌아온 루제 대위는 밤새 곡을 써 내려갔다. 그가 그날 하루 동안 거리에서 들은 웅변과 고함은 프랑스 민중의 심장 박동 소리가 되어 그의 영혼을 움직였다. 알 수 없는 어떤 힘이 그를 한 번도 겪어보지 못한 격정으로 이끌어 그의 손끝에서 노랫소리로 다시 태어났다.

하루 만에 완성된 이 노래는 다음날 저녁, 프리드리히 시장의 집에

혁명의 열정에 사로잡힌 무명 작곡가는 하룻밤 사이에 불멸의 혁명가를 완성했다. 스트라스부르 시장 집에 모인 청중 앞에서 자신이 지은 곡을 노래하는 루제 대위.

모인 청중 앞에서 〈라인 군대를 위한 행진곡(Chant de guerre de l'armée du Rhin)〉이라는 제목으로 처음 연주되었다. 그러나 한두 달이 지나자 필사된 악보만 이리저리 뒹굴 뿐, 사람들은 이 곡을 듣지 못했다.

조국 수호의 노래로 부활하다

그대로 잊혀가는 듯하던 노래가 빛을 발한 것은 엉뚱하게도 프랑스 남부의 항구도시 마르세유에서다. 전쟁은 조국과 혁명에 대한 열정에도 오스트리아-프로이센 연합군에 유리하게 전개되어 침략군이 프랑스 영토 깊숙이 들어온 상황이었다. 위기에 처한 혁명 정부는 국민에게 도움을 호소했다. 그리고 혁명의 열정과 애국심으로 불타는 젊은이들이 조국의 부름에 응했다.

6월 22일 마르세유, 전쟁터로 떠나는 지원병들을 위해 마련된 집회에서 한 젊은이가 벌떡 일어나 "나가자, 조국의 자식들아" 하고 노래를 부르기 시작했다. 악보가 어떤 경로로 이 젊은이에게 전해졌는지는 아무도 모른다. 다만 총탄이 빗발치는 전쟁터로 나가 혁명의 대의를 위해 죽을 준비가 된 젊은이들의 가슴속에 이 격정적인 노랫말은 불꽃을 피워 올리기에 충분했다.

프랑스혁명 이전에 유럽의 군대는 국왕과 귀족의 전유물이었다. 군대는 그들에게 봉급을 받는 직업군인들로 채워졌고, 이들은 국왕과 귀족의 고용인에 다름 아니었다. 혁명을 지키기 위해 전장에 나선 의용병은 이러한 현실을 완전히 뒤바꾼 새로운 창조물이다. 프랑스 시민은 자신이 지켜야 할 조국과 가치를 위해 스스로 총을 들고 전쟁터

1792년 8월 10일, 〈라 마르세유〉를 목청껏 부르며 파리에 입성하는 마르세유 의용병. 파리 시민들은 이들이 부르는 노래에 열광했다.

에 나갔다. 국왕에게 고용된 용병이나 강제로 끌려나온 수동적인 존재 대신 새로운 형태의 국민 군대가 탄생한 것이다.

이 노래는 전쟁터로 떠나는 젊은이들의 마음을 사로잡았다. 7월 2일, 마르세유에서 파리를 향해 출발한 의용병 600명은 목이 터져라 이 노래를 부르며 행군했다. 이 노래는 그들이 가는 곳마다 열병처럼 퍼져 프랑스 민중의 가슴에 거대한 불길이 되어 타오르기 시작했다.

마르세유 의용병들이 800km를 걸어 파리에 도착한 날은 8월 10일, 마침 루이 16세가 퇴위된 날이다. 의용병들이 샹젤리제 거리를 행진하며 소리 높여 부르는 이 노래는 파리 시민의 마음을 사로잡았고, 그들은 이 곡에 〈라 마르세예즈〉(마르세유 군단의 노래)라는 제목을 붙였다. 그리고 프랑스 의용병들은 유럽 여러 나라의 상비군에 맞서 조국을 방어하고 마침내 혁명을 지켜냈다.

1795년 7월, 프랑스 국민의회는 이 노래를 프랑스 국가로 지정했다. 그 뒤 왕정복고 시절에 혁명의 이상을 담았다는 이유로 여러 차례 금지곡이 되었다가, 1830년 7월혁명 당시 파리의 바리케이드 앞에서 다시 불리기 시작했고, 1879년 프랑스 3공화국 시절 다시 국가가 되었다. 〈라 마르세예즈〉는 루제 대위가 6절까지 가사를 붙이고 다른 사람이 7절을 추가했으나, 공식 행사에서는 1절과 6절만 부른다.

불운한 작곡가의 삶

하룻밤 사이에 불멸의 혁명가를 창조한 루제 대위는 자신이 만든 노래의 영광과 달리 불운했다. 온건 혁명주의자인 그는 혁명의 혼란기에 군대에서 쫓겨났고, 자신에게 작곡을 부탁한 프리드리히 시장과 자신이 곡을 헌정한 루크너 장군, 이 노래의 첫 청중이 된 동료 장교들이 단두대에서 삶을 마감하는 모습을 지켜봐야 했던 것이다.

로베스피에르의 공포 정치 아래 반혁명 분자로 몰려 투옥되기도 한 루제 대위에게 영광의 날은 너무나 짧았다. 곡을 쓰고 나서 40년을 더 산 그는 온갖 하찮은 일로 구차한 삶을 이어갔고, 그가 쓰는 시와 오페라는 여전히 인쇄되지도, 무대에 오르지도 못했다. 어음을 부도내고 채무자 감옥에 수감되기도 한 그가 1836년 76세로 숨을 거두었을 때, 그의 이름을 기억하는 사람은 아무도 없었다. 다만 70여 년 뒤 1차 세계대전이 터지고, 프랑스의 모든 전선에서 〈라 마르세예즈〉가 다시 울려 퍼지자 루제 대위의 시신은 파리의 앵발리드(Invalides) 기념관으로 옮겨져 영원한 안식을 찾았다.

# 한 급진주의자의
죽음이 부른 거대한 전쟁
— 〈존 브라운의 시신〉

미국 역사상 가장 논쟁적 인물

존 브라운의 시신은 무덤에 잠들고
그의 영혼은 행진한다
영광, 영광 할렐루야!
그의 영혼은 행진한다

존 브라운은 죽었고, 노예들은 자유를 얻었다
그의 영혼은 행진한다
영광, 영광 할렐루야!
그의 영혼은 행진한다

이제 영광스런 희년이 온다

모든 인류가 자유로워질 때

영광, 영광 할렐루야!

그의 영혼은 행진한다

— 〈존 브라운의 시신〉

진혼나팔이 울린다. 그리고 나지막하게 들려오는 영광, 영광 할렐루야!…… 이 노래는 '존 브라운의 시신은 무덤에 잠들고'라는 가사로 시작된다. 그런데 존 브라운이 어떤 사람이기에 그의 죽음을 노래하는 걸까. 미국 역사에서 존 브라운만큼 논란을 불러일으킨 인물도 없을 것이다. 그리고 그에 대한 평가는 언제나 양극단으로 치닫는다.

피의 캔자스와 존 브라운의 등장

19세기 중반, 미국의 북부와 남부는 노예제 문제로 첨예하게 대립했다. 특히 신설되는 주에서 노예제 실시 여부는 양측의 사활이 걸린 문제였다. 북부와 남부가 팽팽하게 균형을 이루던 1854년, 캔자스-네브래스카 법안(Kansas-Nebraska Act)이 의회에서 통과되었다. 이 법은 새로 승격하는 주가 노예제를 승인할지 금지할지는 그 주의 주민이 투표를 통해 결정할 수 있게 한 것으로, 투표 결과에 따라 북부와 남부의 균형이 깨질 수 있었다. 그리고 그 시험대에 처음 오른 것이 캔자스 주다.

의회가 캔자스-네브래스카 법안을 통과시키자마자 남부의 노예제도 지지자들이 투표율을 높이기 위해 캔자스로 몰려들었다. 북부인도 가만히 있지 않았다. 여러 교회에서 캔자스의 북부인을 무장시키기 위해 기부금을 거뒀고, 뉴욕의 헨리 비처 목사는 "노예주들을 설득하기 위해 필요한 것은 성서가 아니라 라이플"이라고 부르짖었다.

캔자스의 농민들은 이제 밭을 갈 때도 총을 메야 할 지경이었다. 일촉즉발의 상황이 오래가지는 않았다. 미국 역사에서 '피의 캔자스(Bleeding Kansas)'라고 불릴 정도로 끔찍한 유혈 사태가 벌어진 것이다. 1856년 5월, 노예제 지지자들이 로렌스 시를 습격해 북부에서 온 자유 정착민 6명을 살해했다. 그리고 피는 피를 불러 끔찍한 보복이 이어졌다.

노래의 주인공 존 브라운은 여기서 처음으로 세상에 모습을 드러낸다. 그는 자신의 네 아들을 포함해 추종자 6명을 모아 하룻밤에 노예제를 찬성하는 주민 5명을 가족이 보는 앞에서 학살하고 사지를 잘라내는 참혹한 사건을 벌였다. '포타와토미의 학살'로 알려진 이 사건으로 캔자스는 걷잡을 수 없는 혼란에 빠져들었다. 석 달 남짓한 기간 동안 200여 명이 숨졌다(당시 캔자스 전체 인구가 1만 명이 안 되었다니 이는 적은 수가 아니다). 이리하여 존 브라운은 노예제 폐지론자들에겐 자유의 투사로, 남부인에겐 끔찍한 학살자로 이름을 남겼다.

1800년 코네티컷 주 토링턴에서 태어난 존 브라운은 가난하고 교육도 제대로 받지 못했지만, 엄격한 청교도인 아버지의 영향으로 열렬한 노예해방론자가 되었고, 그의 집은 흑인 노예들의 도망을 돕는 비밀결사 '지하열차'의 거점이었다. 경건한 신앙인이지만 하는 일마다 신통치 않아 측량사, 양몰이, 목재 판매상, 무두장이 등 여러 직업을

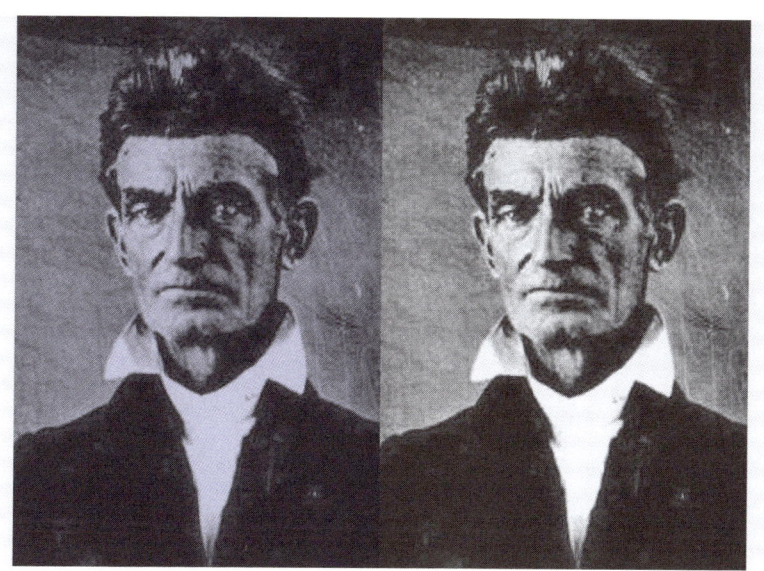

극렬 노예해방론자 존 브라운. 1859년 하퍼스페리의 연방 무기고를 습격하여 노예 반란을 기도한 그는 총격전 끝에 체포되어 살인과 반란 선동, 반역 혐의로 기소 당했다. 법정에서 노예해방의 도덕적 정당성을 역설하여 명성을 얻었으나 결국 교수형에 처해졌다.

전전했다.

기록에 따르면 브라운이 열서너 살 때 양 모는 일을 했는데, 잠시 머물던 집에서 자신에게는 친절하고 너그러운 주인이 자기 또래의 흑인 노예에게 가혹한 매질을 하는 것을 목격하고 큰 충격을 받았다고 한다. 이 경험이 한창 감수성 예민하던 소년 브라운의 인생을 비꺼놓았다. 노예해방이야말로 하나님께서 보잘것없는 자신에게 명하신 '성전'이라는 믿음을 가진 것이다.

남북전쟁을 부른 '3일 천하'

캔자스에서 유혈 참극을 벌인 그는 1859년 10월 16일 일요일 저녁, 미국 역사의 큰 흐름을 만드는 사건을 일으킨다. 네 아들을 포함한 추종자 22명을 이끌고 웨스트버지니아 주 하퍼스페리의 연방 무기고를 습격한 것이다.

버지니아 주에서 흑인 노예들을 해방시키고 그 지역을 기반으로 새로운 국가를 세우겠다는 원대한 야심과 달리 그 실행 방안은 무모하기 짝이 없었다. 우선 그가 선택한 하퍼스페리는 통계적으로 볼 때 노예 반란을 일으키기에는 최악의 지역이다. 백인 인구가 12만 명이 넘는 데 반해 흑인 노예는 1만 8000명뿐이었으며, 그마저도 농장에서 일하는 노예가 아니라 대부분 유복한 가정의 하인이었기 때문이다.

군사적 측면에서 봐도 노예에게 봉기 사실을 전파해야 할 전령을

존 브라운의 연방 무기고 습격 사건은 남북전쟁의 도화선이 되었다.

준비하기는커녕 퇴각로도 확보하지 않았으며, 심지어 그들이 가진 탄약도 준비한 소총과 맞지 않았다. 그에게는 하나님께서 자신의 "혁대가 되고 칼이 되실 것"이라는 굳은 신념이 있었을 뿐이다. "주님께서 길을 인도하시고, 지극히 불합리한 운동을 큰 성공으로" 이끌어주시리라고 굳게 믿은 것이다.

어설픈 계획에도 처음에는 일이 순조롭게 진행되는 듯했다. 소총 10만 정과 대포, 온갖 군수품이 저장된 연방 무기고의 경비병은 1명뿐이었고, 가벼운 총격전 끝에 존 브라운은 무기고를 손에 넣었다(총격전에서 사망자가 1명 발생했는데, 그는 아이로니컬하게도 우연히 무기고 주변을 지나가던 해방된 흑인 노예다).

그는 내친김에 다음날 새벽, 인근을 지나는 열차를 세우고 초대 대통령 조지 워싱턴의 증손 조카 루이스 워싱턴을 포함한 인질 40여 명을 잡아 무기고에 감금했다. 브라운은 인질들에게 자신을 "버지니아

형장으로 끌려가는 존 브라운이 흑인 노예 아기에게 입 맞추고 있다. 그는 죽은 뒤 노예해방 운동의 순교자로 추앙받았다.

의 흑인 노예들을 자유롭게 하기 위해 온 해방자"라고 소개했다. 그리고 그날 정오가 되면 이 승리의 소식을 듣고 "의로운 사람 1만 5000명이 무장을 갖추고 나와 함께할 것"이라고 말했다.

소문은 사방으로 빠르게 퍼졌고, 거대한 물결이 일어났다. 그러나 브라운이 예상한 대로 된 것은 아니다.

"하퍼스페리에서 흑인 노예 반란, 약탈과 방화!"

버지니아 주 민병대가 노예 반란을 진압하기 위해 신속하게 하퍼스페리로 몰려들었다. 그가 기다리던 봉기에 참여할 노예는 한 사람도 오지 않았고, 브라운과 그의 추종자들은 포위당했다. 부하들이 후퇴하자고 간청해도 그는 듣지 않았다. 브라운은 이제 곧 하나님께서 빛나는 검으로 적들을 내리치시고, 해일과 같이 들고 일어난 노예들이 밀려올 것이라고 굳게 믿었다. 심지어 포위한 민병대와 총격전이 벌어져 아들 올리버가 치명상을 입고 죽어가며 고통에서 벗어나게 해달라고 애원하자 "조용히 해라, 아들아. 네가 죽어야 한다면 남자답게 죽어라"고 대답했다고 전해진다.

이틀에 걸친 대치는 로버트 리 대령(훗날 남부 연맹군의 총사령관)이 이끄는 연방군 해병대원 90명이 치열한 총격전 끝에 무기고에 진입함으로써 끝났다. 브라운의 아들을 포함한 추종자 10명이 현장에서 사망했다. 브라운은 체포되어 살인과 반란 선동, 국가에 대한 반역 등의 혐의로 재판에 넘겨진 뒤 교수형을 선고받고, 그 해 12월 2일 형장의 이슬로 사라졌다.

존 브라운은 죽었지만 그의 '3일 천하'는 남북전쟁의 도화선이 되었다. 노예제 폐지론자들은 그를 자유라는 대의명분에 목숨 바친 순교자로 만들었고, 노예제도에 관한 한 타협이나 논의를 거부했다. 남부인은 자신들의 삶의 기반을 부당하게 위협하는 북부인의 오만과 편견이 하퍼스페리 습격을 가져왔다고 굳게 믿었다. 그리고 한 급진주의자의 죽음을 소재로 한 〈존 브라운의 시신〉은 전쟁 기간 동안 육군 진영에서 가장 널리 불린 군가가 되었다.

존 브라운의 이야기를 하다 보니 문득 한 가지 의문이 생긴다. 순교자와 광신자의 다른 점은 무엇일까. 어떤 행위에 대한 옳고 그름을 판단하는 것은 어쩌면 고상한 이념이나 거대한 이상이 아니라 사람들의 이해관계에서 비롯된다는 생각이 든다.

파리를 핏빛으로 물들인 코뮌의 슬픈 봄

— 〈체리가 익을 무렵〉

체리가 익을 무렵이면

쾌활한 나이팅게일과 개똥지빠귀는

신이 나 흥겨워지고

아름다운 아가씨들의 가슴은 터질 듯 부풀고

연인들의 가슴은 뜨거워진다

체리가 익을 무렵이면

개똥지빠귀의 지저귐은 한층 더 높아만 간다

하지만 체리의 시기는 짧고

둘이 함께 꿈꾸며

귀고리를 따러 가는 계절은

꼭 같은 옷을 입은 사랑의 체리가

핏방울처럼 나뭇잎 그늘에 떨어진다

하나, 체리가 익을 무렵은 짧다

꿈꾸며 산호색 귀고리를 따는 계절은

사랑의 상처가 두렵다면

아름다운 아가씨를 피하고

비참한 고통을 두려워하지 않는 나는

매일 고통 속에서 살아간다

체리가 익을 무렵엔

당신도 사랑의 괴로움에 빠지겠지

난 언제까지나 체리가 익을 무렵을 사랑한다

그때부터 내 마음속엔

아물지 않는 상처가 있다

행운의 여신이 나에게 온다 하더라도

이 상처를 고칠 수는 없겠지

언제까지나 체리가 익을 무렵을 사랑한

마음속 그 추억과 함께

―〈체리가 익을 무렵〉

페르-라셰즈 묘지 97구역

나는 5월의 햇살을 받으며, 말없는 묘석들을 바라보며 묘지의 담길을 따라 '코뮌 전사들의 벽' 앞에 닿았다. 허름한 벽에 '코뮌의 죽은 이들에게'라고 쓰인 비석이 붙어 있었다. 아무런 장식도 없는 초라한 비석이다. 벽 앞에는 순례자가 없었다. 그래도 벽 밑에는 빨간 장미꽃 다발이 많이 쌓여 있고, 벽 틈에도 장미꽃이 꽂혀 있었다. '코뮌 전사들의 벽'. 지금부터 100년도 더 전인 1871년 5월 28일 페르-라셰즈(Pere-Lachaise)에서 최후까지 항전한 '코뮌 전사' 147명이 바로 그 벽 앞에서 총살당했다. 이로써 '역사적 대희망'이었다고들 하는 '파리 코뮌'은 막을 내렸다.

— 홍세화 《나는 파리의 택시 운전사》 중에서

몇 년 전 늦가을, 파리에서 몇 달 머문 적이 있다. 시 외곽의 한 민박집에서 아침밥을 먹고 나와 해가 질 때까지 파리 이곳저곳을 쏘다니는 생활이 한동안 이어졌다. 그러던 어느 날 페르-라셰즈 묘지에 발길이 닿았다. 입구에서 몇 프랑인가 주고 유명인의 묘지 위치를 표시한 지도를 사서 들어간 그곳은 작은 도시처럼 넓었다. 하기야 7만 기가 넘는 무덤이 있는 곳이니까.

쇼팽과 발자크, 에디트 피아프, 짐 모리슨, 이브 몽탕 같은 사람들이 그곳에서 영면하고 있었다. 그리고 작은 언덕을 넘어서 묘지 97구역의 동쪽 벽, 총알 자국이 군데군데 난 허름한 벽 앞에 섰다. 그 벽엔 다음과 같은 동판이 붙어 있었다.

위 파리 시내의 페르-라셰즈 묘지. **아래** 총알 자국이 군데군데 난 묘지 벽에는 '코뮌의 죽은 이들에게, 1871년 5월 21~28일'이라고 쓰인 동판이 붙어 있다.

Aux morts de la Commune 21~28 Mai 1871

(코뮌의 죽은 이들에게, 1871년 5월 21~28일)

세 계 최 초 노 동 자 정 부

1870년 7월, 에스파냐 왕위 계승 문제를 놓고 프랑스와 프로이센의 전쟁이 벌어졌다. 개전 후 두 달 동안 프랑스군은 졸전을 거듭했다. 나폴레옹 3세(나폴레옹 보나파르트의 조카. 불행하게도 그는 큰아버지의 군사적 재능을 조금도 물려받지 못했나 보다)는 세당에서 프로이센군의 포로가 되었고, 프랑스군은 9월 2일 항복했다. 그러나 파리에서는 민중 봉기가 일어나 황제를 폐위시키고 임시정부를 구성하여 프로이센군에 항전했으나 9월 말 스트라스부르, 10월 말 메츠 요새가 함락되었고, 이듬해 1월 28일 프로이센군이 파리에 진주했다.

임시정부는 프로이센과 강화조약을 맺으려 했지만 대다수 프랑스 국민은 이 굴욕적인 항복을 받아들이지 않았으며, 노동자 계급으로 구성된 국민방위군은 프로이센군에 계속 항전할 것을 선언했다. 사태가 급박하게 돌아가자 임시정부는 국민방위군에 해산을 명령하지만, 파리의 노동자와 시민은 이에 반발하여 3월 18일 새로운 정부 출범을 선언하고 나섰다. 종전 군대 대신 시민이 직접 무장하고 나섰고, 새로운 행정·대의 기관을 만들었다. 새 정부는 '코뮌'이라 불렸다. 세계 최초로 노동자 자치 정부가 그 모습을 드러낸 순간이다. 프랑스에 처음으로 적기(赤旗)가 등장한 것도 이때다.

코뮌은 입법과 행정 임무를 겸하는 기관으로, 파리의 여러 구에서 보통선거를 통해 의원을 선출했다. 그들은 대부분 노동자 계급이고, 시민에 의해 언제든 소환될 수 있었다. 새로운 정부는 여성 참정권을 실현했고, 아동의 야간 노동을 금지했으며, 징병제와 상비군 폐지, 종교 재산의 국유화, 이자 폐지, 노동자 최저 생활 보장 등 혁신적 정책과 법령들을 공포했다.

코뮌의 슬픈 봄

그러나 코뮌의 아름다운 봄은 오래가지 못했다. 그 해 5월 21일 반격할 기회를 노리던 임시정부군이 프로이센군의 지원을 받아 파리 시내로 진입했다. 그리고 일주일 동안 파리의 거리마다 바리케이드를

파리 시내에 바리케이드를 설치한 노동자들. 최초의 노동자 계급 자치에 따른 민주주의 정부라고 평가받는 파리 코뮌은 세계사에서 처음 사회주의 정책들을 실행에 옮겼으며, 단기간이지만 사회주의와 공산주의 운동에 큰 영향을 주었다.

사이에 두고 코뮌군과 임시정부군 사이에 치열한 시가전이 벌어졌다. 파리 거리를 체리 빛깔처럼 붉게 물들인 이 전투는 나중에 프랑스 역사에서 '피의 일주일'로 기록되었다(5월 21일부터 일주일 동안 많게는 3만 명, 적게는 1만 7000명이 임시정부군에 살해당했다).

그리고 전투 와중에 이 샹송의 작사자 장 바티스트 클레망(Jean-Baptiste Clement)이 등장한다. 코뮌의 지도자 가운데 한 사람인 클레망은 시인이기도 했다. 그가 스무 살 루이즈(Louise)를 만난 건 코뮌의 마지막 날, 퐁텐 오 루아 거리의 바리케이드 안에서다. 클레망은 생명의 위험을 무릅쓰고 자원해서 코뮌군 부상병을 돌보던 루이즈에게 집으로 돌아가라고 권유하지만, 그녀는 꿋꿋하게 자신의 임무를 다했다. 루이즈의 당찬 모습은 클레망의 뇌리에 강한 인상을 남겼다.

5월 28일, 코뮌군이 마지막으로 저항한 곳은 시내 한가운데 있는 페르-라셰즈 묘지다. 화력과 병력에서 열세인 코뮌군은 비석을 방패

1871년 5월 28일 코뮌의 마지막 날, 최후까지 저항하던 코뮌 전사 147명은 페르-라셰즈 공동묘지 벽에서 총살당했다.

삼아 최후의 항전을 벌였다. 탄약이 떨어지고 임시정부군에 사로잡힌 코뮌 전사 147명은 묘지 동쪽 벽에 선 채 전원 총살되었다. '인간다운 삶을 위해' 무기를 든 이들이 묘비도 없이 묻힌 곳은 그 벽 아래다. 임시정부군은 코뮌이 무너진 뒤에도 대대적인 노동자 사냥에 나서 파리의 페인트공, 기와공, 제화공을 반 이상 살해했다.

클레망은 코뮌 함락 직후 영국으로 망명해 10년간 런던에서 거주했다. 사면을 받아 프랑스로 돌아온 클레망은 1885년에 시집 《노래들》을 간행했으며, 이 시집에 실린 〈체리가 익을 무렵〉을 그가 만난 코뮌의 간호사 루이즈에게 헌정했다.

1871년 5월 28일 일요일, 퐁텐 오 루아 거리의 구급요원이던 용감한 시민 루이즈에게

루이즈가 퐁텐 오 루아 거리의 바리케이드에서 목숨을 잃었는지, 페르-라셰즈 묘지의 벽에서 총살당했는지, 체포를 모면해 살아남았는지는 알려지지 않았다. 클레망도 코뮌의 마지막 날 이후 그녀를 보지 못했다. 그러나 평등을 위해 기꺼이 목숨을 바쳤고, 바리케이드 안에서 자유와 박애를 실천한 젊은 여성에게 14년 뒤 바쳐진 헌사를 통해, 이 노래는 파리를 핏빛으로 물들인 1871년 5월의 뜨거운 상징이 되어 지금도 프랑스인의 가슴속에 남아 있다.

피어보지도 못한 칠레 민중의 혁명가요

— 〈벤세레모스〉

조국의 깊은 시련에서

민중의 외침이 일어나네

새로운 여명이 밝아와

모든 칠레가 노래 부르기 시작하네

불멸하는 모범을 보여준

한 용맹한 군인을 기억하며

우리는 죽음에 맞서

결코 조국을 저버리지 않으리

우리는 승리하리라, 우리는 승리하리라

수많은 사슬은 끊어지고

우리는 승리하리라, 우리는 승리하리라

우리는 비극을 이겨내리라

농부들, 군인들, 광부들
그리고 이 땅의 모든 여성과
학생, 노동자들이여
우리는 반드시 이룩할 것이다
영광의 땅에 씨를 뿌리자
사회주의의 미래가 열린다
모두 함께 역사를 만들어가자
이룩하자, 이룩하자, 이룩하자

— 〈벤세레모스(Venceremos)〉

마지막 연설

   1973년 9월 11일 화요일, 칠레에서 군부 쿠데타가 일어나 선거로 탄생한 세계 최초의 사회주의 아옌데(Salvador Allende) 정권이 무너졌다. 그날 오전, 쿠데타가 발생한 것을 안 아옌데 대통령은 쿠데타군이 미처 접수하지 못한 국영 라디오 마가야네스 방송을 통해 마지막 연설을 했다.

   지금이 분명 여러분께 연설할 수 있는 마지막 기회일 겁니다. 공군이 라디오 마가야네스의 안테나를 폭격했습니다. 저는 실망과 괴로움에 대해서

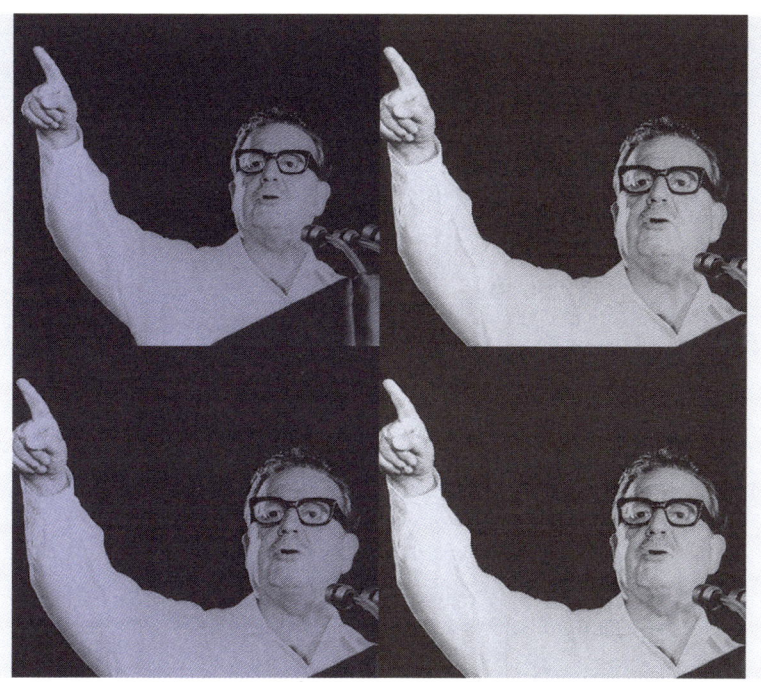

살바도르 아옌데 칠레 대통령(1908~1973). 의사 출신 정치가로 1970년, 세계 최초로 민주 선거를 통해 집권한 사회주의 정당인 인민연합의 대통령이다. 사회주의에 기반을 둔 개혁 정책을 실시하다 1973년 미국의 지원을 받은 아우구스토 피노체트(Augusto Pinochet Ugarte) 장군의 쿠데타로 사망했다.

는 말하지 않겠습니다. 제 말은 충성 서약을 어긴 자들에 대한 도덕적 심판이 돼야 마땅합니다. (……) 칠레 만세! 민중 만세! 노동자 만세! 이것이 저의 마지막 말입니다. 저의 희생을 극복해내리라 믿습니다. 머지않아 지유를 사랑하는 사람들이 보다 나은 사회를 향해 위대한 길을 열 것이라고 여러분과 함께 믿습니다. 그들은 힘으로 우리를 지배하는 것처럼 보이지만, 무력이나 범죄 행위로는 사회변혁을 멈추게 할 수 없습니다. 역사는 우리의 것이며, 인민이 이뤄내는 것입니다. 언젠가는 자유롭게 걷고 더 나은 사회를 건설할 역사의 큰 길을 인민의 손으로 열 것입니다.

민중의 꿈에 대한 최후통첩

방송 직후 대통령 집무실이 있는 모네다 궁은 육해공군과 경찰 등 쿠데타군에 완전히 포위되었고, 상공에는 전폭기가 위협적인 선회 비행을 하고 있었다. 쿠데타의 주모자 피노체트 장군은 대통령에게 최후통첩을 했다. 해외 망명을 승낙할 테니 군부가 제공한 비행기를 타고 칠레를 떠나라는 내용이었다. 아옌데 대통령은 일언지하에 거절했지만, 그가 군부의 제안을 받아들인다 해도 쿠데타군은 아옌데가 탄 비행기를 격추할 계획이었다. 다음은 당시 칠레의 한 아마추어 무선사가 녹음한 쿠데타군의 무선 교신 내용이다.

파트리시오 카르바할 제독 : 브레이디 장군은 모네다 궁에서 철수하는 부대에 발포하지 않는다는 것을 알고 있습니다.
피노체트 장군 : 알았소. 해군 차관이 전화로 항복을 권고하러 간다고 전해 왔소. 그놈을 밟아 죽여요. 항복하면 국방성으로 오면 되오. 11시 정각에 폭격하고 그 후 보병대가 진입하시오.

피노체트 장군 : 무조건 항복이오. 의논할 여지가 없소.
카르바할 제독 : 그러면 국외 탈출 제안은 아직 유효합니까?
피노체트 장군 : 아직 유효하오. 그러나 비행 중에 격추하시오.

피노체트 장군 : 12시 정각에 모네다 궁을 공격하시오. 그자가 아직 항복하지 않고 있소. 놈은 탱크 속에 숨었소?
카르바할 제독 : 아닙니다. 아닙니다.

위 쿠데타군에 포위된 모네다 궁. **아래** 경호원들에게 둘러싸인 아옌데 대통령. 생전의 마지막 모습이다.

4장 | 인간을 극한으로 몰고 간 천재적 심리술_ 군가의 재발견

피노체트 장군 : 알았소. 놈이 빠져나가지 못하게 하시오. 공격 준비! 완전히 개죽음을 만들어놓겠소.

모네다 궁에서는 대통령 경호대 20명과 대통령 관저 경비대 몇몇이 개인 화기를 들고 탱크를 앞세운 쿠데타군과 대치하고 있었다.
오전 10시 40분, 아옌데 대통령은 경호대에게 모네다 궁을 떠날 것을 명령했고, 대통령의 두 딸을 포함한 여성들이 모네다 궁을 빠져나갔다.
정오, 쿠데타군의 호크 헌터 전폭기 2대가 모네다 궁에 로켓탄과 폭탄을 투하했다. 뒤이어 쿠데타군이 탱크와 장갑차를 앞세우고 모네다 궁으로 진입하기 시작했다. 이윽고 총성 수십 발이 울리고, 아옌데 대통령은 피델 카스트로가 선물한 AK-47 소총을 한 손에 움켜쥔 채 목숨을 잃었다. 숨이 끊어진 아옌데의 시신에 쿠데타군의 팔라시오스 장군이 기관총으로 확인 사살까지 했다.

추악한 독재의 시작

'임무 완수, 모네다 궁 장악, 대통령 사망.'
짧은 전문과 함께 17년 동안 이어질 악명 높은 피노체트 군사 독재의 막이 올랐다. 쿠데타가 벌어진 첫 일주일 동안 칠레에서는 시민 3만 명이 살해당했고, 이후 한 달 동안 목숨을 잃거나 행방불명된 사람이 수천 명에 달했다.
쿠데타군에게 산티아고 국립경기장으로 붙잡혀 온 시민 5000여 명

중에는 〈벤세레모스〉를 부른 민중가수 빅토르 하라(Victor Lidio Jara Martinez)도 있었다. 그는 죽음을 앞두고 칠레 민중의 애창곡 〈벤세레모스〉를 소리 높여 불렀다.

"우리는 승리하리라, 우리는 승리하리라."

하라의 노래가 군중의 심장에 파고들었다. 시민은 하나 둘 노래를 따라 부르기 시작했고, 노랫소리는 경기장을 짓누르던 죽음의 공포를 뚫고 울려 퍼졌다. 악에 바친 쿠데타군은 빅토르 하라의 양 손목을 부러뜨리고 지하실로 끌고 가 혹독한 고문을 자행했다. 그리고 이 위대한 민중가수에게 소총탄을 퍼부어 목숨을 끊어놓았다.

이 노래는 원래 아옌데가 이끌던 인민연합의 선거 캠페인 주제가다. 아옌데는 '사회주의 노선을 지향하는 평화적인 칠레'의 전망을 제시했고, 노동자와 농부, 빈민, 도시 저소득층의 지지를 기반으로 1970년 미국의 텃밭이던 남미 칠레에서 대통령에 당선되었다. 세계 최초로 민주 선거에 의한 사회주의 정권을 탄생시킨 것이다.

그러나 아옌데가 대통령에 당선된 후 개혁을 거부하는 기득권층의 저항으로 주가가 폭락하고, 자본이 해외로 유출되기 시작했다. 게다가 과반수 지지를 받지 못하고 4만 표가 되지 않는 근소한 차이로 승리했기에 칠레 헌법에 따라 의회에서 대통령을 선출하도록 되어 있었지만, 의회의 결정이 언제 날지는 아무도 모르는 상황이었다. 미 중앙정보국(Central Intelligence Agency, CIA)의 지원을 받은 극우파의 테러가 준동했고, 이들의 첫 표적은 군부의 정치 불개입과 합법적으로 선출된 아옌데 정부에 충성할 것을 선언한 양심적 군인들이었다. 육군 참모총장 르네 슈나이더(Rene Schneider) 장군이 출근길에 암살당했고, 잇단 암살과 테러가 칠레를 뒤흔들었다.

칠레의 민중 가수 빅토르 하라(1935~1973). 노래를 통한 사회변혁을 목적으로 한 누에바 칸시온(새로운 노래) 운동의 기수로 유명하다. 피노체트 쿠데타군에 체포되어 1973년 9월 16일경 살해되었다.

1973년 3월 총선에서 인민연합 정부가 득표율 45%로 압승하자, 극우 세력은 노골적으로 모든 비합법적 수단을 사용하기 시작했다. 그리고 이들의 뒤에는 "아옌데를 없앨 수만 있다면 무슨 일이든 해야 한다"고 공언한 미국의 리처드 닉슨 대통령과 헨리 키신저 국무장관, 리처드 헬름스 CIA 국장이 있었다. 공개된 비밀문서에 따르면 1970년부터 1973년까지 CIA는 칠레를 뒤흔드는 데 800만 달러를 사용했다. 슈나이더 장군의 암살자도 '인도적인 도움'이라는 명목으로 CIA에게 공작금 3만 5000달러를 받았다.

공작은 치밀하게 전개되었다. 미국은 6월 29일 첫 번째 쿠데타 기도가 미수에 그치자, 9월에 들어서는 쿠데타군을 무력으로 지원하기 위해 아르헨티나의 칠레 접경 지대에 공군기 30여 대를 배치했고, 쿠데타 하루 전에는 구축함 3척과 잠수함 1척을 칠레 영해 깊숙이 들여보냈다. 모네다 궁을 폭격한 칠레 공군기의 로켓탄도 미국이 지원한 것이다.

꿈은 계속된다

아옌데 정부는 피어보지도 못한 꽃송이처럼 사라졌다. 아옌데의 실험은 위대한, 그러나 비극적인 꿈이었다. 모든 민중이 풍요로운 삶을 누릴 수 있도록 하겠다는 꿈을 꾼 대가는 너무나 가혹했다.

피노체트가 집권한 17년 동안 앞서 말한 쿠데타 일주일 간 사망자 3만 명과 별도로 사망자 3000명, 실종자 1000여 명이 발생했고, 10만 명이 고문으로 불구가 되었으며, 100만 명이 해외 망명길에 올랐다. 피노체트는 1989년 대통령에서 물러난 뒤에도 군 최고사령관 직을 유지했으며, 생전에 어떠한 사법적 처벌도 받지 않고 2006년 12월 심장병으로 사망했다. 독재자가 사망하자 쿠데타를 배후 조종한 미국 정부는 백악관 성명을 통해 피노체트의 집권 기간 동안 사망한 희생자들에게 애도를 표하며 "우리의 마음은 희생자와 그들의 가족과 함께한다"고 밝혔다.

아옌데 대통령은 현실에서 패배했지만 생전의 소망대로 칠레는 다시 민주화의 길을 걸었으며, 그의 무덤에는 아직도 그의 죽음을 애석해하는 추모객의 발길이 끊이지 않는다. 〈벤세레모스〉는 우리나라에서 1980년대 말 〈노동동맹가〉라는 곡으로 번안되어 불리기도 했다.

 영광과 피투성이는 한 끗 차이
— 〈라이저 위에 피〉

영 광 과   피 투 성 이

1절
그는 아직 신병이었고 당연히 공포에 질렸다네
모든 장비를 점검하고 낙하산이 꽉 조였는지 확인했을 때
그는 앉아서 그 끔찍한 엔진이 으르렁거리는 소리를 들어야 했다네
"너는 이제 도망칠 수 없다!"

후렴
피투성이, 피투성이, 참 대단한 저승길!
피투성이, 피투성이, 참 대단한 저승길!
피투성이, 피투성이, 참 대단한 저승길!

그는 다시는 강하를 못 하리

6절
산줄은 그의 목을 감고, 커넥터는 머리를 부숴놨네
라이저는 앙상한 뼈에 묶였네
그가 땅에 부딪혔을 때 캐노피는 수의가 됐다네
그는 다시는 강하를 못 하리

8절
라이저 위에 피, 낙하산 위에 뇌,
낙하복 밖에 내장이 대롱대롱
그들은 그를 낙하산째 들어 올렸고 부츠에서 빼냈네
그는 다시는 강하를 못 하리

— 〈라이저 위에 피(Blood on the Risers)〉

미군에 관한 조크 하나. 한 청년이 미 육군에 입대하기 위해 모병소를 찾아갔다. 그는 그곳에서 공수부대 모병관을 만났다. 청년은 공수부대에 호기심이 생겼고, 모병관에게 질문했다.

"공수부대가 뭐 하는 곳인가요?"
"뭐, 보통 보병대보다 3주 더 훈련받을 뿐이지."
"3주 더요?"
"그래, 첫째 주는 사나이들과 소년들을 갈라낸다네."

"둘째 주는요?"

"사나이들과 바보들을 갈라내지."

"그럼 마지막 주에는 무얼 하나요?"

"바보들이 낙하산을 탄다네."

인간이 창공에서 까마득한 대지를 향해 몸을 날리는 것은 여간한 배짱이 아니라면 할 수 없을 것이다. 보통 사람이 볼 때 공수부대원은 간이 배 밖으로 나온, 반쯤 정신이 나간 사람으로 느껴질 법도 하다. 〈공수부대원의 노래(Paratrooper's song)〉 〈피투성이(Goly, Goly)〉 〈라이 저 위에 피〉로 불리는 이 노래는 남북전쟁 당시 유명한 〈공화국 전송가(Battle Hymn of The Republic)〉의 곡조에 가사만 다르게 붙인 '노가바'(노래 가사 바꿔 부르기)다. 10절까지 있는 이 노래는 공수부대의 신병이 낙하산 사고로 죽음에 이르는 과정을 끔찍하게 그렸다. 원곡의 후렴구 '영광(glory)'에서 알파벳 한 자를 빼면 '피투성이(gory)'가 되니, 한 끗 차이치곤 그 의미가 극과 극이라고 할 만하다.

'낙하산 부대'의 역사

낙하산의 기원은 15세기 레오나르도 다빈치까지 거슬러 올라간다. 그는 피라미드 모양 천을 이용하여 공기 저항으로 낙하 속도를 줄이는 기구를 스케치했는데, 이것을 낙하산의 원형으로 보는 것이다.

머릿속에서 상상만 하던 낙하산이 사람들 앞에 첫선을 보인 것은 1797년 프랑스인 앙드레 자크 가르느랭 덕분이다. 열기구를 타고 파

1944년 6월 5일, 노르망디상륙작전을 하루 앞두고 프랑스로 향하는 수송기 안의 101공수사단.

리 상공으로 올라가 914m 높이에서 뛰어내린 가르느랭은 무사히 땅에 닿았고, 이것이 인류 최초의 낙하산 강하 기록이 되었다. 바람이 조금만 불어도 심하게 흔들릴 수밖에 없는 초기의 낙하산들은 사고를 많이 일으켰는데, 이 때문에 왕성한 호기심과 용기를 가지고 낙하산 강하에 도전한 수많은 사람이 목숨을 잃었다.

20세기 들어 항공기가 출현하고 군사적인 효용성이 증명되자, '항공기를 이용해 적군 전선 후방에 병력을 투하한다면……'이라는 아이디어가 떠올랐다. 그도 그럴 것이 1차 세계대전의 전투는 대부분

고착된 전선의 참호에서 벌어진 것으로, 피아 수십만 명이 몇 m 전진하기 위해 돌격하다 기관총 앞에서 목숨을 잃는 참극이 다반사였기 때문이다.

1927년 이탈리아군이 항공기를 이용해서 보병을 낙하산으로 투하하는 실험을 한 데 이어, 이듬해 소련군이 공수부대를 창설했다. 이때만 해도 수송기와 낙하산은 조악하기 그지없어서 강하하려면 비행 중인 수송기의 날개로 기어가 그 위에서 뛰어내려야 했다. 소련군은 수많은 시행착오를 거쳐 1936년 완전무장한 공수부대 1개 여단을 전장에 투하하는 대규모 훈련을 성공시켰다.

2차 세계대전은 전쟁 당사국들이 그동안 각자 발전시킨 공수 작전 교리를 유감없이 실험한 무대다. 독일군은 전쟁 초기, 그리스 크레타 섬 강습 작전에 사단급 공수부대를 투입했다. 비록 사상자를 6500명이나 내긴 했지만, 이것은 공수 작전 자체의 문제라기보다 정보 부재에서 온 결과다. 하지만 히틀러는 이후 대규모 공수 작전을 승인하지 않았고, 독일 공수부대는 땅 위에서 일반 보병처럼 싸워야 했다. 독일 공수부대가 크레타 섬에서 보여준 전술적 가능성은 그때까지 공수 작전에 관한 한 후진성을 면치 못하던 영국과 미국만 자극했다.

미국에서는 82공수사단과 101공수사단이 만들어졌다. 톰 행크스가 제작한 〈밴드 오브 브라더스〉는 바로 이 시기 101공수사단(Screaming Eagles : 울부짖는 독수리들), 즉 이지중대(Easy Company)의 에피소드를 다뤘다. 이 영화에 나오는 참전 노병들의 인터뷰 중에 인상 깊은 장면이 있다. "원, 세상에…… 사람이 낙하산을 메고 비행기에서 뛰어내린다고 하더라고요. 뭐, 좀 특별한 거다 싶어서 지원했습니다."

일상적인 죽음에 대한 공포

이렇게 미국 각지에서 10대 후반부터 20대 초반까지 쌩쌩한 청년들을 데려다가 부대를 만들긴 했는데, 이 공수 작전이란 게 보기보다 녹록치 않았다.

우선 비행기 1대에 태울 수 있는 병력은 20~30명에 불과했고, 수송기 수십 대를 띄워서 적진에 공수한다 해도 낙하산 강하라는 특성상 병력이 뿔뿔이 흩어지기 일쑤였다. 적의 병력은 분산시키고 아군의 병력은 최대한 집중시키는 것이 전술의 철칙인데, 공수부대의 강하 작전은 자칫 큰 인명 피해를 내기 십상이었다. 또 낙하하는 시간이 너무 길면 적이 알아차리고 공수부대원이 땅에 닿기도 전에 반격할 수 있으니, 최대한 많은 병력을 짧은 시간 안에 밀집된 지역에 낙하시키는 것이 공수 작전의 성공을 가름하는 열쇠가 되었다.

이 까다로운 조건을 충족시키기 위해선 피나는 훈련을 거듭할 수밖에 없었고, 그때마다 젊은 병사들은 죽음의 공포와 싸워야 했다. 하루에도 몇 번씩 군장을 잔뜩 짊어지고도 모자라 주 낙하산과 보조 낙하산까지 둘러메고 나면 혼자서는 일어나기 힘들 정도로 뒤뚱거렸다. 어기적거리는 걸음걸이로 좁고 어두운 수송기에 타면 엔진 소음과 진동이 고스란히 전해졌다. 적의 대공포 사격을 피하기 위한 전술 비행으로 기체는 이리저리 요동치고, 보이는 것은 맞은편 전우의 겁먹은 눈밖에 없었다. 낙하 지점에 이르러 기체 문이 열리면 점프 마스터(Jump master)의 지시에 따라 강하하기 위해 일어선 대원들의 얼굴에는 창공의 차가운 바람이 몰아쳤다.

공수 작전은 자칫하면 병력이 뿔뿔이 흩어지기 쉬우므로 고도의 훈련이 필요하다. 공수부대의 주요 임무는 적 지역 내에서 교통 차단, 중요 시설의 파괴, 적 부대의 격파 등이다.

"고리 걸어!"

"고리 줄 검사!"

"장비 검사!"

"장비 검사 보고!"

"장비 이상 무!"

"강하 지역 1분 전⋯⋯ 30초 전⋯⋯."

엔진 소음 속에서도 강하할 때까지 시간을 세는 점프 마스터의 목소리는 대원들에게 영겁의 시간만큼 느껴졌다. 이윽고 기체 문 옆의 빨간 등이 파란색으로 바뀌면 점프 마스터부터 문 밖으로 몸을 던진다. 그 뒤를 따라 꼬리에 꼬리를 물고 공수부대원들이 뛰어내린다. 그리고 운명의 신이 대원들의 생사를 갈라놓는다. 산줄이 얽혀서 낙하산이 펴지지 않고 떨어지거나, 비행기에 걸려 그대로 끌려가는 병사도 있었다. 상공의 추위와 강풍에 얼어 죽거나, 동체에 부딪혀 뇌진탕으로 죽기도 했다.

낙하산 강하에는 언제나 실패할 위험성이 따른다.

낙하산이 활짝 펴졌다 해도 안도의 한숨을 내쉬기엔 아직 이르다. 낙하 속도는 초속 5~6m나 되고, 당시 사용하던 낙하산은 '멍텅구리 낙하산'이라고 부르는 것으로, 일단 항공기 밖으로 뛰어내리면 방향 조절이 불가능했다. 거기다 바람이라도 세차게 불면 강하는 그야말로 최악의 상황을 연출하기 일쑤였다. 무성한 나뭇가지나 전주에 부딪히기도 하고 바위에 떨어져 생명을 잃기도 했으니까.

공포의 내면화

이처럼 공수부대원은 실전이 아니라도 늘 죽음에 맞닥뜨릴 수밖에 없는 상황에 처했고, 그 공포와 싸워야 했다. 서울대학교 발달심리학 연구소 김연수 박사에 따르면 이러한 상황에서 서정적인 곡조와는 정반대로 죽음의 상황을 자세하게 기술한, 어찌 보면 잔인한 가사의 노래를 되풀이해 부름으로써 그들은 죽음을 일상의 한 부분으로 끌어들이는 효과를 볼 수 있었을 것이다. 처음에는 강렬한 자극일지라도 여러 번 접하면 습관화가 일어난다는 심리학적인 연구 결과가 있다. 즉 죽음과 같은 부정적인 자극도 여러 번 자세히 간접 경험하면 나중에는 그다지 두려워지지 않는 법이다. 결국 이 노래는 죽음이라는 두려운 자극에 이런 습관화의 효과를 기대하는, 그래서 죽음의 공포를 억누르고자 한 공수부대원들의 소망이 담긴 곡이다.

그림자 전사들의 연가
— 〈발라드 오브 그린베레〉

군가, 빌보드 싱글 차트 1위의 기염을 토하다

하늘에서 강하한 군인

죽음을 무릅쓰고 내려온 용사

자신이 한 말을 지키는

그린베레의 용감한 전사들이다

가슴에는 은빛 기장

이들은 미국 최고의 군인들

오늘도 100명이 도전하여

3명만 그린베레를 쓴다네

오지에서 생존하는 훈련을 받고

백병전을 배웠네

밤낮 가리지 않고 싸우는

그린베레의 용감한 용사들

가슴에는 은빛 기장

이들은 미국 최고의 군인들

오늘도 100명이 도전하여

3명만 그린베레를 쓴다네

고향에서 기다리는 어린 아내여

그린베레 남편은 운명을 맞이했소

억압받는 자를 위해 기꺼이 죽었다오

그가 남긴 마지막 말은

"내 아들 가슴에 은빛 기장을 달아주오

미국 최고의 군인으로 만들어주오

언젠가 아들도 기꺼이 그린베레를 쓰게 해주오"

가슴에는 은빛 기장

이들은 미국 최고의 군인들

오늘도 100명이 도전하여

3명만 그린베레를 쓴다네

―〈발라드 오브 그린베레(Ballads of the Green Berets)〉

〈발라드 오브 그린베레〉가 수록된 SSgt 배리 새들러(Barry Sadler)의 첫 앨범 표지. 존 웨인이 주연한 〈그린베레〉의 주제가인 이 노래는 1966년 빌보드 차트에서 6주 동안 정상을 차지했다. 배리 새들러는 1989년 9월 8일 강도의 총에 맞아 생을 마감했다.

    1966년 3월 5일, 미국의 빌보드 차트에 작은 이변이 일어났다. 포크 록 풍의 군가 〈발라드 오브 그린베레〉가 싱글 차트 1위에 오른 것이다. 베트남전이 확전 일로에 있던 당시 멜로디와 가사가 다소 쓸쓸한 이 곡은 5주 동안 정상을 지켰고, 앨범도 900만 장이나 팔렸다.

    더욱 인상적인 것은 이 노래를 부른 가수가 실제로 그린베레 출신이라는 점이다. 자신의 계급인 하사(Staff Sergeant, SSgt)를 이름 앞에 붙인 SSgt 배리 새들러는 그린베레의 의무(醫務) 부사관이었다. 베트남전에 참전한 그는 정글 순찰 도중 부비트랩에 무릎 부상을 당하고 미국으로 후송되어 병상에서 자신의 경험을 노래로 만들었다. 그의 곡에 공동으로 가사를 붙인 사람은 그린베레에 대한 책을 저술한 작가 로빈 무어다.

그림자 부대의 탄생

그린베레로 상징되는 미 육군 특수전 부대(U. S. Army Special Forces)의 기원은 2차 세계대전 당시로 거슬러 올라간다. CIA의 전신 전략정보국(Office of Strategic Services, OSS)에는 추축국 후방에서 비밀 공작을 수행하기 위해 비정규전 전문가들이 활동했다. 이들은 추축국 점령지의 주민을 포섭하고 훈련시켜 추축국 군대를 공격하거나 적 후방에서 게릴라 작전을 담당했다.

OSS 요원의 활약이 가장 두드러진 곳은 일본군을 상대로 싸우던 태평양 전선이다. '메릴의 약탈자들(Merrill's Marauders)'로 불린 프랭크 메릴 대령의 5307혼성부대(5307th Composite Unit)는 미얀마 북쪽의 일본군 점령지에서 일본군의 보급선과 통신망을 교란하는 임무를 지속적으로 수행했다. 이들이 얼마나 일본군을 괴롭혔는지 일본군은 메릴의 약탈자들 규모를 1만 5000명으로 추산했지만, 실상은 그 5분의 1에 불과했다.

메릴의 약탈자들에게는 '바람같이 나타나 적을 타격하고 번개같이 사라진다'는 행동 수칙이 있었다. 2차 세계대전을 통해 이처럼 비교적 소수의 병사들이 적진 후방에서 펼치는 게릴라전이 전쟁을 수행하는 데 아주 효과적인 전술임이 증명되었다. 적 후방에서 벌이는 게릴라전은 한국전쟁에서도 있었다. 미군의 지원을 받는 8240부대, 8086부대 등이 북한군 후방에서 게릴라전을 수행하거나 격추된 유엔군 조종사 구출 작전 등을 벌였다.

하지만 이런 비정규전에 대한 미군 지휘부의 생각은 극히 보수적이어서 체계적이고 면밀한 계획 아래 작전이 진행되지는 않았다. 새로운 형태의 비정규전 전문 부대에 대한 경계심이 강한 미 육군 고위층은 여러 차례 이들을 견제하려고 했을 정도다.

미 육군 특수 부대의 탄생을 도운 것은 오히려 CIA와 미 공군이다. 1947년 새롭게 창설된 CIA와 같은 해 육군에서 독립한 미 공군이 손을 잡고 자신들이 게릴라 부대를 운용하겠다고 나섰기 때문이다.

밥그릇을 뺏길 위기감을 느낀 육군은 마지못해 비정규전 부대 창설을 승인했고, 1952년 6월 19일 OSS 출신의 아론 뱅크 대령을 지휘관으로 한 10특전단(10th SF Group)이 창설되었다. 10특전단에는 OSS나 공수부대, 레인저 출신 등 특수 작전 수행 경험자들이 몰려들었다. 특전단 요원으로 선발되기 위해선 부사관 이상, 2개 국어 이상 외국어 구사 능력과 공수 낙하 경험 등 뛰어난 체력과 경력을 갖춰야 했다.

1953년 동독에서 노동자 봉기가 발생하자 10특전단의 절반은 서독의 바트 퇼츠에 전진 배치되었으며, 나머지 병력은 77특전단 창설의 모체가 되었다. 또 1957년에는 일본 오키나와에서 1특전단을 창설함으로써 특수 부대의 활동 무대를 아시아까지 확대했다.

이념의 최전선에 선 그린베레

그러나 미 육군 특수 부대가 제대로 기틀을 잡은 것은 존 F. 케네디 대통령 시절이다. 당시 미국과 소련의 극한 대립은 언제든지 전면 핵전쟁으로 비화될 위험성이 있었기 때문에 '저강도 분쟁(Low Intensity Conflict)'이라는 새로운 형태의 전쟁 방식이 나타났다. 핵전쟁으로 번질 대규모 정규 병력 투입은 억제하고, 소규모 정예 병력이나 비군사적 수단을 이용해 정치적 목적을 달성한다는 이 전략의 실험장이 된 것은 제삼세계 나라들이다. 당시 베트남을 비롯한 아시아, 아프리카의 많은 나라에서는 좌익 게릴라들이 '해방 전쟁'을 벌였다. 케네디는 게릴라를 제압할 방법을 군이라는 조직에서 찾았고, 그 가운데 특수 부대가 가장 이상적인 수단이라고 생각한 것이다.

미 육군 특수 부대는 케네디 대통령의 대폭적인 지지를 등에 업고 대규모로 확대되었다. 1961년 9월부터 5, 3, 6, 8특전단이 잇따라 창설되었다. 비공식적으로 부대원이 착용하던 그린베레를 미 육군 특수

존 F. 케네디 대통령은 그린베레의 가장 큰 후원자다.

부대의 상징으로 만든 사람도 케네디다. 제식 군모가 아니었기 때문에(사실은 특수 부대원들에 대한 질시가 컸겠지만) 쓰는 것이 금지되던 그린베레 착용에 대해 케네디는 "자유를 위한 전투에서 그린베레는 탁월함의 상징, 용기의 증표, 영예의 표상"이라는 말로 국방부를 설득했고, 곧 그린베레는 미 육군 특수 부대와 동의어가 되었다. 1960년대는 그린베레의 전성기다. 베트남전이 최고조에 달한 1969년에는 그린베레가 7개 특전단 1만 3000명 규모까지 늘어났다.

그린베레는 직접 북베트남이나 베트남 민족해방전선의 주요 거점을 타격하기도 했지만, 지역 주민들을 무장·훈련시켜 남베트남 정부의 대게릴라전 수행 능력을 제고하는 일이 주 임무였다. 그린베레가 다른 특수 부대와 구별되는 점은 적진 깊숙이 침투하여 토착민의 지지를 이끌어낸 다음 이들을 비정규 전력으로 키워내는 데 있었다.

그린베레의 최소 작전 단위는 A팀(알파 팀) 혹은 A분견대라고 불리는 소수 정예 체제다. 대위를 팀장으로 한 대원 12명은 정보, 의무, 통신, 폭파, 화기 등 군사 주특기 외에 작전 지역의 언어를 구사할 줄 알아야 했다. 외부의 지원 없이 임무를 완수할 수 있도록 훈련된 그린베레는 심리전에서 교량 건설과 의료 지원에 이르기까지 수많은 특수 임무를 성공적으로 수행했다.

그린베레의 명암

라틴어 '데 오프레소 리베르(De Oppresso Liber)', 즉 '억압받는 자들을 해방시킨다'는 구호를 부대 모토로 내세우지만, 그린베레의 역사는 필연적으로 어두운 면이 있다.

1968년 구정 공세 이후 CIA는 베트남의 농촌 발전을 지원한다는 명분 아래 '피닉스 작전'을 실행했다. 일견 군사적 목표와는 아무 연관이 없어 보이는 '농촌 발전 지원국'이라는 부서의 이름과 달리 이 작전은 남베트남에서 베트남 민족해방전선 게릴라들의 씨를 말리겠다는 의도가 있었다.

CIA는 그린베레뿐만 아니라 미 해군의 특수 부대 네이비 실, 남베트남의 특수 부대와 국가 경찰 야전부대를 동원하여 민족해방전선의 지지 기반을 무너뜨리기 위한 조직적인 테러와 암살 공작을 진행했다. 주로 민족해방전선이 장악한 농촌 지역에서 민족해방전선의 군사요원, 정치요원, 보급 담당자, 세금 징수원 등을 파악하여 체포하거나 살해할 목적으로 진행된 이 작전은 최소 4만 명의 희생자를 낳았다. 특히 지역에 따라 목표량을 할당하는 방식으로 무리하게 진행된 작전은 무고한 희생자를 양산할 수밖에 없었다. 사실 구정 공세가 거둔 정치적 성공과 별개로 회복이 어려울 정도로 타격을 입은 베트남 민족해방전선에겐 애초 피닉스 작전이 목표로 한 조직원이 존재하지 않았다. 베트남에서 CIA와 그린베레는 전쟁 범죄를 자행한 것이다.

베트남전이 사실상 미국의 패배로 끝난 후, 희생양을 찾던 미국 정치인들의 목표 가운데 하나가 바로 그린베레다. 특히 도덕과 인권을 최상의 가치로 내세우고 당선된 지미 카터 행정부가 들어선 후 '더러운 전쟁(Dirty War)'을 자행한 CIA와 그 하수인 역할을 한 그린베레는 모진 수난을 겪는다. CIA는 '핼러윈의 대학살'이라고 불릴 정도로 대규모 숙청이 진행됐고, 그린베레의 규모 역시 한창때의 20%에도 못 미치는 3개 특전단 2000명 이하로 대폭 축소된 것이다.

아프가니스탄에서 작전 중인 그린베레 5특전단 소속 대원들.

한동안 기를 펴지 못하던 그린베레가 1980년대 힘의 외교를 주창한 레이건 대통령 시절 화려하게 부활했다. 그레나다 침공과 파나마 침공 작전을 비롯하여 중남미 각지에서 각종 비밀 공작을 수행한 미 육군 특수 부대의 작전 영역은 전 세계로 확장되었다. '테러와 전쟁'이라는 광풍이 지구촌을 휩쓸고 있는 오늘날, 그린베레의 주가는 한층 오른 상황이다. 현재 미 육군 특수전 사령부 휘하에는 1, 3, 5, 7, 10특전단이 전 세계에서 '그림자 전사'로 역할을 수행하고 있다.

● 부록 세계를 뒤흔든 전쟁사 연표

기원전 4000년경	청동기시대 시작
2500년경	활과 화살 발명
2000년경	전투용 마차 발명
721년	아시리아 사르곤 2세의 정복 시대(재위 ~기원전 705년)
668년	아시리아군, 이집트 침공. 테베 점령
597년	초의 장왕, 진을 격파하고 패자가 됨
539년	키로스 2세, 나보니도스 격파로 신바빌로니아 멸망. 페르시아제국 성립
492년	페르시아전쟁 개시. 페르시아군, 마케도니아·트라키아에 침입하나 패퇴
490년	1차 페르시아전쟁. 마라톤전투에서 그리스군이 페르시아군 격파
480년	2차 페르시아전쟁. 살라미스전투
431년	펠로폰네소스전쟁 발발(~기원전 404년)
415년	아테네, 시칠리아 원정(~기원전 413년)
403년	진의 한, 위, 조가 각각 자립하여 제후 됨. 전국시대 시작
395년	코린트전쟁(~기원전 386년). 코린트-테베-아테네가 연합하여 스파르타와 대적
371년	쿠크트라전투에서 테베군 승리, 테베의 그리스 통일(~기원전 362년)
334년	알렉산더대왕, 페르시아 원정 시작
332년	알렉산더대왕, 이집트 정복
327년	알렉산더대왕, 인도 침공
301년	셀레우코스 1세, 안티고노스를 격파하여 시리아왕국의 기초 확립

264년	1차 포에니전쟁(~기원전 241년)
261년	아소카왕, 카링가왕국 정복
256년	진이 주를 멸함. 초가 노를 멸함
218년	2차 포에니전쟁. 카르타고의 한니발이 알프스를 넘어 이탈리아 침입
202년	자마전투. 스키피오가 한니발 격파
201년	카르타고 함락되고, 로마가 서지중해 패권 장악
146년	로마, 마케도니아를 속주로 삼음
127년	한의 무제, 흉노 공격 시작
108년	한, 고조선에 한사군 설치
58년	카이사르, 갈리아 원정 개시(~기원전 51년)
53년	칼라에전투에서 파르티아가 로마의 크라수스 격파
31년	악티움 해전에서 옥타비아누스가 안토니우스 격파
서기 43년	로마, 영국 정복 개시
66년	1차 유다전쟁 발발(~70년)
106년	아라비아의 나바테아가 로마에 병합
115년	파르티아의 수도 크테시톤이 로마군에게 함락
184년	황건적의 난 발생
200년	관도의 싸움. 조조가 원소 격파
214년	유비가 촉 정복
220년	중국, 삼국(위·촉·오)시대(~265년)
280년	진, 오를 멸하고 천하 통일
324년	콘스탄티누스, 로마제국 재통일
375년	서고트가 로마 영내로 이동, 게르만 민족 대이동 시작
439년	북위, 장강 이북 통일. 남북조시대 시작(~589년)
451년	카탈라우눔전투에서 서로마의 아에티우스가 아틸라의 훈군 격파
540년	사산 왕조의 호스로 1세, 안티오키아 점령하고 흑해 연안까지 영토 확대
612년	고구려-수나라 전쟁(~614년)
616년	페르시아군, 이집트 침입
630년	마호메트, 메카 정복
638년	동로마제국, 사라센군에게 예루살렘을 빼앗김
642년	사라센군, 이집트 공격 시작. 알렉산드리아 점령

645년	당 태종, 고구려 원정 실패
711년	타리크가 이끄는 사라센군, 이베리아 반도 정복 시작
751년	탈라스전투. 당군이 중앙아시아의 탈라스에서 사라센군에 대패
902년	아글라브 왕조의 사라센군, 시칠리아 정복
955년	오토 1세, 레크펠트전투에서 마자르족 격퇴
1008년	마흐무드, 인도의 펀자브 지방을 대부분 점령
1010년	거란, 고려 침입
1051년	일본, 전9년의 전역 시작
1071년	셀주크튀르크, 예루살렘 점령
1095년	교황 우르바노 2세, 십자군 운동 호소, 1차 십자군 결성
1147년	2차 십자군 원정(~1149년)
1189년	3차 십자군 원정(~1192년)
1202년	4차 십자군 원정(~1204년)
1206년	테무친, 칭기즈 칸이라 칭하고 몽골 통일
1219년	칭기즈 칸, 서아시아 원정 시작(~1224년)
1228년	5차 십자군 원정(~1229년)
1231년	코라즘, 몽골군에 멸망
1234년	몽골, 금나라를 멸함
1236년	몽골, 동유럽 원정(~1243년)
1241년	몽골 바투, 슐레지엔 침입하여 유럽 연합군 격파
1248년	6차 십자군 원정(~1254년)
1270년	7차 십자군 원정(~1272년)
1274년	여원연합군, 일본 원정 실패
1291년	시리아의 십자군 궤멸, 아콘에서 철수함으로써 십자군전쟁 끝남
1299년	오스만튀르크 성립
1337년	영국-프랑스 백년전쟁 시작(~1453년)
1346년	크레시 전투. 영국의 에드워드 흑태자, 프랑스군 격파
1353년	오스만튀르크, 유럽 침입 시작
1371년	오스만튀르크, 세르비아 격파하고 마케도니아 침입
1389년	오스만튀르크, 발칸연합군 격파
1415년	아쟁쿠르 전투. 영국군, 프랑스군 대파
1429년	잔 다르크, 오를레앙 성의 영국군 포위망 해체
1453년	오스만튀르크, 콘스탄티노플 점령. 동로마(395년~) 멸망

1455년	장미전쟁 발발(~1485년)
1458년	터키군, 모레아(펠로폰네소스 반도)의 그리스 도시들 정복 시작
1477년	터키군, 에게 해 제해권 둘러싸고 베네치아와 싸움(~1479년)
1479년	명군, 원병으로 온 조선군과 함께 여진족과 싸움
1482년	포르투갈인, 콩고 강 어귀 점령. 유럽인의 아프리카 진출 시작
1494년	프랑스 샤를 8세, 이탈리아 침공
1501년	타타르의 다얀 한, 명군을 무찌르고 오르도스에 침입
1509년	포르투갈, 맘루크 해군을 무찌르고 인도양 제압
1511년	포르투갈, 고아와 말라카 점령하고 인도 영유의 발판을 닦음
1517년	셀림 1세, 카이로 점령. 맘루크 왕조 멸망하고 술탄 칼리프제 성립
1524년	독일에서 농민전쟁 발발(~1525년)
1541년	터키, 헝가리 완전 정복
1562년	프랑스에서 위그노전쟁 발발(~1598년)
1571년	레판토 해전에서 유럽 연합군, 오스만튀르크 함대 격파
1588년	에스파냐 무적함대, 영국 해군에 대패. 해상권 상실
1592년	임진왜란(~1598년) 시작. 이순신 제독, 한산도대첩
1618년	독일에서 30년전쟁 발발(~1648년)
1619년	사루후의 싸움에서 후금의 누르하치, 명군 대파
1652년	1차 영국-네덜란드전쟁(~1654년)
1656년	베네치아 함대, 다르다넬스 해협 봉쇄
1664년	터키군, 장크토 고트하르트전투에서 신성로마제국과 프랑스에 패배
1678년	터키군, 도나우를 넘어 북진 계속(~1618년)
1681년	터키군, 오스트리아 빈 점령 실패
1700년	러시아군, 나르바전투에서 스웨덴군에게 패퇴
1704년	에스파냐 왕위 계승 전쟁. 오스트리아와 영국군이 프랑스군과 싸워 이김
1722년	러시아군, 이란 침공
1735년	이란의 나디르 쿨리, 서북 국경 지대에서 터키군 대파
1736년	러시아-튀르크전쟁 발발(~1739년)
1737년	오스트리아-튀르크전쟁(~1739년)
1739년	영국과 에스파냐의 식민지 전쟁(~1748년)
1744년	남인도의 카나티크를 둘러싸고 영국과 프랑스가 격렬하게 싸움
1755년	북아메리카에서 영국과 프랑스의 식민지 전쟁 발발(~1763년)

1757년	영국군, 프랑스의 인도 거점 샹데르나고르 함락
1758년	영국군, 북아메리카에서 프랑스령 퀘벡 점령
1763년	파리조약 성립. 영국-프랑스 식민지 전쟁 종결
1768년	러시아-튀르크전쟁 발발(~1774년)
1775년	미국 독립전쟁 발발. 렉싱턴에서 식민지군과 영국군 무력 충돌
1781년	요크타운에서 벌어진 전투를 끝으로 사실상 미국 독립전쟁 종료
1789년	프랑스혁명 발발
1792년	프랑스군, 발미전투에서 프로이센-오스트리아 연합군 격파
1798년	나폴레옹군, 이집트 원정
1805년	나폴레옹, 아우스터리츠전투에서 러시아군 격멸
1806년	나폴레옹, 러시아 튀르크 영토 침공. 전쟁 시작(~1812년)
1812년	나폴레옹, 러시아 원정
1814년	나폴레옹 퇴위
1815년	나폴레옹, 워털루에서 패전, 백일천하
1816년	이란 카자르군, 아프가니스탄 카불 침공
1821년	그리스, 튀르크에 대해 독립전쟁 발발(~1829년)
1824년	1차 버마전쟁 발발(~1826년)
1838년	아프가니스탄-영국 1차 아프간전쟁 발발(~1842년)
1840년	중국에서 아편전쟁 발발(~1842년)
1842년	영국군, 카불에서 철수 도중 전멸
1845년	1차 시크전쟁 발발(~1846년). 카슈가르의 이슬람교도들이 반란을 일으킴
1853년	크림전쟁 발발(~1856년)
1854년	러시아군, 흑룡강 이북 점령
1857년	영국-프랑스군이 광동 함락, 2차 아편전쟁 발발
1859년	이탈리아, 통일전쟁 발발. 프랑스가 사르데냐를 도와 오스트리아와 싸움
1860년	영국-프랑스 연합군, 북경 점령
1861년	미국 남북전쟁 발발(~1865년)
1866년	프로이센-오스트리아 전쟁 발발
1870년	프로이센-프랑스 전쟁 발발. 세당전투에서 대패한 나폴레옹 3세 항복
1877년	터키, 러시아와 전쟁 개시(~1878년)
1884년	청-프랑스 전쟁 발발. 프랑스군이 대만, 영파 등 봉쇄

1895년	이탈리아-에티오피아전쟁 발발(~1896년)
1897년	터키, 크레타 섬 영유권 문제로 그리스와 전쟁
1898년	미국-에스파냐전쟁 발발. 승리한 미국이 필리핀, 괌, 푸에르토리코 획득
1899년	보어전쟁(~1902년)
1900년	중국 의화단 사건에 출병한 열국군이 북경에 입성
1904년	2월 10일 러일전쟁 발발(~1905년)
1911년	9월 29일 터키-이탈리아전쟁 발발
1914년	7월 28일 오스트리아-헝가리, 세르비아에 선전포고. 1차 세계대전 발발
	8월 26일 타넨베르크전투 시작
1915년	3월 18일 연합군, 다르다넬스 해협 공격 개시
	4월 22일 이프르전투(~5월 25일)에서 독일군이 최초로 독가스 사용
1916년	5월 31일 유틀란트 해전(~6월 1일)
	6월 24일 솜전투 시작(~11월 18일)
	9월 18일 영국군, 솜전투에서 역사상 최초로 전차 투입
1917년	4월 6일 미국, 독일에 선전포고
	11월 8일 러시아 10월혁명으로 소비에트 정권 탄생
1918년	3월 21일 독일군, 영국군에 대공세 시작. 2차 솜전투 시작(~4월 5일)
	11월 11일 독일제국 항복, 휴전협정과 동시에 전쟁 종료
1937년	7월 7일 루커우차오 사건 발생, 중일전쟁 발발
1939년	9월 1일 독일, 폴란드 침공. 2차 세계대전 발발
	11월 30일 소련, 핀란드 침공(겨울전쟁)
1940년	6월 22일 프랑스, 독일에 항복
	8월 1일 영국 본토 항공전 개시
1941년	6월 22일 독일, 사상 최대의 원정군으로 소련 기습 공격
	12월 7일 일본, 진주만 공습
1942년	6월 4일 미드웨이 해전 개시
1943년	2월 2일 스탈린그라드전투, 소련의 승리로 종결
	6월 10일 연합군 시칠리아 섬에 상륙
1944년	6월 6일 연합군 노르망디상륙작전 성공
	7월 28일 미군, 파리 진주
	12월 16일 발지전투 개시

1945년	2월 19일 미군, 이오지마에 상륙
	5월 2일 소련군, 베를린 함락
	5월 8일 독일, 연합국에 항복
	8월 6일 미국, 히로시마에 원폭 투하
	8월 15일 일본 항복
1948년	5월 14일 이스라엘공화국 성립, 1차 중동전 발발
1949년	중국 내전에서 승리한 마오쩌둥의 홍군이 대륙 석권
1950년	6월 25일 한국전쟁 발발(~1953년)
	9월 15일 인천상륙작전
1956년	10월 29일 이집트의 수에즈 운하 국유화를 둘러싸고 2차 중동전 발발
1965년	미국, 북베트남 폭격. 베트남전 확대
1967년	6월 5일 3차 중동전쟁 발발
1968년	1월 30일 베트남 구정 공세
1971년	12월 3일 인도-파키스탄전쟁 발발, 방글라데시 독립
1973년	10월 6일 4차 중동전쟁 발발
1979년	12월 24일 소련군, 아프가니스탄 침공. 아프가니스탄전쟁 발발
1980년	9월 22일 이란-이라크전쟁 발발(~1988년)
1982년	4월 2일 포클랜드전쟁 발발
1991년	1월 17일 걸프전 발발
2001년	9월 11일 뉴욕의 국제무역센터에 항공기 테러
2003년	3월 20일 미군과 영국군 이라크 침공. 이라크전 발발

● 부록 세계사를 꿰뚫는 전쟁 영웅 어록

"목마른 병사들을 두고 나 홀로 물을 마셔 갈증을 해소할 수는 없노라."
— 인도 원정길의 알렉산더대왕

★ 인도의 사막지대를 행군하던 알렉산더의 군대는 뜨거운 열기와 물 부족으로 고통을 겪었다. 말에서 내려 병사들과 같이 행군하던 알렉산더도 목이 말랐다. 그때 부하가 물을 구해 그에게 바쳤다. 그러나 그는 '혼자서만 목을 축일 수 없다'며 잔을 땅바닥에 내동댕이치고 마시지 않았다. 그는 적을 치기 전에 부하들의 마음을 사로잡아야 한다는 것을 알았다.

"참호를 파는 것은 곧 자신의 무덤을 파는 것이다. 미심쩍을 때는 무조건 공격하라."
— 2차 세계대전 당시 미 3군 사령관 조지 패튼 장군

★ 역사상 가장 저돌적인 장군 패튼의 기갑부대는 프랑스를 횡단해 노르망디에 있던 독일군의 운명에 종지부를 찍었고, 기갑부대를 어떻게 사용해야 하는지 교과서적 실례를 보여 주었다. 그에게 최선의 방어는 공격이고, 병사의 본분은 참호를 파는 것이 아니라 적을 무찌르는 것이다.

"길을 찾을 수 없다면 만들어라."
— 알프스 산맥을 넘어 로마군을 격파한 카르타고의 한니발

★ 기원전 218년 2차 포에니전쟁에서 한니발은 로마군이 '카르타고 군대가 설마 알프스 산을 넘어 공격할까' 방심할 때, 추위와 눈사태를 이겨내고 보름 만에 알프스 산을 넘어 티치노 강변에서 로마군을 무찔렀다. 그래서 그는 실현 불가능한 전쟁을 가능한 것으로 만들어 승리를 쟁취하는 '군사 전략의 아버지'라고 불린다.

"해병에게 후퇴는 없다. 우리는 다른 방향으로 공격하고 있다."
— 한국전쟁 당시 미 해병 1사단장 올리버 프린스 스미스 소장

★ 북한 내륙 깊숙이 전진했다가 6배가 넘는 중공군에 포위된 미 해병 1사단장 스미스 장군이 흥남으로 후퇴할 것을 명령하면서 한 말. 당시 장진호까지 북진한 미 해병 1사단이 철수하는 퇴로를 확보하기 위해선 중공군에게 막힌 길을 뚫고 나갈 수밖에 없었다.

"전투에 실패한 지휘관은 용서할 수 있어도, 경계에 실패한 지휘관은 용서할 수 없다."
— 한국전쟁 당시 유엔군 총사령관 더글러스 맥아더 원수

★ 유명한 이 경구는 사실 그 자신에게도 해당하는 말이다. 맥아더는 필리핀에서 일본군에게 기습을 당했고, 한국전쟁 당시에는 중공군 개입에 대한 온갖 정보를 무시하고 무리한 북진에 나섰다가 뼈아픈 기습을 허용했다. 그 결과 유엔군은 전면 후퇴를 면치 못했고, 전쟁은 장기화되었다.

"가장 훌륭한 싸움은 적이 지키지 않는 지점을 소수의 병력으로 차지하는 것이다."
— 프랑스를 당대 최강의 국가로 만든 나폴레옹

★ 나폴레옹 전략 개념의 핵심은 적의 방어를 분산하고 나서 적의 지원군이 도착하기 전에 빠른 기동력으로 하나씩 격파하는 방식이다. 약한 적은 한꺼번에 무찌르고, 강한 적은 나눠서 격파하라. 이것이 나폴레옹의 핵심 전략이다.

"한 사람이 길목을 지키면 능히 1000명도 두렵게 할 수 있다."
— 충무공 이순신 제독

★ 백의종군한 충무공에게는 전선 13척밖에 없었다. 이를 가지고 압도적으로 우세한 왜선 133척과 정면 대결하는 것은 절대 승산이 없다고 판단한 충무공은 전투가 시작되자 후퇴하면서 왜선을 명량의 좁은 해협 울돌목으로 유인했다. 절대 불리한 전력으로 적과 정면 대결한 것이 아니라, 적을 좁은 골짜기로 몰아넣어 움직이지 못하게 한 다음 전선 13척으로 하나씩 격파한 것이다. 즉 이길 수 있는 여건을 조성해놓고 싸운 것이다.

"로마 군대는 곡괭이로 싸운다."
— 제정 로마 시대 코르불로 장군

★ 로마군은 전원이 토목기사이자 유능한 공병이기도 했다. 로마군은 작전상 필요한 교량과 도로 건설을 군대 자체에서 수행했다. 병참의 개념을 넓은 관점에서 바라본 로마군은

이것을 '전장에서 필요한 인간의 모든 기술'로 정의했다. 즉 후방에서 전방으로 군수품을 운반하고 수송하는 협의의 병참이 아니라, 병사들의 훈련과 물자의 보급, 필요한 사회간접자본의 가설로 바라본 것이다.

"우리는 독일의 동맹국이 아니다. 같은 적 소련을 상대로 함께 싸우는 친구일 뿐이다."
— 핀란드의 카를 구스타프 에밀 폰 만네르하임 원수
★ 2차 세계대전 당시 강국 소련의 침공에 맞선 핀란드는 적은 인구와 보잘것없는 규모의 군대로 고슴도치처럼 끈질긴 저항을 이어갔다. 이 과정에서 같은 적을 상대로 싸운 독일군과 손잡기도 했지만, 독일의 동맹 제의는 끝내 받아들이지 않았다. 약소국 핀란드의 독립을 지키기 위한 고육지책이 담긴 말이다.

"우리는 진주만을 공습하고 6개월 동안은 승리할 수 있을 것이다. 그러나 그 이후로는 장담할 수 없다."
— 2차 세계대전 당시 일본군 연합함대 사령관 야마모토 이소로쿠 제독
★ 미국과 전쟁을 피하려던 그는 일본 해군 군부에서 가장 합리적인 판단을 하는 인물이고, 주미 일본대사관 무관을 지냈기 때문에 미국의 공업 생산력이 얼마나 어마어마한지 알고 있었다. 그의 예상대로 진주만 공습 6개월 후인 1943년 6월 5일부터 사흘 간 벌어진 미드웨이 해전에서 일본 해군은 치명적인 패배를 맛봐야 했다. 야마모토 제독 역시 이듬해 4월 전사한다.

"후퇴는 없다. 포로도 안 된다. 우리는 마지막 한 사람이 죽을 때까지 싸운다."
— 한국전쟁 당시 미 8군 사령관 월턴 해리스 워커 중장
★ 1950년 8월부터 9월까지 한국의 운명은 백척간두에 있었다. 국토를 대부분 잃고 낙동강을 교두보로 하는 좁은 땅만 남았는데, 방어전을 지휘하던 워커 장군이 내린 이 명령이 미국 내에 보도되면서 '비민주적인 명령'이라는 비판에 직면했다. 맥아더 원수는 이 비판에 대해 "군대에 민주주의는 없다"는 말로 부하를 옹호했다. 이는 군대가 전쟁에서 승리하려면 상명하복의 엄중한 위계질서가 필요하다는 것을 인정했기 때문이다.

"이토록 소수의 손에 이토록 많은 사람의 운명이 걸린 적은 일찍이 없었다."
— 2차 세계대전 당시 영국 수상 윈스턴 처칠
★ 1940년 여름, 영국은 대륙을 석권한 나치 독일의 공격에 맞서 외롭게 싸우고 있었다. 영국 공군은 7월 9일부터 시작된 독일 공군의 공습에 맞서 영웅적인 항전을 이어갔다. 그

리고 영국 공군 조종사들은 대부분 20대 초반의 젊은이들이었다. 전시 내각의 수장이던 처칠은 의연하게 국민을 이끌었고, 영국 공군은 마침내 독일군의 공습에서 영국을 지켜냈다. 이 말은 처칠 수상이 영국 공군에 바친 헌사다.

"다른 군대를 누를 수 있는 힘은 규모가 아니라 규율에서 나온다."
— 미국 독립전쟁 당시 대륙군 총사령관 조지 워싱턴
★ 대륙군은 영국군에 비해 수적으로나 장비 면에서 현저히 열세에 놓였고, 훈련도 제대로 되지 않았다. 게다가 애국심으로 전쟁에 자원한 병사들도 시간이 지나면서 차츰 지쳐갔다. 워싱턴은 대륙군의 취약점에서 문제의 해결점을 찾았다. 조직의 규율을 정립하고 충실히 지키게 한 것이다. 영국군을 상대로 최후의 승리를 얻은 비결은 병사들이 워싱턴이 세운 규율을 잘 이행했기 때문이다.

"3차 세계대전에는 어떤 무기가 사용될지 몰라도, 4차 세계대전에서는 돌과 방망이로 싸울 것이다."
— 상대성이론을 발표한 물리학자 아인슈타인
★ 상대성이론으로 핵무기 개발의 이론적 단초를 제공한 아인슈타인은 열렬한 반전평화주의자다. 이 말은 핵무기의 가공할 파괴력과 살상력을 단적으로 표현한다. 즉 핵무기를 사용한 전쟁은 인류의 문명을 송두리째 파괴해 원시 상태로 돌아가리란 것을 경고한 말이다.

"나는 이제 만족해. 조국을 위해 내 임무를 완수하게 해준 하느님께 감사한다."
— 트라팔가르 해전에서 프랑스—스페인 연합함대를 격파하고 전사한 호레이쇼 넬슨 제독
★ 1805년 10월 21일, 스페인 트라팔가르 곶에서 프랑스—스페인 연합함대를 맞이한 넬슨의 영국 함대는 33대 27의 수적인 열세에도 치밀하고 대담한 작전으로 승리를 쟁취했다. 이 해전 이후 영국은 세계의 바다를 지배했고, 나폴레옹의 영국 침공 계획은 좌절되었다. 그러나 넬슨은 이 승리를 끝까지 지켜보지 못하고 전사해, 이 말이 그의 유언이 되었다.

"훌륭한 장군은 전략을 배우고, 유능한 장군은 병참학을 공부한다. 그러나 전쟁에서 승리하는 장군은 날씨를 아는 장군이다."
— 유럽 전선 연합군 최고사령관 드와이트 아이젠하워 원수
★ 노르망디상륙작전은 미군 250만 명을 포함, 총 350만 명이 동원된 작전이다. 당초 디데이로 결정한 6월 5일에 임박해 날씨는 나빠지기 시작했고, 바다는 거칠어졌다. 상륙작전이 성공하기 위해선 연합군의 제공권이 중요했는데, 날씨가 나쁘면 노르망디에 상륙한다

고 해도 성공하리란 보장이 없었기에 작전은 하루 연기되었다. 6일 낮까지 날씨가 일시적으로 좋을 것이란 보고를 받은 아이젠하워는 마침내 작전을 단행했다. 반면 당시 날씨가 나빠 상륙작전이 불가능하다는 보고를 받은 독일군의 롬멜은 독일로 휴가를 떠났고, 독일군의 경계는 소홀해졌다.

"우리가 교범에서 배운 대로 싸웠다면 미군 전체가 붕괴하는 데는 20분도 걸리지 않았을 것이다."
— 2차 세계대전 당시 미 육군 참모총장 조지 마셜 원수
★ 마셜은 융통성 있는 사고를 강조했는데, 그는 미래에 벌어질 전쟁은 '규칙보다 예외'에 따라 주도될 것이라고 생각했다. 또 교범과는 정반대 해결책을 찾으려고 노력했다. 마셜은 2차 세계대전이 터질 당시 17만 명에 불과하던 미 육군을 5년 만에 첨단 무기를 갖춘 830만 명 규모로 증강했고, 6만 마일(약 9만 6500km)에 달하는 보급 시스템을 구축했다. 그 결과 미 육군은 역사상 가장 강력한 군대가 되었다.

"장교가 우유부단하면 사태를 위험하게 만들고, 총사령관이 우유부단하면 이는 범죄에 해당한다."
— 2차 세계대전 당시 영국군 버나드 몽고메리 원수
★ 모든 조건이 완벽하게 갖춰진 상태에서 전쟁을 수행할 확률은 거의 없기에, 군 지휘관에게 필요한 개인적인 자질이 있다. 예를 들면 적응력, 지략, 즉흥적 대처 능력, 무엇보다도 결단력이다. 이러한 자질이 없다면 아무리 분석적 사고와 명민함을 자랑하는 지휘관이라도 전자계산기만 못할 것이다.

"싸우지 않고 적을 굴복시키는 것이 최선의 방책이다."
— 춘추시대 오나라 왕 합려를 섬기던 손무
★ 전쟁이 발발한 후 적과 싸워 이기는 것은 차선책일 뿐이다. 왜냐하면 전쟁 자체가 엄청난 인적·물적 손실을 가져오기 때문이다. 따라서 최선의 방책은 예방함으로써 불행한 질병을 피해 가는 것처럼, 전쟁에 철저히 대비함으로써 싸우지 않고 이기는 것이다.

"전쟁은 냉혹한 스승이다."
— 그리스의 장군이자 역사가 투키디데스
★ 엄밀한 사료 비판과 인간 심리에 대한 깊은 통찰로 역사서의 고전으로 평가받는 《펠로폰네소스전쟁사》를 저술한 투키디데스가 전쟁을 정의한 말. 그는 기원전 431년에서 404년까지 펠로폰네소스전쟁에 아테네군 지휘관으로 참전했다. 패배 이후 유죄 판결을 받고

20여 년간 추방당했는데, 그는 전쟁을 본 목격자로서 열정과 사실을 기록해야겠다는 의무감으로 《펠로폰네소스전쟁사》(전 8권)를 저술했다. 당시 아테네의 입장은 제국주의적 야망이 강하게 구현된 것이지만, 투키디데스는 인도주의적이고 평화를 지향했다.

"평화를 원하거든 전쟁에 대비하라."
— 로마의 전략가 베제티우스

★ 이런 식의 주장은 전쟁을 원하는 자의 변명으로 치부되어 비도덕적이라는 비난을 받기 일쑤다. 그러나 국제 정치의 현실은 베제티우스의 금언이 오늘날에도 유효한 것임을 보여준다. 전쟁과 평화는 개념상 반대말이다. 그러나 현실에서는 전쟁과 평화가 동떨어진 것일 수 없다. 역사를 돌이켜볼 때 입으로만 평화를 외쳐서 평화가 유지된 적이 없다.

● 참고 문헌

단행본

《10년 20일 : 제2차 세계대전 잠수함전 회고록》, 카를 되니츠 지음, 안병구 옮김, 삼신각, 1995.
《1차 세계대전사》, 존 키건 지음, 조행복 옮김, 청어람미디어, 2009.
《20세기 결전 30장면》, 정토웅 지음, 가람기획, 1997.
《20세기의 전쟁과 평화》, 이리에 아키라 지음, 이종국 외 옮김, 을유문화사, 1999.
《21세기 전쟁》, 이냐시오 라모네 지음, 최연구 옮김, 중심, 2003.
《2차 세계대전사》, 존 키건 지음, 류한수 옮김, 청어람미디어, 2007.
《SDI와 우주 무기》, 요미우리신문사 지음, 권재상 옮김, 자작나무, 1999.
《국가의 해양력》, 세르게이 고르시코프 지음, 임인수 옮김, 책세상, 1999.
《군사 문제 용어 : 미니 상식》, 이원복 편저, 명성출판사, 2000.
《그린베레》, 로빈 무어 지음, 양욱 옮김, 플래닛미디어, 2008.
《기갑사단》, 요미우리신문사 지음, 권재상 옮김, 자작나무, 1996.
《기계화 보병》, 리처드 심프킨 지음, 도웅조 옮김, 연경문화사, 1999.
《기계화전》, 존 프레더릭 찰스 풀러 지음, 최완규 옮김, 책세상, 1999.
《기동전》, 리처드 심킨 지음, 연제욱 옮김, 책세상, 1999.
《기동전이란 무엇인가》, 박기련 지음, 일주각, 1998.
《나폴레옹의 전쟁 금언》, 나폴레옹 지음, 원태재 옮김, 책세상, 1998.
《남북전쟁》(상 · 하), 박정기 지음, 삶과꿈, 2002.
《대양 함대》, 요미우리신문사 지음, 권재상 옮김, 자작나무, 1997.
《독소 전쟁사 1941~1945》, 데이비드 M. 글랜츠 외 지음, 권도승 외 옮김, 열린책들, 2007.
《모든 전쟁을 끝내기 위한 전쟁 : 제1차 세계대전 1914~1918》, 피터 심킨스 외 지음, 강민수 옮김, 플래닛미디어, 2008.
《무기의 역사》, 찰스 바우텔 지음, 박광순 옮김, 가람기획, 2002.

《무한 혁신 : 최강 조직 미 해병대 생존 전략》, 노나카 이쿠지로 지음, 이인애 옮김, 비즈니스맵, 2007.
《미국의 군사 교리》, G. 트로피몡코 지음, 강성철 옮김, 일송정, 1989.
《미국의 베트남전쟁》, 조너선 닐 지음, 정병선 옮김, 책갈피, 2004.
《보병 사단》, 요미우리신문사 지음, 권재상 옮김, 자작나무, 1995.
《빅토리》, 브라이언 트레이시 지음, 김동수 외 옮김, 21세기북스, 2004.
《세계의 공군 전력》, 요미우리신문사 지음, 권재상 옮김, 자작나무, 1998.
《세계 해전사》, 해양전략연구부 편, 해군대학, 1999.
《손자병법》, 손자 지음, 김광수 옮김, 책세상, 1999.
《승리와 패배》, 볼프강 헤볼트 지음, 안성찬 옮김, 해냄출판사, 2003.
《시 파워의 세계사》(Ⅰ·Ⅱ), 아오키 에이치 지음, 최재수 옮김, 한국해사문제연구소, 2000.
《아집과 실패의 전쟁사》, 에릭 두르슈미트 지음, 강미경 옮김, 세종서적, 2001.
《역사를 전환시킨 해양력》, 콜린 S. 그레이 지음, 임인수 외 옮김, 한국해양전략연구소, 1998.
《역사 속의 전사들》, 정토웅 지음, 매경출판, 2007.
《영웅은 어떻게 만들어지는가》, 크리스티앙 아말비 지음, 성백용 옮김, 아카넷, 2004.
《원자력 잠수함》, 요미우리신문사 지음, 권재상 옮김, 자작나무, 1998.
《인간의 역사를 바꾼 전쟁 이야기》, 남경태 지음, 풀빛, 1998.
《전략론》, 바실 리델 하트 지음, 주은식 옮김, 책세상, 1999.
《전문 직업군》, 존 하키트 지음, 서석봉 외 옮김, 연경문화사, 1998.
《전자 전력》, 요미우리신문사 지음, 권재상 옮김, 자작나무, 1998.
《전쟁과 경영》, 보스턴컨설팅그룹 전략연구소 지음, 보스턴컨설팅 서울사무소 옮김, 21세기북스, 2002.
《전쟁론》, 카를 폰 클라우제비츠 지음, 류제승 옮김, 책세상, 1998.
《전쟁사 101장면》, 정토웅 지음, 가람기획, 2002.
《전쟁 세계사》, 김성남 지음, 뜨인돌출판사, 2008.
《전쟁술》, 앙투안 앙리 조미니 지음, 이내주 옮김, 책세상, 1999.
《전쟁의 세계사》, 윌리엄 맥닐 지음, 신미원 옮김, 이산, 2005.
《전쟁의 얼굴》, 존 키건 지음, 정병선 옮김, 지호, 2005.
《전쟁의 역사》, 버나드 로 몽고메리 지음, 승영조 옮김, 책세상, 2004.
《전쟁 천재들의 전술》, 나카자토 유키 지음, 이규원 옮김, 들녘, 2004.
《제1차 세계대전 : 지도로 보는 세계 전쟁사 1》, 매슈 휴스 지음, 나종남 옮김, 생각의나무, 2008.
《제2차 세계대전 : 지도로 보는 세계 전쟁사 2》, 마틴 폴리 지음, 박일송 옮김, 생각의나무, 2008.
《제2차세계대전 : 탐욕의 끝, 사상 최악의 전쟁》, 폴 콜리어 외 지음, 강민수 옮김, 플래닛미디어, 2008.
《제공권》, 줄리오 두헤 지음, 이명환 옮김, 책세상, 1999.
《지도로 보는 세계 분쟁》, 세계정세를읽는모임 지음, 박소영 옮김, 이다미디어, 2005.

《침략 전쟁》, 고케츠 아츠시 지음, 박인식 옮김, 범우, 2006.
《참호에서 보낸 1460일》, 존 엘리스 지음, 정병선 옮김, 마티, 2005.
《한국인의 눈으로 본 제2차 세계대전》, 김진영 지음, 가람기획, 2005.
《한국인의 눈으로 본 태평양 전쟁》(1·2), 심은식 지음, 가람기획, 2006.
《해양력이 역사에 미치는 영향》(1·2), 알프레드 마한 지음, 김주식 옮김, 책세상, 1999.
《핵무기와 미사일》, 요미우리신문사 지음, 권재상 옮김, 자작나무, 1998.
《핸더슨 비행장》, 권주혁 지음, 지식산업사, 2001.
《현대전의 실체》, 제임스 듀니건 지음, 김병관 옮김, 현실적지성, 1999.
《히든 제너럴》, 남도현 지음, 플래닛미디어, 2009.

웹사이트

국내

21세기 군사연구소 • www.military.co.kr
august의 軍史世界 • http://blog.naver.com/xqon1.do
E밀리터리뉴스 • www.emilitarynews.com
국방부 군사편찬연구소 • www.imhc.mil.kr
국방부 유해발굴감식단 • www.withcountry.mil.kr
대한민국 공군 • www.airforce.mil.kr
대한민국 국방부 • www.mnd.go.kr
대한민국 육군 • www.army.mil.kr
대한민국 해군 • www.navy.mil.kr
대한민국 해병대 • www.rokmc.mil.kr
디펜스코리아 • www.defence.co.kr
밀리터리리뷰 • www.militaryreview.com
스티븐의 전쟁영화보고評 • www.stevenh.co.kr
안승현의 군사정보 • www.mili.co.kr
유용원의 군사세계 • http://bemil.chosun.com
자주국방네트워크 • www.koreadefence.net
전쟁기념관 • www.warmemo.or.kr
한국국방연구원 • www.kida.re.kr
한국군사과학기술학회 • www.kimst.or.kr

한국군사문제연구원 ◦ www.kima.re.kr

한국군사학회 ◦ www.kaoms.or.kr

해외

Air Force Times ◦ www.airforcetimes.com

American Civil Wa ◦ www.civilwar.com

American Memory ◦ http://memory.loc.gov

Defence Technical Information Center ◦ www.dtic.mil

Department of the Army ◦ www.hqda.army.mil

First World War ◦ www.firstworldwar.com

Global Security ◦ www.globalsecurity.org

Greenwood Publishing Group, Inc. ◦ www.greenwood.com

History Net ◦ www.historynet.com

Imperial War Museum ◦ www.iwm.org.uk

Jane's ◦ www.janes.com

Lancer militaria ◦ www.warbooks.com

National Archives and Records Administration ◦ www.archives.gov

Naval Force Magazine ◦ www.monch.com/naval-forces.php

Naval History and Heritage Command ◦ www.history.navy.mil

Naval Postgraduate School ◦ www.nps.edu

Orders of Battle ◦ www.orbat.com

PatriotNet ◦ http://adams.patriot.net

Songs of War ◦ www.contemplator.com/war.html

Squadron ◦ www.squadron.com

The Fondation Napoléon ◦ www.napoleon.org

United States Naval Academy ◦ www.usna.edu

U. S. Army Center of Military History ◦ www.history.army.mil

U. S. Department of Defence ◦ www.defenselink.mil

War Photographer ◦ www.war-photographer.com

War Time Journal ◦ www.wtj.com

Wikipedia ◦ www.wikipedia.org